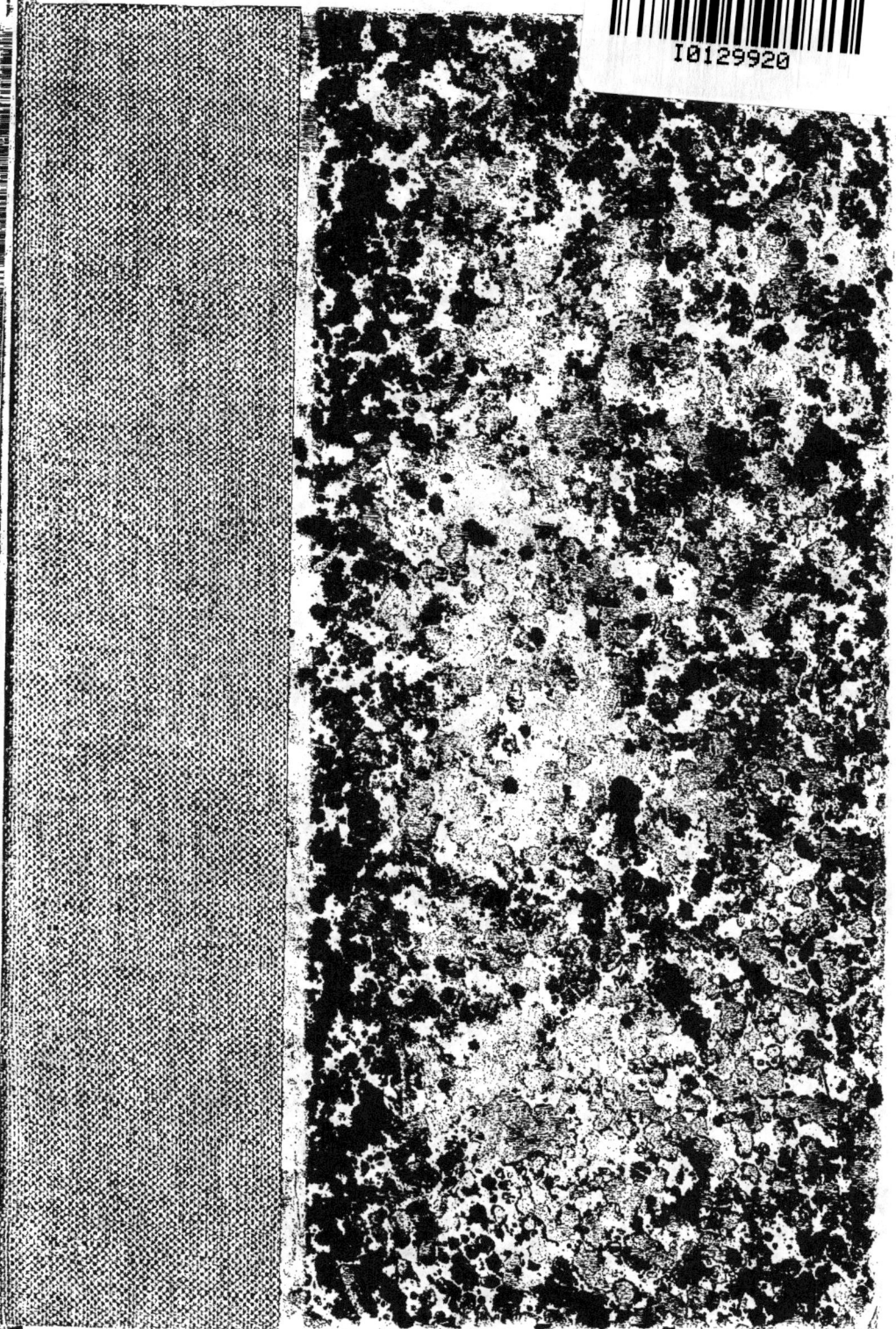

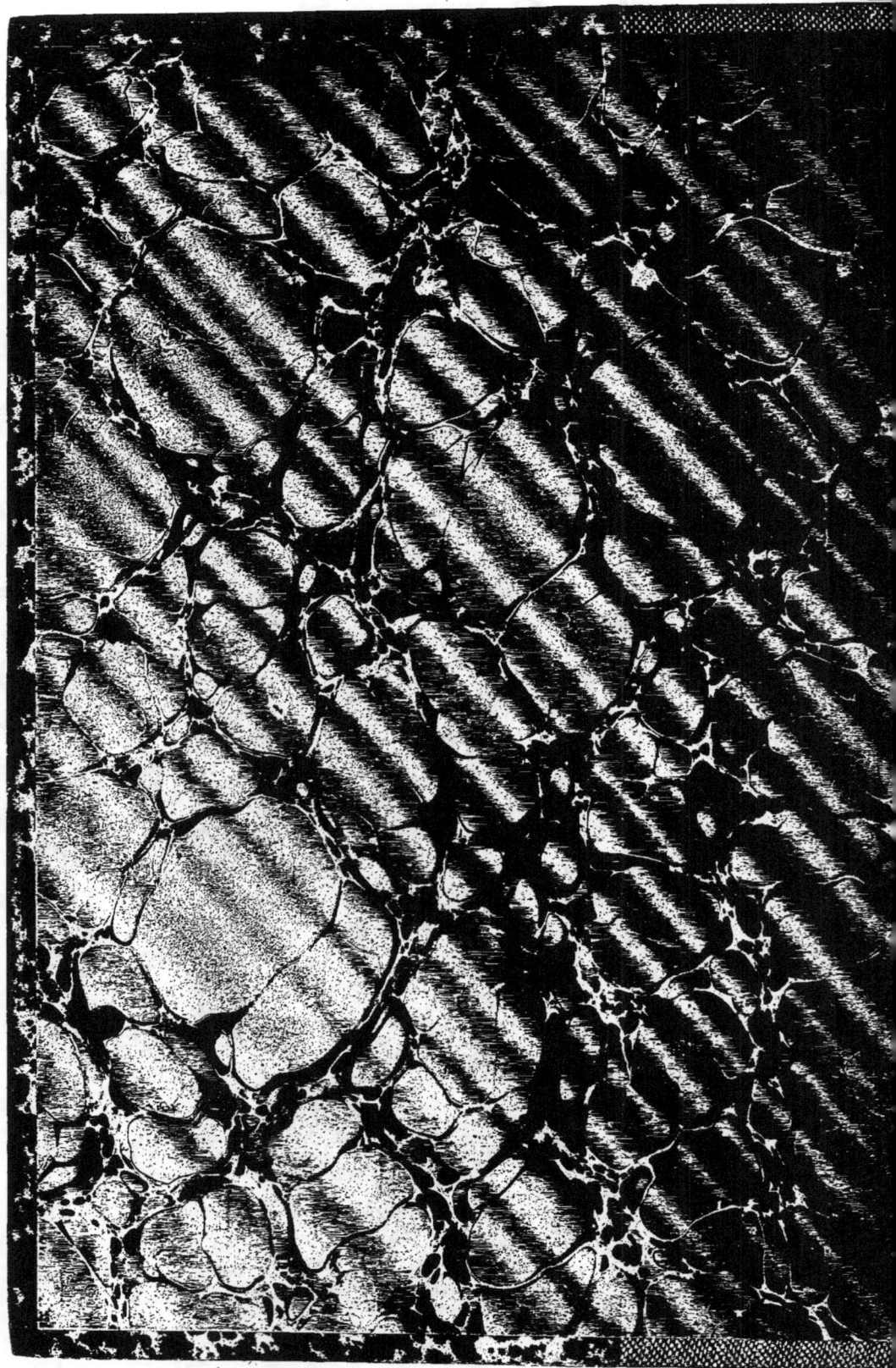

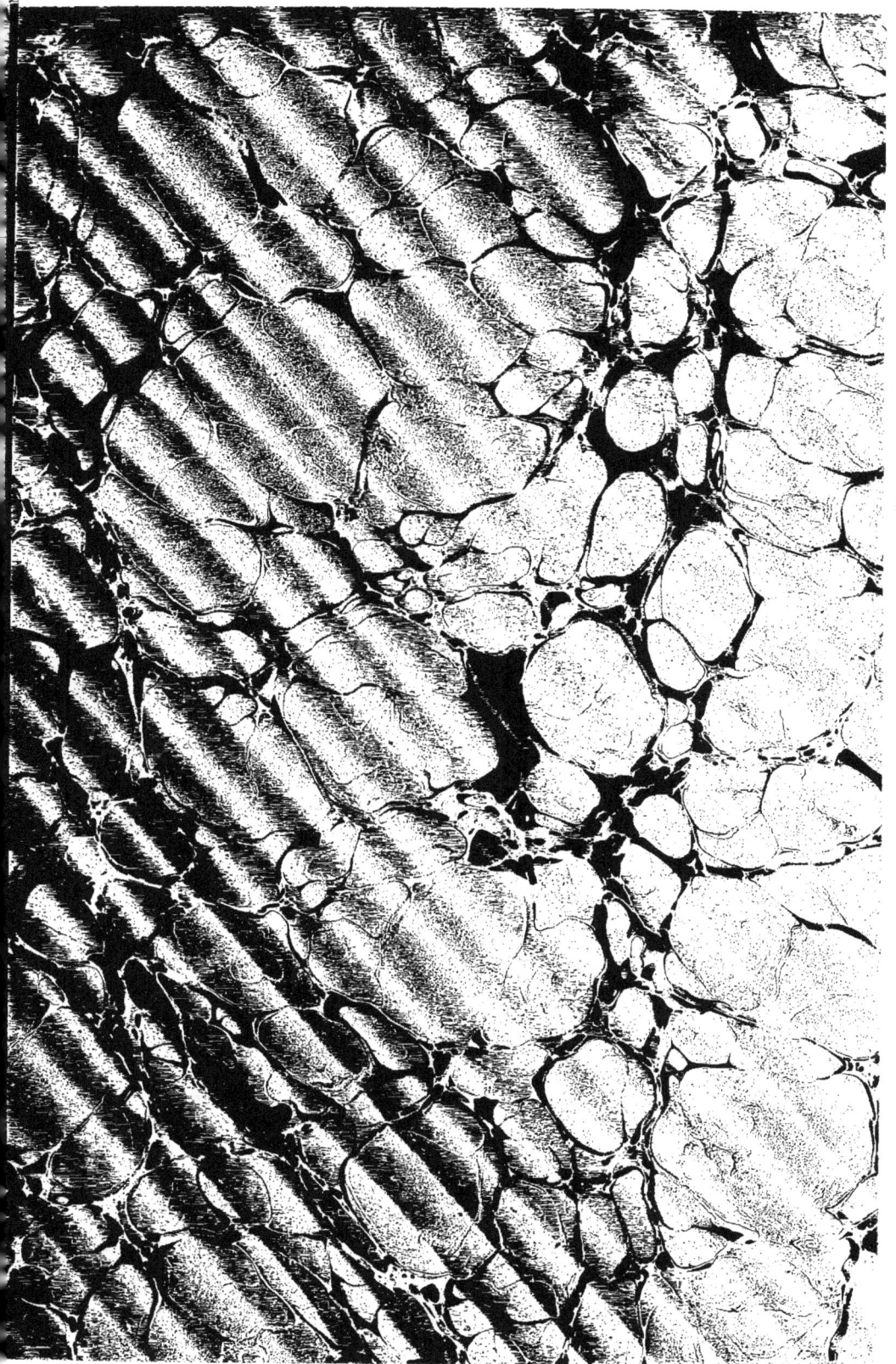

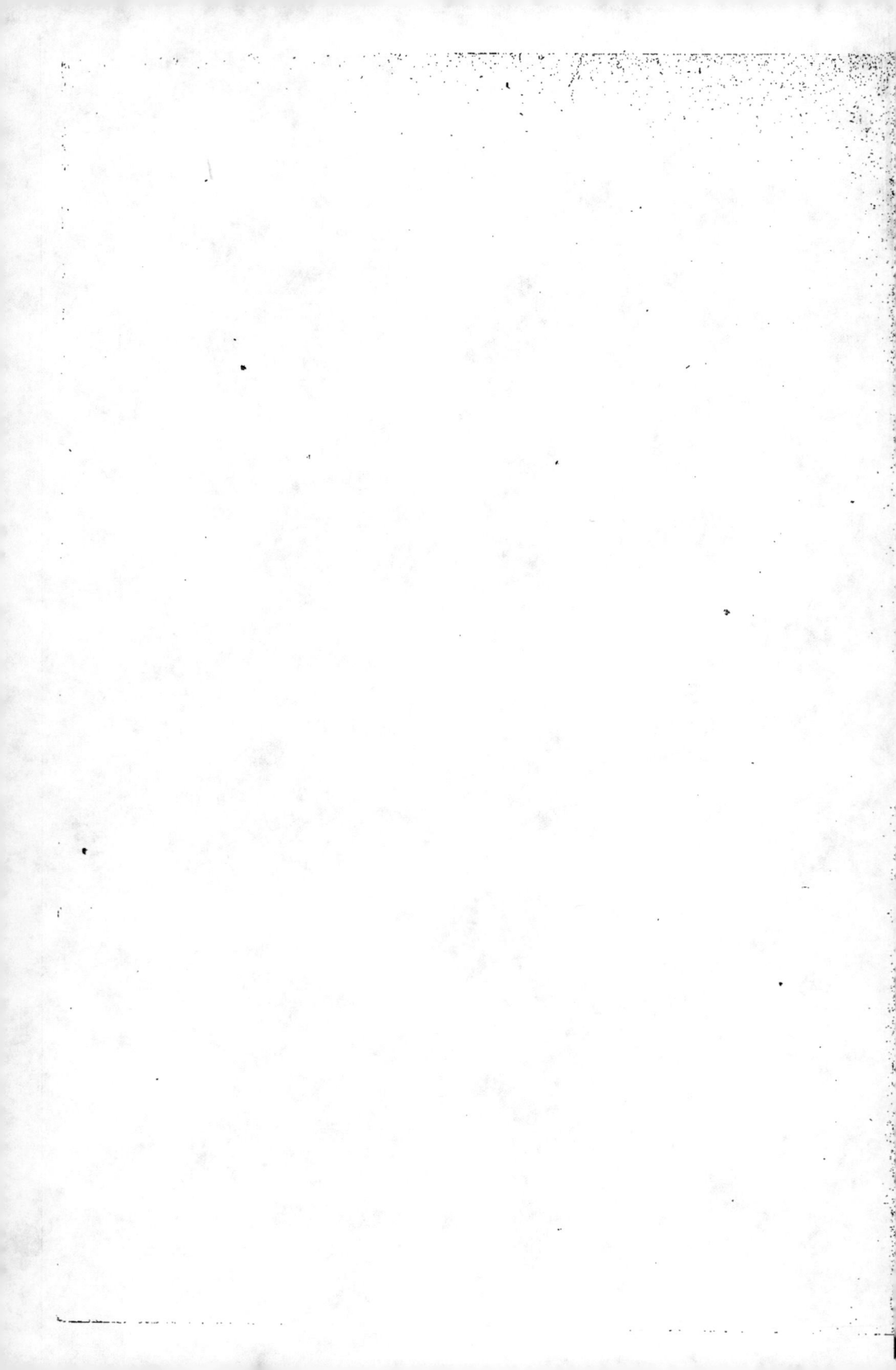

G. LACOUR-GAYET

DOCTEUR ÈS LETTRES
PROFESSEUR A L'ÉCOLE SUPÉRIEURE DE MARINE

LA

MARINE MILITAIRE

DE LA FRANCE

SOUS LES

RÈGNES DE LOUIS XIII ET DE LOUIS XIV

TOME I

RICHELIEU, MAZARIN

1624-1661

AVEC DEUX PLANCHES

« La puissance en armes requiert
non seulement que le roi soit fort
sur la terre, mais aussi qu'il soit
puissant sur la mer. »
RICHELIEU, *Testament politique*.

PARIS

HONORÉ CHAMPION, LIBRAIRE-ÉDITEUR

5, QUAI MALAQUAIS, 5

—

1911

LA MARINE MILITAIRE

DE LA FRANCE

SOUS LES

RÈGNES DE LOUIS XIII ET DE LOUIS XIV

1876

DU MÊME AUTEUR

Antonin le Pieux et son temps. Essai sur l'histoire de l'empire romain au milieu du deuxième siècle (138-161). Ouvrage couronné par l'Académie française. Paris, THORIN, 1888; in-8.

L'Éducation politique de Louis XIV. Ouvrage couronné par l'Académie française. Paris, HACHETTE, 1898; in-8.

La Marine militaire de la France sous le règne de Louis XV. Ouvrage couronné par l'Académie des sciences morales et politiques. Paris, CHAMPION, 1902; in-8. Deuxième édition, revue et augmentée, 1910.

La Marine militaire de la France sous le règne de Louis XVI. Ouvrage couronné par l'Académie des sciences morales et politiques. Paris, CHAMPION, 1905; in-8.

Sous presse, pour paraître en 1911:

La Marine militaire de la France sous les règnes de Louis XIII et de Louis XIV.

Tome II : COLBERT, SEIGNELAY, L. et J. PONTCHARTRAIN, 1661-1715. Paris, CHAMPION; in-8.

Voir l'explication de cette estampe à la page 242.

G. LACOUR-GAYET

DOCTEUR ÈS LETTRES
PROFESSEUR A L'ÉCOLE SUPÉRIEURE DE MARINE

LA
MARINE MILITAIRE
DE LA FRANCE

SOUS LES

RÈGNES DE LOUIS XIII ET DE LOUIS XIV

TOME I
RICHELIEU, MAZARIN
1624-1661

AVEC DEUX PLANCHES

> « La puissance en armes requiert
> non seulement que le roi soit fort
> sur la terre, mais aussi qu'il soit
> puissant sur la mer. »
> RICHELIEU, *Testament politique.*

PARIS
HONORÉ CHAMPION, LIBRAIRE-ÉDITEUR
5, QUAI MALAQUAIS, 5

1911

AU CONTRE-AMIRAL

SAGET DE LA JONCHÈRE

ANCIEN DIRECTEUR DE L'ÉCOLE SUPÉRIEURE DE MARINE

AU CONTRE-AMIRAL

GASCHARD

COMMANDANT LA DEUXIÈME DIVISION DE LA PREMIÈRE ESCADRE,
ANCIEN DIRECTEUR DE L'ÉCOLE SUPÉRIEURE DE MARINE

AVANT-PROPOS

Le nouvel ouvrage d'histoire maritime que nous publions a la même origine et le même caractère que ses deux aînés.

Comme la *Marine militaire de la France sous le règne de Louis XV*[1], comme la *Marine militaire de la France sous le règne de Louis XVI*[2], la *Marine militaire de la France sous les règnes de Louis XIII et de Louis XIV* a eu pour point de départ les conférences que nous avons l'honneur de faire devant les lieutenants de vaisseau de l'École supérieure de Marine. Ce fut le sujet même de la première année de notre enseignement, quand nous eûmes l'honneur, en 1899, de remplacer M. George Duruy. Depuis lors, la période des règnes de Louis XIII et de Louis XIV a été traitée à nouveau et à plusieurs reprises, soit en entier, soit en partie, devant le même auditoire. Aussi cet ouvrage a été maintes fois remanié et révisé, avant de recevoir la forme sous laquelle il paraît aujourd'hui.

La source de beaucoup la plus abondante, souvent la source unique de ces chapitres d'histoire maritime

1. Paris, Champion, 1902; in-8. Deuxième édition, revue et augmentée, 1910.
2. Paris, Champion, 1905; in-8.

a été l'ensemble de nos précieuses archives de la Marine. Nous nous sommes efforcé de tirer parti des études qui ont été publiées sur cette période historique, comme nous avons utilisé beaucoup de documents du département des manuscrits de la Bibliothèque nationale ; mais quant aux documents des archives de la Marine, qui se rapportent à la période 1624-1715, nous croyons pouvoir dire qu'ils ont tous été consultés en vue de la composition de ce livre. Le dépouillement de ces archives, que nous avons fait en entier à plusieurs reprises, nous permet d'espérer qu'aucun texte notable ne nous est échappé.

Aussi souvent que la chose a été possible, la parole a été donnée aux documents originaux eux-mêmes[1]. Le lecteur sera ainsi en contact direct avec les textes ; il pourra partager le sentiment que nous avons souvent éprouvé à tenir entre nos mains les instructions des ministres et les rapports de tous ceux, administrateurs ou officiers, qui ont pratiqué à cette glorieuse époque le rude métier de la mer.

Sous leur forme première, qui était beaucoup plus réduite, ces pages ont d'abord été professées dans une école militaire. Soit avec les amiraux directeurs de

---

1. L'abréviation A. M. employée dans les notes veut dire Archives de la Marine. Les cotes des documents sont données d'après l'*État sommaire des archives de la Marine antérieures à la Révolution* (dressé par M. D. Neuville), Paris, 1898.

Nous remercions les présidents de la salle de travail des Archives nationales, M. J. Viard et M. L. Mirot, nos confrères de la société des Études historiques, de l'aide précieuse qu'ils nous ont souvent fournie pour la lecture des documents.

l'École, soit avec les lieutenants de vaisseau détachés
à l'École, l'auteur a souvent parlé des questions proprement militaires qui naissent de cette étude historique. Aussi l'on pourra retrouver ici, à plusieurs
reprises, l'écho des discussions fécondes qui se pro-
duisent au sein de notre École supérieure de Marine.

Mais l'auteur n'a point perdu de vue qu'il écrivait,
pour tous ceux qui s'intéressent à l'histoire du passé,
un livre d'histoire générale [1]. Sa préoccupation a été
de faire à l'histoire de la marine de guerre la part légitime, très grande, souvent très glorieuse, qui lui
revient dans l'histoire d'ensemble du XVIIe siècle français. Sa récompense serait de savoir que son livre peut
fournir aux lecteurs, marins ou non, des raisons nouvelles d'aimer la France et la marine.

A juste titre, de nos jours, on parle beaucoup de
notre marine de guerre. La Ligue maritime française
a beaucoup fait pour ce mouvement d'opinion qui se
produit de divers côtés dans notre pays et auquel les
pouvoirs publics commencent à s'associer. A ce mouvement le présent ouvrage apporte sa collaboration, en
prenant pour objet l'époque de notre histoire où la
marine militaire compta des administrateurs de génie
et des chefs qui peuvent rivaliser avec les plus grands
hommes de guerre de tous les temps. Pour être vieille

---

1. Les listes de composition des escadres et les états de service des
officiers n'ont pas été donnés en appendices comme dans les deux ouvrages
précédents ; on les a placés immédiatement dans les notes.

de deux à trois siècles, cette histoire a toujours un
caractère d'actualité et d'utilité immédiate. Suivant le
mot d'un amiral, qui fut aussi un écrivain militaire,
« l'histoire technique de la marine peut vieillir : je ne
crains pas de le répéter, son histoire dramatique sera
toujours jeune [1] ».

C'est une force sans prix pour une nation d'avoir
dans ses annales des pages aussi glorieuses que celles
où est rapportée l'histoire maritime des temps de Richelieu et de Colbert. Aujourd'hui, autour de nous, dans
les deux mondes, des peuples sans passé maritime,
sans traditions navales, se précipitent vers la mer,
pris d'une sorte de fièvre qui ne compte ni avec les
efforts ni avec les millions ; mais ils n'ont pas ce passé
de gloire maritime qui est pour la France une source
inestimable de puissance morale et qui demeure, malgré des défaillances passagères, une raison invincible
de travailler toujours, d'espérer toujours. Puissent ces
souvenirs d'un passé trop peu connu, puissent les
grands noms de Richelieu et de Colbert, de Du Quesne
et de Tourville, de Jean Bart et de Duguay-Trouin,
contribuer à la renaissance maritime, c'est-à-dire à la
grandeur de la France.

Janvier 1911.

1. JURIEN DE LA GRAVIÈRE, *La Marine d'autrefois.*

LA MARINE MILITAIRE
DE LA FRANCE
SOUS LES RÈGNES DE LOUIS XIII ET DE LOUIS XIV

CHAPITRE PREMIER

LA MARINE ET L'OPINION PUBLIQUE
AU DÉBUT DU MINISTÈRE DE RICHELIEU

Richelieu et le sentiment de la grandeur nationale. — Prétentions de l'Angleterre sur mer. — La piraterie barbaresque. — « Remontrance » du parlement de Provence, 1626. — Mémoire du chevalier Isaac de Razilly, 1626. — Nécessité pour la France d'être une puissance maritime.

En 1624, le cardinal de Richelieu entrait au conseil du roi ; il avait alors trente-neuf ans. Environ douze ans plus tard, dans le premier chapitre de son *Testament politique*, il rappelait à Louis XIII, en quelques lignes énergiques, la situation dans laquelle il avait trouvé les affaires et les idées qui avaient inspiré sa conduite [1].

« Lorsque Votre Majesté se résolut de me donner en même temps et l'entrée de ses conseils et grande part en sa confiance pour la direction de ses affaires,... la dignité de la majesté royale était tellement ravalée et si différente de ce qu'elle devait être... qu'il était presque impossible

---

1. Le *Testament politique* a été publié pour la première fois en 1688 ; mais il avait été composé vers 1635-1638. On sait qu'il n'y a plus à douter aujourd'hui, depuis les articles de M. Hanotaux (*Journal des Savants*, 1879), de l'authenticité de cet écrit de Richelieu.

de la reconnaître... Je promis à Votre Majesté d'employer toute mon industrie et toute l'autorité qu'il lui plaisait me donner pour... relever son nom dans les nations étrangères au point où il devait être. »

Richelieu, qui tenait ce fier langage, eut au suprême degré le sentiment de la grandeur du pays : l'histoire de ses relations avec les puissances voisines, en particulier avec la maison d'Autriche, en est une preuve assez connue ; mais il faut savoir aussi qu'il fut toujours résolu à ne pas souffrir d' « insolence », pour parler comme lui, d'où qu'elle vînt. Il a reproduit, à ce propos, dans son *Testament politique*, une anecdote que Sully rapporte aussi dans les *OEconomies royales* [1].

L'ami de Henri IV, chargé en 1603 d'une ambassade extraordinaire auprès du nouveau roi d'Angleterre Jacques Ier, s'était embarqué à Calais sur une ramberge anglaise [2] ; de Vic, gouverneur de Calais et vice-amiral de France [3], montait, avec les personnes de la suite, un vaisseau français qui portait le pavillon de France au grand mât. Le commandant de la ramberge, irrité de voir flotter sur la mer les couleurs françaises, donna ordre au vaisseau français de « mettre bas » son pavillon. De Vic, qui « avait

---

1. *Testament politique*, seconde partie, chapitre IX, section v ; *OEconomies royales*, chapitre 116. Les deux récits offrent quelques différences de détail.

2. La ramberge est définie par le père FOURNIER, *Hydrographie*, 1643 : « Un vaisseau de cent vingt à deux cents tonneaux allant à voiles et à rames, destiné pour le service et sûreté des grands navires, comme la patache » ; — et par DESROCHES, *Dictionnaire propre des termes de marine*, 1687 : « C'est le nom [Rambège, *sic*] de certains vaisseaux de guerre que l'on faisait autrefois en Angleterre. Ce nom est encore donné à de petits bâtiments qui servent dans les rivières de ce pays ». D'après JAL, *Glossaire nautique*.

3. Dominique de Vic, seigneur d'Ermenonville, d'une ancienne famille de Guyenne, compagnon d'armes de Henri IV, connu d'abord sous le nom de capitaine Sarred ; gouverneur de la Bastille ; en 1602, gouverneur de Calais et vice-amiral ; mort à Paris, le 15 août 1610.

quelque dent de lait contre les Anglais, à cause des pirateries », refusa. Alors trois coups de canon à boulets partirent de la ramberge, qui percèrent le vaisseau et qui aussi, suivant le mot de Richelieu, « percèrent le cœur aux bons Français ». Mais Sully intervint et donna l'ordre de faire descendre le pavillon. « Sans cela, ajoute-t-il avec mélancolie, il n'y a point de doute qu'il y eût eu de la batterie, où apparemment la France eût été la plus faible. » Toutes les explications que le commandant anglais voulut bien donner ensuite se réduisirent à ceci : si son devoir l'obligeait à honorer la qualité d'ambassadeur, il l'obligeait aussi à faire rendre au pavillon de son maître « l'honneur qui était dû au souverain de la mer ».

Henri IV avait senti l'injure ; mais, comme il n'avait pas sous la main les moyens d'action nécessaires, il dissimula, résolu de remettre à un temps plus favorable la punition de cette « insolence ». La mort le surprit, avant qu'il ait eu le temps d'acquérir les moyens de donner une leçon de politesse internationale à ceux qui se disaient les souverains de la mer. Ses successeurs immédiats, Marie de Médicis et Luynes, tout occupés de leurs intrigues et des guerres civiles, ignorèrent la marine, comme ils ignorèrent peut-être l'incident ; pour un Français comme Richelieu, à qui l'on peut appliquer ce qu'il dit lui-même de Sully, le mal était « cuisant » et la plaie « incurable ». Aussi entreprit-il d'y porter remède par des moyens énergiques.

Une autre plaie de la France maritime, c'était la piraterie barbaresque, qui venait commettre ses déprédations jusqu'en vue même de nos ports de Provence et de Languedoc. Les corsaires sortis de Tripoli, de Tunis, d'Alger, ou de Salé, qu'on appelait tous des Barbaresques, — comme

au moyen âge tous les écumeurs de l'Océan étaient des
Normands et ceux de la Méditerranée des Sarrasins, —
procédaient à des rafles, pour ainsi dire quotidiennes,
d'hommes et de bâtiments. Au xvɪᵉ siècle, quand les
lys et le croissant avaient réuni leurs couleurs contre la
maison d'Autriche, la paix avait régné tant bien que mal
entre Français et Algériens. En 1609, à propos de deux
canons que les Barbaresques disaient avoir été injustement
saisis, les pirates avaient recommencé leurs brigandages.
Ils passaient pour avoir enlevé, dans les quatorze premières
années du règne de Louis XIII, « plus de trente mille bons-
hommes et deux mille cinq cents vaisseaux ». Bien que ce
dernier mot ne puisse s'appliquer qu'à des bâtiments de
commerce et à des barques de pêche, il est certain que les
dommages subis par le commerce provençal devaient s'éva-
luer par plusieurs millions de livres.

Un curieux récit de l'année 1605 donne une image
vivante de la piraterie barbaresque; il est dû à un voyageur
qui avait pris la voie de mer pour aller de Marseille à Narbonne; c'était la plus rapide et la moins fatigante, mais
non pas la plus sûre. L'auteur de cette lettre est un prêtre,
M. Vincent; l'histoire et la reconnaissance nationale le connaissent sous le nom de saint Vincent de Paul.

« Le vent, dit-il, nous fut aussi favorable qu'il fallait
pour nous rendre ce jour à Narbonne, qui était faire cinquante lieues, si Dieu n'eût permis que trois brigantins
turcs, qui côtoyaient le golfe de Lion pour attraper les
barques qui venaient de Beaucaire, où il y avait foire, que
l'on estime être la plus belle de la chrétienté, ne nous
eussent donné la chasse et attaqués si vivement que, deux
ou trois des nôtres étant tués et tout le reste blessé, et
même moi, qui eus un coup de flèche qui me servira d'hor-

loge tout le reste de ma vie, n'eussions été contraints de
nous rendre à ces félons et pires que tigres. Les premiers
éclats de la rage desquels furent de hacher notre pilote en
cent mille pièces, pour avoir perdu un des principaux des
leurs, outre quatre ou cinq forçats que les nôtres leur
tuèrent. Ce fait, nous enchaînèrent, après nous avoir gros-
sièrement pansés, poursuivirent leurs pointes, faisant mille
voleries, donnant néanmoins liberté à ceux qui se rendaient
sans combattre, après les avoir volés ; et, enfin chargés de
marchandises, au bout de sept ou huit jours, prirent la
route de Barbarie, tanière et spélongue (caverne) de voleurs
sans aveu du grând Turc... »

Depuis que les marins de Duperré et les soldats de Bour-
mont ont planté le drapeau de la France à Sidi-Ferruch et
à Alger, le commerce de la Méditerranée ne court plus
d'autres risques que ceux qui sont inhérents à toute navigation, sur toutes les mers du globe. Jusqu'à l'année 1830,
les dangers qui venaient des éléments n'étaient rien pour
les navires des Provençaux à côté de ceux qui venaient de
la piraterie des Algériens. Aux époques de notre histoire
où le gouvernement renonçait non seulement à faire la
police du large, mais même à protéger les eaux territoriales,
comme dans les premières années du règne de Louis XIII,
la vie maritime se trouvait totalement suspendue, car elle
devenait matériellement impossible.

On vient de rappeler le récit de l'aventure, banale d'ailleurs, dont fut victime le futur aumônier général des galères
de France. On peut rapprocher de ce récit un document de
nature analogue : c'est une requête officielle rédigée par un
des grands corps de l'État et présentée à Louis XIII en
1626, au moment même où Richelieu tournait vers la mer
l'attention de son maître et du pays.

Le parlement de Provence, qui avait dans sa juridiction toute l'étendue de côtes comprise entre le delta du Rhône et Antibes, députa alors vers le roi deux de ses membres, les conseillers Boyer et P. de Cormis ; ils étaient chargés de lui transmettre ce vœu :

« Votre parlement de Provence vous supplie très humblement, sire, de lui permettre qu'en toute soumission il vous représente les grands et inestimables avantages que vous recevrez en tenant des galères en vos mers de Levant en nombre suffisant et digne de la puissance de votre nom. »

Le texte de cette « remontrance » mérite d'être analysé[1]. Il témoigne, chez ces gens de robe, qui habitaient la paisible ville d'Aix, d'un sentiment très vif des intérêts maritimes du pays et du rôle propre à une marine de guerre ; de plus, si cette requête eut les honneurs d'une présentation officielle faite au roi, c'est qu'elle avait été approuvée par le premier ministre, dont elle ne faisait en somme que traduire les idées.

« Quelle honte, s'écrient les magistrats provençaux, est-ce à toute la chrétienté que cette troupe d'écumeurs de mer, par la fréquence de ses courses, tyrannise tant de belliqueuses nations, se joue barbarement de leurs biens et de leurs vies, et qu'avec un petit nombre de vaisseaux faisant

---

1. Il se trouve dans le *Mercure françois*, t. XII, année 1626, p. 56-73.
L'année 1626, qui vit l'assemblée des notables (voir p. 20), fut féconde en mémoires maritimes. A côté de la requête du parlement de Provence on pourrait citer un mémoire anonyme de 1626, consacré plutôt d'ailleurs à l'expansion coloniale de la France qu'à sa rénovation maritime, et un mémoire, du 26 novembre 1626, dont l'auteur, Lauson, plus tard gouverneur de la Nouvelle-France, demandait au roi de faire construire des vaisseaux en France pour « l'assistance des navires marchands ». L. DESCHAMPS, « La Question coloniale en France au temps de Richelieu et de Mazarin », *Revue de Géographie*, t. XVII, 1885, p. 367, 441.

trembler toute l'Europe, ils réduisent les peuples à composer avec eux pour la sûreté de leurs fortunes ! »

Le seul moyen de sortir de cet état d'humiliation, de purger la mer des pirates et de venger de cruelles injures, c'est de construire une flotte de galères. Ces galères, « comme des armées pleines d'ailes et de bras, porteront votre nom et la crainte de vos armes partout ». Les conseillers d'Aix estimaient, à juste raison, que la défense des côtes n'est point dans les ouvrages des côtes elles-mêmes ; elle est au large, dans le rempart mobile d'une escadre de guerre, qui a le triple office d'aller à la recherche de l'ennemi, de lui barrer la route et de le poursuivre après lui avoir fait rebrousser chemin. Plus habitués à trancher des procès de murs mitoyens qu'à spéculer sur les problèmes de la stratégie navale, ils tenaient cependant un langage auquel Suffren, le marin de l'offensive à outrance, aurait donné toute son approbation. « Il n'y a ni garnisons, ni forts qui puissent donner telle assurance que les galères... Elles ne serviront pas seulement de garde et de défense à votre royaume, mais aussi de flèches toutes prêtes pour les décocher contre tous ceux qui provoqueront votre indignation, et réprimeront les pirates non seulement dans vos mers, mais les poursuivront jusque dans leurs propres ports. »

Plaidant auprès de Louis XIII la cause de la marine sous ses divers aspects, les députés du parlement de Provence montraient que, le royaume « étant flanqué de deux mers », l'autorité du roi « ne se peut dignement maintenir sans une force maritime non plus que sans une force terrestre ». Cette force maritime, il faut l'avoir toujours prête à l'avance, pour parer tout de suite à tout événement. « En la mer, on ne peut y construire des galères avec cette promptitude. Il y faut beaucoup de temps ; dans la longueur il est malaisé qu'il n'arrive quelque inconvénient. » Ce serait une œuvre vaine de vouloir que la France « montre le front bien muni et bien armé à vos ennemis, si les flancs maritimes sont découverts, nus et désarmés, comme ils sont ».

Les grands États « qui ont aimé leur grandeur » ont toujours compris que l'empire de la mer était la première condition de leur puissance : ainsi Rome, Venise, Malte, l'Espagne, le Portugal, la Hollande. La France a en elle toutes les conditions requises pour être une grande puissance maritime : des côtes très étendues au Levant et au Ponant ; — des ressources pour la construction des vaisseaux, qui lui permettent de ne rien emprunter aux étrangers ; — une population faite pour la vie maritime ; — et le beau pays de Provence.

Reproduisons cet éloge de la *furia francese* et des avantages de la côte provençale :

« Dieu a donné à vos sujets des mouvements et des instincts grandement propres et convenables aux combats de mer : c'est à savoir une impétuosité et une première saillie invincible et inévitable. Or les conflits maritimes se décident en un instant et en un clin d'œil ; la vigueur et la pointe de l'abord et de l'investissement donnent la loi et emportent ordinairement le dessus. » Encore une maxime stratégique, à laquelle Suffren aurait souscrit de tout cœur.

« La constitution de votre royaume, sire, est telle, du côté de votre pays de Provence, qu'il semble que la nature, qui vous l'a donnée si favorable, sente justement quelque déplaisir de vous voir si longtemps mépriser ses faveurs et perdre l'occasion de tant de puissants avantages qu'elle vous offre si absolument. Il y a plus de ports, plus de retraites et plus de logements pour les galères en cette côte qu'en toute l'Italie et l'Espagne ensemble ; elle est située entre l'une et l'autre, vis-à-vis de cette partie d'Afrique qu'on appelle communément Barbarie, et semble que Dieu ait voulu retirer ses faveurs des autres côtes pour les ramasser toutes en cette province, et y rendre la mer souple et tranquille, comme elle est, pour transporter plus facilement les merveilles de votre royaume aux yeux des autres nations et les convier de les venir voir de plus près, par l'opportunité et la sûreté de tant d'abords. Il y a des ports capables de loger dix mille vaisseaux et de les loger si sûrement qu'il n'est en la puissance ni des vents, ni de la mer, ni des hommes mêmes, de les faire périr. »

François Ier avait entretenu en Provence cinquante-cinq galères ; Henri IV voulait les rétablir ; Louis le Juste exécutera la pensée de son glorieux père. La dépense sera de quatre à cinq cent mille livres par an. « Il y a tant de gloire à gagner en cette action, tant de blâme à fuir, tant de commodité pour vos sujets et tant de terreur à vos ennemis, qu'il n'y a sorte de dépense qui ne puisse égaler le moindre des avantages qui en reviendront. »

A la fin de leur remontrance, les deux conseillers provençaux avaient trouvé des arguments inattendus pour plaider la cause de la Méditerranée : ils rappelaient au roi que les flots de cette mer avaient conduit en France les premiers propagateurs du christianisme... et « l'auguste princesse à qui nous devons votre naissance. Reconnaissez, sire, toutes ces obligations que vous lui avez, et lui rendez en quelque sorte ce qu'elle vous a donné. Elle vous a fait chrétien ; rendez-la chrétienne. Elle vous a apporté une mère... ; servez-lui de père et étendez sur ses ondes les ailes de votre protection. Vous savez, sire, que Dieu lui a défendu de passer ses bornes ; sans cela, nous oserions croire qu'elle viendrait se jeter à vos pieds pour vous conjurer de plus près, voire pour y commettre à votre refus une amoureuse violence... »

Toute cette rhétorique peut faire sourire, les derniers arguments qu'elle emploie sont bien passés de mode ; mais la cause demeure toujours excellente, car c'est la cause de la marine française en général et en particulier de sa puissance sur la Méditerranée. Ce plaidoyer qui a près de trois siècles peut avoir encore son intérêt d'actualité.

Richelieu recevait, presque en même temps, un mémoire, qui était la sollicitation la plus pressante à entreprendre d'une manière vigoureuse la réforme de la marine nationale. L'auteur, le chevalier Isaac de Razilly, appartenait à l'ordre de Malte ; il avait, disait-il, voyagé « dans les quatre parties du monde ». Ce qu'il avait vu n'avait fait que lui prouver l'impérieux besoin de la France de sortir de son état de langueur maritime. En s'adressant à « Monseigneur l'illustrissime cardinal de Richelieu, chef du conseil du roi et superintendant du commerce de France », il lui disait : [1]

« Je supplie Votre Grandeur de... remarquer [dans ce mémoire] ce que jugerez de bon pour vous en servir dans les louables entreprises qu'avez pour remettre la navigation, laquelle est depuis longues années délaissée, que je représenterai comme un vaisseau errant dans les côtes, qui se laisse porter çà et là par la marée, à la merci des vents, n'ayant point de gouvernail, démâté de tous ses mâts, sans voiles, câbles, ancres ni canons ; néanmoins le vaisseau est rempli d'hommes et de victuailles. Le flot le fait passer au travers le ras et de tous les rochers des côtes de France ; et,

---

1. Le mémoire du chevalier Isaac de Razilly est daté de Pontoise, 26 novembre 1626. Il a été publié par L. Deschamps, *Revue de Géographie*, t. XIX (1886), p. 374-383, 453-464.

par miracle, le susdit navire n'est point submergé jusques à présent. Mais il ne peut plus subsister sans se perdre, si Votre Grandeur n'y met un gouvernail, ne le fait remâter et réquiper de ses voiles, ancres, câbles, canons, canonniers et munitions, puis, par un bon pilotage, le conduire au havre de Grâce, vrai port de salut... Tout cela se peut, si Votre Grandeur continue la bonne volonté qu'elle a de remettre la navigation, la seule base du royaume. »

Pour réprimer sur la Manche les insolences des Anglais, pour délivrer les côtes de Provence de la piraterie des Barbaresques, il fallait que la France se rendît redoutable sur mer ; sa dignité était à ce prix. D'autre part, pour résoudre la grande question qui dominait alors toute sa politique étrangère, la question de sa rivalité avec la maison d'Espagne, l'empire de la mer ne lui était pas moins nécessaire : maîtresse de la mer, elle pouvait descendre sur les côtes des États du roi Catholique ; maîtresse de la mer, elle coupait les routes, toutes maritimes, qui reliaient l'Espagne à ses provinces des Pays-Bas et d'Italie. Autre argument encore. Il était dans les plans de l'évêque de Luçon, qui avait vu de près la puissance militaire de la Rochelle, de « ruiner le parti huguenot » ; la destruction de l'Amsterdam française avait pour condition la maîtrise de la mer. Enfin, si la France songeait à reprendre, comme c'était son devoir et son intérêt, les tentatives coloniales qui avaient été ébauchées par François Ier et par Henri IV, des forces navales ne lui étaient pas moins indispensables.

En un mot, pour répondre à ses destinées et à son rôle, la France devait être une puissance maritime.

Voilà ce que le génie de Richelieu sut parfaitement saisir et ce qu'il voulut faire comprendre à ses contemporains. Si l'on comparait son œuvre maritime à celle de Colbert, on trouverait que l'œuvre du ministre de Louis XIV l'emporte par la variété et l'utilité pratique des institutions, qu'elle embrasse toutes les parties de l'administration, qu'elle est à la fois générale et spéciale. Le mérite de Richelieu est moins dans des institutions qu'il ne fit qu'ébaucher que dans la vision très nette qu'il eut du rôle maritime de la France; il est encore dans le vigoureux effort qu'il fit pour donner à la France la marine de sa politique.

CHAPITRE II

LES IDÉES MARITIMES DE RICHELIEU

« Règlement pour la mer », 1625. — Suppression de l'amirauté de
France. — Richelieu, grand maître, chef et surintendant général
de la navigation et commerce. — Le généralat des galères. — La
marine à l'assemblée des notables, 1626. — Michel de Marillac ;
Léonor d'Estampes de Valençay. — Le « Discours » de 1627. —
Le *Testament politique* de Richelieu : « De la Puissance sur la
mer ».

On trouve, dans les papiers politiques de Richelieu, dès
la seconde année de son ministère, un projet intitulé
« Règlement pour la mer [1] ». Ce document de 1625 est
intéressant comme la première révélation de ses idées personnelles sur la marine ; plus tard, dans le *Testament politique*, elles prendront l'ampleur d'un manifeste.

« Pour garantir, dit le cardinal, ceux de nos sujets qui
trafiquent en Levant des pertes qu'ils reçoivent des corsaires
de Barbarie et maintenir la réputation et la dignité de
notre couronne parmi les étrangers, nous voulons qu'à
l'avenir il y ait toujours en nos ports quarante galères,
bien et dûment entretenues, prêtes à servir hiver et été
pour nettoyer les côtes. »

Ce nombre de quarante galères rappelle une anecdote
que Richelieu a insérée dans son *Testament* [2]. Henri IV

---

1. RICHELIEU, *Lettres, Instructions diplomatiques*,... éd. AVENEL, t. II,
p. 163.
2. Seconde partie, chap. IX, sect. V.

avait fait faire des représentations au grand-duc de Toscane Ferdinand Ier, dont il avait épousé la nièce, sur ce qu'il conservait toujours des liaisons avec l'Espagne, ennemie de la France. « Le grand-duc, dit Richelieu, fit une réponse qui signifie beaucoup en peu de mots, et qui doit être considérée par Votre Majesté et par ses successeurs : « Si le « roi eût eu quarante galères à Marseille, je n'eusse pas « fait ce que j'ai fait. »

Le Règlement de 1625 parle aussi de bâtir des forts sur différents points de la côte, qui seront occupés par des garnisons permanentes.

Il en résultera plusieurs avantages. D'abord, les corsaires seront tenus en respect. Puis, les communications de l'Espagne avec l'Italie, si importantes en temps de guerre, seront interrompues. « Quarante galères fraîches en battront quatre-vingt, harassées d'un grand voyage, principalement quand, les ports étant fortifiés, elles ne pourront prendre terre et faire aiguade. » Il faudrait que les Espagnols fissent la traversée par le large ; mais ce genre de navigation ne peut se pratiquer avec leurs galères. Enfin, les peuples de Naples et de Sicile, facilement portés à la révolte, pourront prendre les armes « sur la connaissance qu'ils auraient de pouvoir être secourus par l'armée navale de France ». La révolte de Masaniello et plus tard celle des habitants de Messine devaient montrer la parfaite justesse des prévisions de Richelieu.

Pour exécuter dans le domaine maritime les réformes auxquelles il songeait, le cardinal devait commencer par mettre dans sa dépendance les divers services de la marine. L'esprit féodal régnait encore dans cette partie des institutions du pays, en ce sens qu'elles dépendaient à peu près uniquement de trois ou quatre personnages, l'amiral de France, l'amiral de Bretagne, l'amiral de Guyenne, l'amiral de Provence. Ces grands dignitaires n'avaient de marin que le nom de leurs charges ; ils y trouvaient surtout des profits financiers, qui étaient considérables. Cela même fut une des raisons qui déterminèrent le premier ministre à supprimer ces fonctions. « De l'abus de ces puissances, disait-il, sont arrivés les désordres qui ont mis en arrière les finances du roi. » De plus, ennemi par instinct des grandes charges qui bornaient l'action du souverain et dont les titulaires se conduisaient souvent « comme s'ils n'eussent pas été ses sujets », il commença par faire disparaître ces diverses amirautés ; cette suppression rentrait dans son programme, « rabaisser l'orgueil des grands[1] ».

Henri de Montmorency remit entre les mains du roi, vers le commencement de l'année 1626, sa double démission d'amiral de France et d'amiral de Guyenne, en échange de douze cent mille livres. Le duc Charles de Guise reçut neuf cent mille livres pour sa charge d'amiral de Provence ou du Levant. Quant à l'amirauté de Bretagne, regardée comme une dépendance naturelle du gouvernement de cette province, elle devint la propriété du premier ministre quand il se fit donner, à la place du duc de Vendôme, le gouvernement de la Bretagne. Commencée en 1626, cette révolution administrative, qui fut pacifique et qui eut de grandes conséquences, était terminée en 1627.

Le parlement de Paris enregistrait, au mois de mars 1627, à quelques jours de distance, deux édits : l'un supprimait l'office d'amiral de France, en même temps que celui de connétable ; l'autre créait, en faveur de Richelieu,

---

1. *Mémoires*, livre XVII, année 1626. Collection Michaud, p. 424.

l'office de « grand maître, chef et surintendant général de la navigation et commerce de France ».

Voici un extrait du second de ces édits, publié à Saint-Germain en octobre 1626, enregistré en parlement le 18 mars 1627 [1] :

« Nous voulons et entendons que notre cousin cardinal de Richelieu pourvoie et donne ordre à tout ce qui sera requis et utile pour la navigation et conservation de nos droits, avancement et établissement du commerce, sûreté de nos sujets à la mer, ports, havres, rades et grèves d'icelle et îles adjacentes, observation et entretènement de nos ordonnances de la marine, et qu'il donne tous pouvoirs et congés nécessaires pour les voyages de long cours et tous autres qui seront entrepris par nosdits sujets, tant pour ledit commerce que pour la sûreté d'icelui... Voulant... que lesdits vaisseaux et garde-côtes prennent de notredit cousin... tous ordres pour nettoyer nos mers de pirates et corsaires, faire conserver en sûreté nos marchands, et généralement pour toutes choses dépendantes dudit commerce, navigation et entreprise de mer... »

En un mot, la grande maîtrise dont Richelieu venait de s'investir lui conférait les pouvoirs les plus étendus sur tous les services de la marine de France, tant de la marine marchande que de la marine militaire [2]. Le grand maître

---

1. ISAMBERT, *Recueil général des anciennes lois françaises*, t. XVI, p. 194.

2. La nouveauté du titre pris par Richelieu, son ampleur même, la situation hors de pair de ce ministre tout-puissant qui venait de faire entrer dans son domaine jusqu'aux océans, inspirèrent les auteurs d'estampes allégoriques. (Cabinet des estampes de la Bibliothèque nationale : série de l'Histoire de France, à l'année 1627.)

L'une d'elles a représenté le cardinal en costume de chœur, le cordon et la croix du Saint-Esprit autour du cou, assis sur une sorte de char dont le dossier est formé d'une coquille gigantesque. Le char flotte sur l'eau, traîné par deux chevaux marins que conduit Neptune, le trident à la main droite.

était une manière de ministre de la marine, des colonies et du commerce aux attributions souveraines et illimitées. Jusqu'alors les services de la marine avaient eu un caractère féodal et fragmentaire, en un mot anarchique ; ils constituaient désormais une institution régulière et monarchique, c'est-à-dire, au sens propre du mot, unitaire.

Entre l'ancienne amirauté de France et la nouvelle grande maîtrise, il y avait une différence essentielle ; Richelieu avait beaucoup tenu à l'introduire dans la fonction nouvelle, car elle était de nature à accentuer et à fortifier le caractère nettement administratif de la charge qu'il venait de faire créer. Le grand maître n'était plus chef des armées navales, comme l'avait été l'amiral ; le roi pouvait désormais donner le commandement de ses escadres à qui il lui plairait et le retirer à sa guise [1] : la disgrâce de Sourdis devait être un exemple éclatant de cette autorité vraiment souveraine que le roi exerçait dès lors sur tous les degrés de la hiérarchie navale.

Richelieu a rappelé, à propos de la grande maîtrise, — cela, en effet, était à son honneur personnel et à l'avantage

De chaque côté du char, un génie à queue de poisson, le torse hors de l'eau, souffle dans une conque marine et porte les armes de Richelieu encadrées de lauriers.

Sur une autre estampe, « Devise pour monseigneur le cardinal de Richelieu, généralissime, grand maître et surintendant de la marine », l'écusson du cardinal-duc, accompagné d'ancres et d'attributs marins, est surmonté de cet hémistiche de Lucain : *Pelagi decus addidit armis*. Signé : Pierre de Montmaur, professeur du roi.

Autre estampe : Neptune, debout sur une grande coquille que tirent des génies marins, prend des coraux et des pierres précieuses que lui tend une nymphe marine ; une autre nymphe à sa gauche fait le même geste. Le dieu de la mer passe devant un vaisseau dont la poupe est formée par le blason du cardinal. Sur le bord d'une voile qui flotte au vent, on lit ce vers : *Nescit cui domino pareat unda maris.*

1. RICHELIEU, *Mémoires*, livre XVIII, année 1627. Collection Michaud, p. 437.

de la fonction, — que tous les grands appointements qui étaient attachés à la charge d'amiral étaient retournés au profit de Sa Majesté ; lui-même, disait-il [1], n'avait point voulu qu'on lui attribuât des gages de ce fait « ni aucune utilité qui tombât sur les coffres du roi ». Il rapporte qu'à l'époque même où il inaugurait ces fonctions deux grandes caraques portugaises [2] vinrent se jeter et se briser sur les côtes de Guyenne ; leurs épaves ne valaient pas moins de deux cent mille livres, qu'on regardait comme son droit. « Mais lui, reconnaissant que cet accident, arrivé à son entrée en charge, était comme un témoignage que la puissance maritime d'Espagne venait rendre hommage à celle qui commençait à naître en France », décida que tout ce qui pouvait lui revenir de cet accident serait employé « en l'établissement de cette puissance-là ». Le roi insista, le grand maître opposa un refus continuel, et Sa Majesté « se sentit obligée de condescendre en cela à son désir [3] ».

De ce désintéressement de Richelieu les états annuels de la marine ont conservé un curieux témoignage. Ils débutent, en effet, par cette formule originale [4] :

« Premièrement, A monsieur le cardinal duc de Richelieu, pair, grand maître, chef et surintendant général de la navigation et commerce de France, néant, attendu qu'il a supplié le roi d'avoir agréable qu'il ne fût rien employé

1. Le 18 novembre 1626. *Lettres, Instructions diplomatiques,...* édition Avenel, t. II, p. 292.
2. La caraque ou carraque était le nom de grands bâtiments portugais qui servaient aux voyages du Brésil et des Indes. On désignait aussi de ce nom les bâtiments d'un fort tonnage. Le grand navire de guerre que commandait Hervé Portzmoguer (Primauguet), *Marie la Cordelière*, dans le célèbre duel contre le *Régent*, devant le cap Saint-Mathieu, le 10 août 1512, était une caraque.
3. *Mémoires*, même endroit.
4. Bibliothèque nationale. Mss français, 6409, fol. 351 : « État des pensions, appointements... », année 1639.

en cet état pour le service qu'il rend en cette charge,
ci....... .... Néant. »

Le mot « marine », dans la langue administrative du
temps, s'opposait au mot « galères », le premier s'appliquant aux vaisseaux ronds des mers du Ponant, aux bâtiments à voiles, le second s'appliquant aux vaisseaux longs
des mers du Levant, aux bâtiments à rames. La charge de
général des galères était l'une des charges de la couronne ;
comme l'amirauté de France, elle conférait à son titulaire
une grande situation, de nature plus honorifique que proprement maritime. Richelieu la fit passer de la famille des
Gondi, pour lesquels elle était devenue comme héréditaire, dans sa propre famille [1] : son neveu, François de
Vignerot, marquis du Pont de Courlay [2], reçut, en mars
1635, le généralat des galères. Richelieu avait vu avant tout
dans cette nomination l'avantage d'assurer l'unité et l'obéissance dans tous les services de la marine de guerre.

D'ailleurs, il ne faut point oublier que la surintendance
qu'il exerçait conférait à Richelieu un droit de direction
suprême aussi bien sur les galères du Levant que sur les
vaisseaux du Ponant. « Si monsieur l'éminentissime cardinal
de Richelieu, qui est en effet amiral, dit un mémoire du

---

1. Le dernier des Gondi qui eut le titre de général des galères fut Pierre
de Gondi, duc de Retz, qui avait succédé en 1616 dans cette charge à son
père Philippe-Emmanuel de Gondi. Pierre de Gondi, mort en 1676, eut
pour frère le fameux coadjuteur, cardinal de Retz.

2. Fils de René de Vignerot, seigneur du Pont de Courlay (en Poitou ;
aujourd'hui département des Deux-Sèvres), et de Françoise du Plessis,
sœur du cardinal ; marquis du Pont de Courlay ; gouverneur du Havre de
Grâce ; créé chevalier du Saint-Esprit en 1633 ; mort à Paris le 26 janvier
1646, à l'âge de trente-sept ans.

Dans des documents de 1636 sur les galères, il signe ainsi : « Le Pont de
Courlay ». A. M., B⁴ 1, fol. 135.

temps [1], avait agréable de porter son soin à une armée sur
la mer du Levant, de quel front en pourrait-il être écon-
duit ? » L'oncle eut à se plaindre du neveu. Celui-ci avait
démonté, au mépris des règlements, des capitaines de
galères. Richelieu lui retira ses fonctions [2] et il en fit lui-
même la charge. Pont-Courlay recouvra en 1638 l'office de
« général des galères, lieutenant général pour le roi ès mers
du Levant ». A ce titre, il remporta une brillante victoire
sur les galères d'Espagne. Cependant une nouvelle disgrâce, survenue l'année suivante, lui fit perdre le généralat
des galères. Cette fois, le cardinal le transféra à son autre
neveu, Armand de Maillé-Brézé.

De même, les services d'intendance de la marine devinrent
le domaine de son oncle, le commandeur de La Porte [3].

Richelieu en était arrivé, pour mieux assurer son autorité de grand maître, à faire de la marine de guerre comme
une institution domestique.

Au moment même où Richelieu venait de prendre la
grande maîtrise de la navigation, une assemblée de notables
s'ouvrait à Paris. Devant les cinquante-cinq membres qui
la composaient, prélats, nobles d'épée et de robe, qui avaient
été choisis par le roi pour leur science des affaires et pour
leur dévouement à la couronne, Richelieu fit poser la question de la marine. Il voulait en saisir en quelque sorte
l'opinion publique, convaincu que l'œuvre qu'il méditait
répondait aux intérêts essentiels du pays, mais qu'elle n'aurait toute sa valeur que si elle s'appuyait sur une sorte de

---

1. Bibliothèque nationale. Mss français, 18237. « Origine, fonction et
droit attribués à la charge de général des galères. » Fol. 40.
2. Septembre 1635. JAL, *Dictionnaire critique*, art. Loynes et Richelieu.
3. Frère de sa mère, Suzanne de La Porte. Voir ci-dessous, p. 48, n. 1.

collaboration nationale. Il fallait avant tout faire comprendre à ces Français d'élite que la puissance maritime n'était pas moins nécessaire au royaume que la puissance continentale. Les propositions à leur soumettre étaient « nécessaires, utiles et glorieuses, non tant pour remettre la marine en sa première dignité, que par la marine — on remarquera cette grande idée — la France en son ancienne splendeur[1] ». A cet effet, il avait pris soin de rédiger lui-même des instructions[2]; elles étaient, dans sa pensée, le canevas du discours officiel que le garde des sceaux devait prononcer devant l'assemblée, au nom du roi et du premier ministre.

« Ç'a été jusqu'à présent, disait Richelieu, une grande honte que le roi, qui est l'aîné de tous les rois chrétiens, ait été, en ce qui est de la puissance de la mer, inférieur aux moindres princes de la chrétienté. Sa Majesté, voyant le mal qui en arrivait à son royaume et à ses sujets, s'est résolue d'y mettre ordre, en se rendant aussi puissant en mer comme elle l'est en terre. Sans cette résolution, il ne fallait plus faire état d'aucun trafic. Les sujets du roi étaient tous les jours non seulement privés de leurs biens, mais de liberté; nos voisins pensaient avoir droit de nous vendre leurs denrées à leur mot et prendre les nôtres pour ce que bon leur semblait. Maintenant ces misères cesseront, Sa Majesté s'étant résolue d'entretenir trente bons vaisseaux de guerre pour tenir les côtes nettes, ses sujets dans les bornes où ils doivent demeurer et ses voisins en la considération qu'ils doivent avoir d'un si grand État.

« La dépense de cet armement sera de quinze cent mille livres par an... »

1. *Mémoires*, même endroit.
2. « Mémoire touchant la marine envoyé à M. le Garde des sceaux le 18 novembre 1626 ». RICHELIEU, *Lettres, Instructions diplomatiques*,... éd. AVENEL, t. II, p. 290-292.

On s'étonnera peut-être que le restaurateur de la marine française ait confié à autrui la manifestation d'idées qui lui étaient personnelles et qui, exprimées publiquement par lui, auraient emprunté à sa haute situation une autorité de plus ; mais il ne faut point oublier les difficultés de tout genre contre lesquelles le cardinal avait alors à lutter. Pour le perdre dans l'esprit de son maître, ses ennemis exploitaient contre lui l'ardeur même qu'il apportait aux choses maritimes. Dans un mémoire que l'un d'eux venait de composer, le roi était averti de « prendre garde au cardinal, vu qu'outre le Havre il voulait avoir Brest, Brouage et autres places maritimes, et qu'il voulait, par le moyen de la charge qu'il avait au commerce et ces places, brider la France. Toutes ces choses, continue Richelieu [1], mettaient l'esprit du cardinal en inquiétude. S'il pensait au dessein de la mer, ils essayaient de le faire passer pour un crime ; cela faisait qu'il n'y osait travailler si fortement qu'il l'eût fait. »

Il le fallait cependant. « De la puissance de la mer, disait-il encore, dépend l'abaissement de l'orgueil d'Angleterre et de Hollande contre nous, et la ruine des huguenots... On n'osait y travailler fortement, à cause des calomnies. »

Pour prévenir les intrigues et dépister les calomnies, Richelieu estima qu'il était plus sage de ne point jouer le premier rôle, ou plutôt de ne point paraître le jouer dans l'assemblée qui allait se réunir ; c'était le moyen le plus sûr de faire triompher un programme politique, aussi cher à lui-même que nécessaire à la gloire et à la prospérité du royaume. Le garde des sceaux, Michel de Marillac, fut

---

1. *Mémoires*, livre XVII, année 1626. Collection Michaud, p. 428.

donc le porte-parole du premier ministre, lors de la séance d'ouverture de l'assemblée des notables, aux Tuileries, le 2 décembre 1626.

A ce discours officiel, prononcé en présence du roi et du cardinal, et dont l'auteur se disait lui-même l'interprète de la pensée du premier ministre, on emprunte les passages suivants[1] :

« Vous aurez aussi à travailler sur l'établissement du commerce. — Le mot est pris ici dans le sens de commerce maritime et, par suite, de marine. — C'est chose digne de compassion ou d'indignation, de voir la léthargie en laquelle nous avons vécu depuis plusieurs années.

« Nos voisins nous assujettissent à toutes les rigueurs de leurs lois... Les pirates et les Turcs et autres déguisés en Turcs[2], viennent ravager nos côtes, enlèvent les sujets du roi captifs en Barbarie... Ils vous ôtent la pêche des morues aux Terres-Neuves, — on voit que le débat séculaire entre la France et l'Angleterre sur la pêche à Terre-Neuve était bien antérieur au traité d'Utrecht — ; et, par l'aide de plusieurs de nos voisins, on a déjà retranché de beaucoup la pêche des harengs. On vous a ôté celle des baleines en Spilsbergue, et peu à peu ce qui reste à la France se perdra si nous demeurons davantage en cet endormissement. En quoi nous sommes d'autant plus blâmables, que nous avons dans le royaume toutes les commodités nécessaires pour nous rendre forts sur la mer... Nous avons les grands bois et le fer pour la construction des vaisseaux, les toiles et les

---

1. *Le Mercure françois*, t. XII, p. 757.

2. « Les Hollandais, plus audacieusement encore, s'entendent avec les infidèles, et souvent, après nous avoir volés, prennent des turbans pour feindre qu'ils sont Turcs. » RICHELIEU, *Mémoires*, livre XVIII, année 1627. Collection Michaud, p. 438. — Ce passage des *Mémoires* est consacré à l'assemblée des notables de 1626-1627.

chanvres pour les voiles et cordages, dont nous fournissons toutes les provinces voisines. Nous avons... les matelots et mariniers en abondance, qui, pour n'être pas employés par nous, vont servir nos voisins. Nous avons les meilleurs ports de l'Europe, et, ce qui est grandement remarquable, nous tenons la clef de toutes les navigations de l'Est à l'Ouest, et du Sud au Nord. » Les galères d'Espagne ou d'Italie sont obligées de passer « à la vûe et sous la coulevrine des îles de Provence » ; les vaisseaux qui vont d'Espagne dans les mers du nord « passent le ras Saint-Mahé à la miséricorde de nos canons... »

« Toutes ces considérations que M. le cardinal de Riche-lieu a représentées au roi, entre les grands, honorables et généreux conseils qu'il lui donne, ont fait résoudre Sa Majesté de mettre à bon escient la main au commerce..., dont il vous fera représenter les articles, sur lesquels il attend aussi vos avis... »

Les membres de l'assemblée s'associèrent pleinement aux projets du gouvernement par la décision suivante (8 février 1627) :

« L'assemblée remercie Sa Majesté de l'intention où elle est de vouloir rendre à ce royaume les trésors de la mer, que la nature lui a si libéralement offerts, et la supplie de continuer une entreprise si importante par l'établissement d'une flotte de quarante-cinq vaisseaux de guerre, d'y des-tiner un fonds annuel de douze cent mille livres, d'entre-tenir un nombre de galères suffisant, qu'il ne soit fait aucun divertissement sur ce fonds, étant assez notable que le moindre retardement peut détruire en un moment ce que l'on aurait établi avec beaucoup de temps, de peines et de dépenses. »

Une députation fut choisie pour présenter ce vœu au

roi ; l'un de ses membres, l'évêque de Chartres, Léonor d'Estampes de Valençay, prononça à cette occasion des paroles qui méritent d'être rappelées [1] :

« Après avoir pensé par quel moyen on pourrait parvenir à ces fins-là [la puissance et la richesse de l'État], ils [les politiques] n'en ont point trouvé de plus prompt et de plus utile et de plus glorieux que la navigation. Je ne dis pas celle que le particulier exerce, mais celle qui a l'État pour chef et pour soutien, étant certain [2] qu'on ne peut avoir sans la mer ni les choses qui servent absolument pour l'ornement de la paix ni pour le défrai et l'entretènement de la guerre [3]. Ce qui ayant été très bien considéré par Votre Majesté, elle s'est aussitôt résolue de rétablir en son royaume la navigation délaissée et abandonnée depuis un si long temps, résolution certes digne de la grandeur de son nom et de son courage, puisqu'il n'y a rien qui serve davantage à l'augmentation de cette monarchie et qui la rende plus redoutable aux nations étrangères que de se rendre fort et puissant sur la mer ; et, comme ces choses sont véritables et plausibles, aussi ayant été jugées telles en l'assemblée des notables sur les mémoires qui ont été lus et proposés de la part de Votre Majesté, elles y ont été si bien reçues de tous en général que ces messieurs, pour témoigner le zèle et l'affection qu'ils ont au bien de votre service et de votre royaume, nous ont députés pour en venir faire très humbles remerciements à Votre Majesté, et la supplier

---

1. ARDIER, L'*Assemblée des notables tenue à Paris ès années 1626 et 1627*, 1652 ; p. 206 et suiv.

2. Le texte porte par erreur : incertain.

3. On reconnaît ici l'origine de la phrase célèbre qu'on attribue d'ordinaire à Richelieu : « On ne peut, sans la mer, ni profiter de la paix ni soutenir la guerre. » Il faut rendre à l'évêque de Chartres le mérite d'avoir le premier exprimé une pensée qui résume à merveille les deux parties essentielles du rôle de toute marine.

de continuer le dessein qu'elle a d'exécuter une si haute et
si louable et si généreuse entreprise. »

L'évêque de Chartres continuait en citant des exemples
historiques, pour convaincre Louis XIII que la mer est la
source de la richesse et de la puissance :

« Ne perdez point, sire, l'occasion de tant de gloire. Ne
méprisez point les avantages que la nature vous a donnés :
toutes choses concourent à ce dessein, ces deux grandes
mers vous tendent les bras... »

D'où venait à cet avocat de la France maritime, qui fut
toute sa vie un homme d'Église [1], ce sentiment si profond
des véritables destinées de son pays ? Il était de ces Français dont le patriotisme était aussi large que clairvoyant et
qui étaient dignes de seconder les nobles aspirations du cardinal. Peut-être aussi devait-il une partie de son intelligence des choses de la mer à ses relations de famille ; car
deux de ses proches parents, l'un de ses frères [2] et l'un de
ses neveux [3], s'illustraient à la même époque au service de
l'ordre de Malte.

La cause était gagnée auprès du roi et des notables ;
Richelieu voulait aussi la gagner auprès du public. Les circonstances étaient critiques : les Anglais venaient de conclure une alliance avec les protestants de la Rochelle.
Était-il admissible « qu'en un besoin de guerre » le roi fût

---

1. Léonor d'Estampes de Valençay fut évêque de Chartres de 1621 à
1641, puis archevêque de Reims de 1643 à 1651 (8 avril), date de sa mort.
2. Son frère, Achille d'Estampes, grand-croix de Malte ; servit au siège
de la Rochelle comme vice-amiral ; général des galères de la Religion,
il se signala à la prise de Sainte-Maure dans l'Archipel ; cardinal ; mort en
1646.
3. Son neveu, Henri d'Estampes, chevalier de Malte ; commandant général de l'armée navale sous Richelieu en 1632 ; ambassadeur à Rome ; grand
prieur de France ; mort à Malte en 1678.

obligé « d'avoir recours à mendier l'assistance de ses voisins[1] » ? Le *Mercure françois* publia alors, à propos même
des événements de l'Aunis, un long *Discours* « pour montrer qu'il est expédient au roi, pour le bien et la sûreté de
son État, de se rendre fort et puissant sur mer, sans avoir
besoin du secours de ses voisins[2] ».

L'auteur anonyme de ce *Discours*, « ancien serviteur de
la couronne de France », était certainement l'écho direct
de la pensée du cardinal. Il rappelait la parole de Thémistocle et de Pompée : « Celui qui est maître de la mer est
aussi maître de la terre[3]. » Il parlait en patriote qui souf-
frait de voir la France manquer à ses destinées maritimes.
« Ce manquement ou cette faiblesse dessus l'Océan nous
fait mal au cœur... Dieu a logé la France au lieu le plus
commode et avec les plus grands avantages de mer qu'il
ait départis à autre royaume qui soit ; il lui a voulu donner pour main droite l'Océan et pour gauche la Méditerranée, et moyen par là de se servir puissamment de toutes
les deux pour sa défense nécessaire et une juste offensive,
étant provoquée... »

On peut faire remarquer que les avantages de la situation
doublement maritime de la France ne vont pas sans des
inconvénients, comme la dispersion de ses forces navales et
la difficulté de leur concentration[4]. Mais avantages ou
inconvénients, c'est une loi de l'existence de la France :

1. RICHELIEU, *Mémoires*. Collection Michaud, p. 438.
2. *Mercure françois*, t. XIII, 1627, p. 209-258.
3. Le chevalier de Razilly, dans son mémoire du 26 novembre 1626,
adressé à Richelieu, établit, grâce à des exemples historiques, « que tous les
princes chrétiens ne subsistent que par leur force de mer,... que quiconque
est maître de la mer a un grand pouvoir sur la terre ». *Revue de Géographie*, t. XIX, 1886, p. 377. Voir ci-dessus, p. 10.
4. On peut voir, à ce sujet, notre *Marine militaire de la France sous le
règne de Louis XV*, deuxième édition (1910), p. 3-4.

elle ne peut pas s'y soustraire. « C'est un fait, comme Lamartine l'a dit avec raison et avec force ; c'est un fait, nous n'y pouvons rien. Dieu et la force des choses nous ont donné la France ainsi constituée. Toutes les constitutions, toutes les déclamations n'y changent rien ; nous changerons cent fois de gouvernement, nous ne changerons point de nature. Les pays les plus libres subiront toujours la dictature de leur situation géographique. »

Richelieu sentait avant tout, en Français épris de la marine, les bienfaits de cette « dictature »[1], quand il écrivait ceci : « Il semble que la nature ait voulu offrir l'empire de la mer à la France pour l'avantageuse situation de ses deux côtes, également pourvues d'excellents ports aux mers Océane et Méditerranée. »

Ces mots sont empruntés au chapitre de son *Testament politique* qui a pour titre « De la Puissance sur la mer [2] » ; il devrait être cité ici et commenté d'un bout à l'autre. Bornons-nous à donner une courte analyse de ces pages de bon sens, de clarté et de vérité.

Le titre même est à remarquer : « la Puissance sur la mer » ; c'est ce mot magique de *Sea Power*, sans cesse répété et commenté aujourd'hui sur les bords de la Tamise et de l'Hudson. Richelieu, il y a près de trois siècles, avait déjà trouvé la formule expressive et féconde.

« La puissance en armes, dit le cardinal en matière d'axiome, requiert non seulement que le roi soit fort sur la terre, mais aussi qu'il soit puissant sur la mer. » Rome, le Conseil, la Mer, *Roma*, *Consejo*, *Pielago* : avec ces trois

1. L. DRAPEYRON a étudié « le Sens géographique du cardinal de Richelieu », dans la *Revue de Géographie*, t. XVII, 1885, p. 274-288.
2. Seconde partie, chapitre IX, section v.

mots Antonio Perez avait donné à Henri IV « trois conseils
qui ne sont pas de petite considération... »

« La mer est celui de tous les héritages sur lequel les
souverains prétendent plus de part, et cependant c'est celui
sur lequel les droits d'un chacun sont moins éclaircis... Les
vrais titres de cette domination sont la force et non la raison ; il faut être puissant pour prétendre à cet héritage. »
On reconnaît ici l'argumentation du ministre qui avait fait
inscrire sur les pièces de canon ces mots de défi : *Ultima
ratio regum.*

Parlant d'abord de l'Océan, Richelieu écrit ce passage où
sa clairvoyance patriotique avait prévu les malheurs maritimes qui ont tant de fois frappé notre pays :

« Jamais un grand État ne doit être en état de recevoir
une injure sans pouvoir en prendre revanche. Et partant,
l'Angleterre étant située comme elle l'est, si la France
n'était puissante en vaisseaux, elle [l'Angleterre] pourrait
entreprendre à son préjudice ce que bon lui semblerait sans
crainte de retour. Elle pourrait empêcher nos pêches, trou-
bler notre commerce, et faire, en gardant l'embouchure de
nos grandes rivières, payer tel droit que bon lui semblerait
aux marchands. Elle pourrait descendre impunément dans
nos îles et même dans nos côtes. Enfin, la situation du pays
natal de cette nation orgueilleuse lui ôtant tout lieu de
craindre les plus grandes puissances de la terre, l'ancienne
envie qu'elle a contre ce royaume lui donnerait apparemment lieu de tout oser, lorsque notre faiblesse nous ôterait
tout moyen de rien entreprendre à son préjudice. »

Le récit, qui a été rapporté plus haut, de l'affront fait à
Sully en 1603, amène Richelieu à étudier la question des
saluts sur mer entre Français et Anglais ; ceux-ci sont « tellement aveuglés en telle matière qu'ils ne connaissent autre
équité que la force ».

Nos relations avec l'Espagne nous font aussi une loi d'être puissants sur mer. Nos vaisseaux à la bataille de Gattari, nos galères à la reprise des îles Sainte-Marguerite et Saint-Honorat et au combat de Gênes, n'ont-ils pas contraint « cette superbe et altière nation » à « souffrir l'abaissement de son orgueil » ?

La France a des alliés très éloignés avec lesquels elle ne peut communiquer que par mer. Si ses forces maritimes sont considérables, ils lui « demeureront étroitement unis de cœur et d'affection ».

Par sa position géographique, le royaume Très Chrétien est destiné au rôle de puissance maritime. De plus, il commande les communications entre les diverses parties de la monarchie espagnole.

« Si votre Majesté a toujours dans ses ports [de l'Océan] quarante bons vaisseaux, bien outillés et bien équipés, prêts à mettre en mer aux premières occasions qui se présenteront, elle en aura suffisamment pour se garantir de toute injure et se faire craindre dans toutes les mers par ceux qui jusques à présent y ont méprisé ses forces. »

La nature de la côte provençale, le régime même des vents sur la Méditerranée, dont le cardinal parle en détail avec les termes propres des marins provençaux, sont pour les Français autant de causes de supériorité maritime sur les Espagnols. Trente galères, demeurant en corps à Marseille ou à Toulon, permettront au roi Très Chrétien de faire la police de cette mer.

Si à ces trente galères le roi ajoute dix galions, « vraies citadelles de la mer », c'est-à-dire, en langage moderne, si à ces trente torpilleurs de haute mer on ajoute dix cuirassés d'escadre, il n'y a rien que des forces pareilles ne puissent entreprendre avec un plein succès ; elles pourront attaquer l'ennemi jusque dans ses ports, car « les forteresses flottantes prévalent aux plus assurées de la terre, lorsqu'on sait s'en servir hardiment ».

Donc, avec ces forces sur les côtes de Provence, la France tiendra l'Espagne en bride, elle assurera la liberté des princes d'Italie, elle fera respecter son pavillon par les Barbaresques, elle rappellera l'observation des traités au Grand Seigneur, « qui ne mesure la puissance des rois éloignés que par celle qu'ils ont à la mer ».

La dépense nécessaire à l'entretien de ces forces de Ponant et de Levant sera de deux millions cinq cent mille livres. « Pour grande qu'elle soit, elle doit être estimée petite, en comparaison des avantages que nous en recevrons. » Heureuse époque où l'on pouvait se contenter de moins de trois millions pour assurer à la France la liberté et même l'empire de la mer !

Ce chapitre du *Testament politique*, si plein de choses et d'idées, si propre à faire penser, dans lequel les vues les plus hautes s'allient à des indications précises, où l'on entend à la fois le langage d'un homme d'État, d'un patriote et d'un marin, suffirait à la gloire de Richelieu grand maître de la navigation. Son puissant génie venait d'ouvrir les yeux des Français à des perspectives nouvelles; éducateur national, il venait de leur montrer le monde de la mer avec ses horizons illimités, et il les conviait à s'y élancer à pleines voiles. Aussi la marine française conservera toujours au cardinal-duc son admiration et sa reconnaissance.

CHAPITRE III

Caractère méthodique de l'œuvre de Richelieu. — Enquête de d'Infreville sur les côtes du Ponant : personnel, bâtiments marchands,
ports de commerce, navires de guerre, magasins de la marine.
— Enquête de Séguiran sur les côtes provençales : Marseille, la
Ciotat, Toulon.

Quand Richelieu arriva aux affaires, il semblait que la
mer fût librement ouverte à la puissance qui voudrait s'en
emparer. Sur la Méditerranée, la tentative que la marine
ottomane avait faite à l'époque de Soliman n'avait pas duré ;
sur l'Océan, l'aventure de l'Invincible Armada, tragique-
ment dénouée en 1588, avait porté à la marine espagnole
un coup dont elle ne devait pas se relever. Quant aux
marines de Hollande et d'Angleterre, qui devaient tenir
au xviie et au xviiie siècle le « trident de Neptune », elles
étaient encore à leurs débuts ; il n'y avait rien alors de ce
côté qui pût empêcher la France d'essayer de saisir elle-
même le « sceptre du monde ».

Dès le début même de son ministère, Richelieu avait eu
la conception très nette des destinées maritimes du pays,
quand il avait fait connaître ses projets à l'assemblée des
notables. La guerre contre les Rochelais retarda pendant
quelque temps l'exécution de ses idées, mais elle le con-
vainquit encore davantage, si c'était possible, de leur impé-
rieuse nécessité.

La Rochelle prise, la France avait ses coudées franches

sur l'Océan; les eaux françaises n'allaient plus être parcourues que par des flottes vraiment françaises, c'est-à-dire dépendantes du roi. D'autre part, la guerre contre l'Espagne, suspendue depuis quelques années, ne pouvait pas ne pas recommencer à brève échéance; Richelieu voulait que la mer, comme le continent, servît de théâtre à cette guerre. Il n'y avait plus qu'à préparer les moyens d'action. Le jour où le roi Très Chrétien aura rompu avec le roi Catholique, la marine des fleurs de lis pourra prendre son essor.

Ce qui donne à cette œuvre de Richelieu son caractère propre, ce qui en fait en son genre un véritable modèle, c'est l'esprit de méthode et de netteté avec laquelle elle se présente. Richelieu est parti de cette idée, qui est pour lui comme un article de foi : la France doit posséder la « puissance sur la mer ». Deux obstacles, de nature différente, peuvent empêcher le pays de réaliser ses destinées maritimes, l'amirauté de France et la Rochelle : il confisque l'un, il brise l'autre. Il s'agit à présent de connaître, suivant sa propre expression, « l'état au vrai » de la marine ; à cet effet, il décide d'entreprendre une enquête générale et approfondie. Connaître le véritable intérêt du pays et le satisfaire, non pas en obéissant à l'esprit de système, mais en se conformant aux indications données par les faits : la méthode administrative de Richelieu en matière de marine se réduit à ces règles aussi simples que justes.

Écoutons-le lui-même. « Comme un capitaine mis dans une place pour la garder la visite incontinent, et reconnaît soigneusement sa force et sa faiblesse, et ce en quoi elle est bonne, ce en quoi elle manque, et ce qu'il faut faire pour la rendre parfaitement bonne, ainsi le cardinal regarde les fautes que les autres ont faites qui l'ont précédé, ce qu'ils ont fait de bien, ce qu'ils eussent pu faire davantage, leur soin, leur négligence, et ce qu'il faut apporter pour mettre en France la marine en son dernier point [1]. »

De là naquit dans son esprit l'idée de faire faire une vaste enquête maritime sur toutes les côtes du Ponant et du Levant. La première fut confiée, en 1629, à Louis Le Roux, sieur d'Infreville, commissaire général de la marine ; la seconde, en 1633, à Henri de Séguiran, seigneur de Bouc, premier président en la cour des comptes, aides et finances de Provence.

La mission de d'Infreville avait été minutieusement définie à l'avance dans des instructions de Richelieu, en date du 31 mai 1629 : « Fait au camp devant Privas », c'est-à-dire quand le roi était encore en guerre avec ses sujets de la religion réformée. Tous les points sur lesquels devait porter l'enquête du commissaire général de la marine étaient indiqués, afin qu'il pût « de tout nous rapporter de bons états et procès-verbaux pour être pourvu à ce que besoin sera ainsi que de raison ». Esprit précis et méthodique, sachant voir et sachant dire ce qu'il avait vu, d'Infreville, qui sera plus tard pour Colbert un collaborateur précieux, avait les qualités de la mission qui lui était confiée. Son enquête dura près de deux ans ; il en consigna les résultats dans un long rapport, en douze chapitres [2], daté du 23 mars

---

1. RICHELIEU, *Mémoires*, livre XVIII, année 1627. Collection Michaud, p. 437.

2. « Pour ce qui est du premier chef, de me transporter en tous les ports, havres, rades et côtes, de l'obéissance de Sa Majesté, qui sont en la mer océane, et ès rivières esquelles abordent les vaisseaux, et là y reconnaître en quels lieux et endroits sont établis les congés qui doivent être distribués pour la sûreté des vaisseaux...,

« Pour le regard du second chef, contenant de faire rendre compte aux commis de tout ce qu'ils ont reçu pour monseigneur le cardinal, de quelque nature que ce soit, arrêter lesdits comptes...

1631. C'est, d'ailleurs, moins un rapport, au sens propre du mot, qu'une analyse méthodique et un extrait de ses notes. « Ce présent extrait a été fait par moi, commissaire général de la marine soussigné, sur le procès-verbal du voyage que j'ai fait en tous les ports de la mer océane, pour être présenté au conseil de Sa Majesté. »

Ce document met en lumière, avec l'éloquence des faits et des chiffres, la triste situation de la marine du Ponant [1].

Le personnel naval sur toute l'étendue des côtes de Calais à Bayonne se réduisait alors, d'après ce rapport, à soixante capitaines, quarante-six patrons ou pilotes, huit cent vingt

---

« Pour le troisième chef, de reconnaître quels droits se tirent sur les vaisseaux et marchandises qui entrent et sortent des ports et havres, et en quel état sont lesdits ports et havres...

« Pour le quatrième, si le droit d'ancrage est établi suivant la volonté de Sa Majesté, le faire établir aux lieux où il n'est pas...

« Pour le cinquième, de m'informer quels droits sont prétendus par les gouverneurs, seigneurs hauts-justiciers et autres en côtes de la mer...

« Pour le sixième, quels vaisseaux appartiennent à Sa Majesté, où ils sont et en quel état, et qui les commande, en quels lieux l'on en bâtit; les visiter pour reconnaître s'ils sont construits suivant les devis et marchés que je me ferai représenter, recevoir ceux que je trouverai prêts à mettre en mer... Faire faire inventaire des canons qui sont dans les vaisseaux du roi, de quel calibre ils sont...

« Pour le septième, de m'enquérir exactement des vaisseaux appartenant aux particuliers qui peuvent servir en guerre.

« Pour le huitième, de savoir quels capitaines, patrons, charpentiers, canonniers et matelots sont ès dites côtes et peuvent servir Sa Majesté.

« Pour le neuvième, de visiter les magasins de la marine pour savoir ce qui est dedans, en retirer de bons et fidèles inventaires, savoir ce qui y doit être mis... S'informer des lieux où se fondent les canons, presser l'entrepreneur de faire sa fourniture... et faire épreuve desdits canons.

« Pour le dixième, reconnaître quels vaisseaux de Sa Majesté et de monseigneur sont inutiles, les faire vendre au profit de qui il appartiendra...

« Pour le onzième, si les guets sont faits en temps de paix et la garde en temps de guerre par ceux qui y sont sujets, et si en toutes les côtes il y a des capitaines garde-côtes...

« Pour le douzième et dernier article, si les sièges de la juridiction de la marine sont remplis d'officiers, et quels y manquent, et si les ordonnances du roi sur le fait de la marine sont observées. »

1. Le rapport de d'Infreville a été publié par Eug. Sue, au tome III de la *Correspondance de... Sourdis* (Collection des documents inédits), p. 171-221.

charpentiers, dont cinq cent soixante-dix pour la Bretagne, deux cents canonniers, tous en Bretagne, cent cinq maîtres, cinq mille trois cent soixante matelots. Il est certain que les populations maritimes de Picardie, de Normandie, de Bretagne, de Poitou, de Guyenne comprenaient plus de six à sept mille hommes de mer « pouvant servir Sa Majesté ». Ce petit nombre a son explication dans une double cause : les populations des côtes se détournaient du rude métier de la mer, puisque le gouvernement semblait jusqu'ici s'en désintéresser, pour gagner leur vie à terre, ou bien elles passaient au service de l'étranger. Richelieu a constaté lui-même cette émigration. « Nous avons, dit-il [1], un grand nombre de matelots qui jusqu'à présent ont été chercher emplois chez nos ennemis pour n'en trouver pas en leur pays. » A cet égard, le mal avait un double effet : l'appauvrissement de la France faisait la richesse de ses rivaux.

La diminution du nombre des marins était à la fois la conséquence et la cause de la diminution du nombre des bâtiments. Dans le recensement des « vaisseaux appartenant aux particuliers, qui peuvent servir en guerre », d'Infreville comptait en tout : à Dieppe six bâtiments de cent et cent cinquante tonneaux ; — à Honfleur, deux de huit canons chacun ; — à Granville, vingt terre-neuviers ; — à Saint-Malo, quarante navires, de deux cents à trois cents tonneaux, et quelques-uns de quatre cents tonneaux, plus une soixantaine de barques et moyens navires ; — à Binic, douze terre-neuviers ; — dans la rivière de la Penzé, le pays de Saint-Pol-de-Léon, un vaisseau de deux cents tonneaux en construction [2]. « A Nantes, il n'y a point

1. *Testament politique*, chap. IX, sect. vi.
2. « Et se bâtit souvent en ladite rivière, ayant grande profondeur d'eau et des bois proche, la rivière toujours calme, étant à l'abri de ses côtes. »

de vaisseaux appartenant aux particuliers qui puissent servir en guerre. » Or la Normandie et la Bretagne sont les seules provinces maritimes citées dans cette partie du rapport ; la Picardie, le Poitou, la Guyenne n'y sont pas même mentionnés. La marine marchande et la construction des navires étaient comme frappées de mort. Il faut se rappeler cette misère matérielle pour mieux comprendre tout ce que la France maritime devra, quelques années plus tard, à la vigoureuse impulsion de Richelieu et de Colbert.

Le chapitre du rapport de d'Infreville qui est consacré à l'état des ports, fournit des renseignements, dont quelques-uns paraissent invraisemblables, tant l'incurie ou mieux l'anarchie régnait en maîtresse dans toute l'étendue de la marine du Ponant. On citera seulement quelques faits.

A Boulogne, « le port menace ruine et dépérit tous les jours, faute d'entretien, et se peut rendre très excellent, faisant un canal à la rivière de Liane. »

A Dieppe, « le quai est mal entretenu et en ruine. »

A Caen, « m'a été fait plainte que, vers Cherbourg, il y a des pirates français qui ont commission du roi d'Espagne, qui déprèdent leurs vaisseaux des marchandises, et sont soutenus par ceux dudit Cherbourg et gentilshommes voisins. »

A Granville, « le port est négligé, quoique de soi il soit bon. »

A Roscoff, « les habitants travaillent au rétablissement de leur port. »

A Auray, « l'on a commencé un quai, et n'y a aucun fonds destiné. »

A Nantes, « il se fait peu de travail à l'entretien du canal de la rivière, lequel diminue. »

A Saint-Martin-de-Ré, « le quai tombe en ruine. »

A Brouage, « il n'y a aucuns deniers destinés pour le port, auquel il ne se fait aucun travail, quoiqu'il se remplisse et bouche de vase. »

La seule partie du rapport de d'Infreville qui contraste un peu avec toute cette détresse, est celle qui se rapporte à l'état de la marine royale. On venait de construire à Dieppe quatre vaisseaux de deux cent trente à trois cent cinquante tonneaux, l'*Aigle*, le *Cerf-volant*, le *Dauphin*, la *Madeleine* ; à Fécamp [1], deux de trois cents tonneaux et deux hirondelles [2] ; au Havre, six pataches [3] ; à Honfleur, quatre vaisseaux. A Brest, il y avait sept vaisseaux appartenant au roi, le *Saint-Louis*, le *Corail*, le *Cygne*, la *Fortune*, l'*Europe*, le *Lion d'or*, le *Saint-Michel*, ce dernier, il est vrai, « coulé à fond [4] ». A Concarneau, trois vaisseaux, de trois cents et trois cent cinquante tonneaux, le *Saint-Edme*, la *Perle*, la *Sainte-Geneviève*. A Auray, quatre vaisseaux, le *Catholique*, le *Coq*, le *Triton*, la *Fleur de Lis*. A la Roche-Bernard, un vaisseau de douze cents tonneaux en construction [5]. Aux chantiers du Migron [6], un navire de dix-sept cents tonneaux, que le chevalier de Cangé [7] a fait construire et qui a été mis à l'eau. A Couéron [8] étaient mouillés deux vaisseaux du roi, la *Madeleine* et la *Pucelle*.

---

1. Les constructions de Dieppe et de Fécamp se faisaient sous la surveillance du capitaine Jacques Du Mé d'Aplemont.

2. Les bâtiments légers dits hirondelles étaient probablement des bâtiments à rames.

3. La patache était un petit bâtiment de charge, d'une centaine de tonneaux.

4. « Plus, il y a audit lieu un philibot (*sic*)... Il y a aussi une patache appartenant au sieur de Hicourt par la moitié et à La Chesnaye l'autre. »

5. Les constructions de Concarneau, d'Auray et de la Roche-Bernard se faisaient sous la surveillance du capitaine de Beaulieu.

6. Le Migron, sur la rive gauche de la Loire, en amont de Paimbœuf.

7. Chevalier de Malte, péri avec le galion qu'il commandait, le 1er juillet 1642, sur les côtes de Catalogne. Voir ci-dessous, p. 119.

8. Sur la rive droite de la Loire, en aval de Nantes.

Aux Sables-d'Olonne, il y avait le vaisseau la *Lionne*, de Honfleur, « abandonné pour la contagion ». Brouage renfermait toute une division navale, le *Saint-Jean*, le *Cheval marin*, l'*Espérance en Dieu*, la *Salamandre*, le *Don de Dieu*, la *Notre-Dame*, la *Marguerite*, plus deux grands vaisseaux et deux pataches venus de Saint-Jean-de-Luz, plus encore deux galiotes, deux brigantins [1], neuf pinasses [2], la grande galère et quelques chaloupes. A Bordeaux, six vaisseaux étaient sur le chantier [3].

D'Infreville inspecta aussi les magasins de la marine et le matériel d'artillerie.

« J'ai visité à Brest un ancien magasin de la marine situé sur le bord du canal, à présent ruiné, ne restant que les quatre murailles, bâti du roi François Ier, lieu fort commode pour la marine.

« De Brest j'ai été à Châteaulin ; passant la baie dudit Brest et montant dans la rivière audit lieu, j'ai visité la fonderie de canons du sieur de Villeneuve, et ayant pris du sieur de Kerverho, lieutenant du sieur commandeur de Rhodes, trois cent livres de poudre, ai fait épreuve de vingt-quatre pièces de canon de fer de six, huit et dix livres de balle,... et desdites vingt-quatre pièces y en a crevé cinq, dont j'ai dressé procès-verbal. J'ai enjoint audit entrepreneur de parachever sa fourniture et lui ai donné trois mille livres. »

A Nantes, « le sieur de La Paillardière, maître des forges

---

1. Petit navire, de la famille des galères, un peu plus petit que la galiote, ponté, avec une seule voile, ayant de huit à seize bancs à un seul rameur.
2. « Pinasses sont petits vaisseaux très longs, étroits, forts et légers, propres à faire course ou à descendre du monde en une côte ; ils sont faits de pin pour l'ordinaire. Les Bayonnais s'en servent fort, tant à la voile qu'à la rame. » Le P. FOURNIER, cité par JAL, *Glossaire nautique*.
3. Ils étaient « entrepris par le sieur Gassie ».

au comté de Laval, nous a dit avoir fait marché avec monseigneur de fondre cinq cents pièces de canon et un million
pesant de boulets, sans pouvoir spécifier la longueur des
canons ni pesanteur des boulets, et n'avoir encore fondu
aucun desdits canons ni boulets, n'ayant été payé de la res-
cription de dix mille livres qui lui a été donnée à recevoir
du trésorier des états de Bretagne. »

Telle était, dans son ensemble, la situation de la marine
du Ponant : beaucoup de misère, un grand désordre, mais
aussi quelques germes de vie, qui prouvaient que l'action
créatrice de Richelieu avait déjà commencé à se faire sentir.

La mission de Séguiran ne dura que deux mois, du
11 janvier au 17 mars 1633 ; elle se fit sur une région beaucoup moins étendue, car elle se borna aux côtes de Provence, les seules de la Méditerranée française qui aient une
valeur maritime. La méthode d'inspection du premier président en la cour des comptes de Provence fut différente
de la méthode de d'Infreville ; il ne se borna pas, comme
celui-ci, à un exposé purement analytique, sous la forme
de listes et d'énumérations successives. Esprit de nature
peut-être plus systématique, il a réuni en une fois, en les
groupant dans un tableau d'ensemble, tous les renseignements qu'il avait recueillis sur les diverses localités de la
Provence maritime [1]. Arrivé dans une ville, il convoquait
les magistrats municipaux et les principaux habitants ; dans
une sorte de conférence, il se faisait instruire de l'état passé
et présent du commerce maritime et de tout ce qui pouvait

---

1. Voir le « Voyage et Inspection de M. de Séguiran sur les côtes de Provence, 1633 », publié par Eug. Sue, au tome III de la *Correspondance de...*
Sourdis, p. 223-319.

intéresser l'objet de sa mission. Puis il procédait lui-même à l'inspection du port, des navires, des arsenaux, des pièces d'artillerie.

Un professeur de mathématiques qui l'accompagnait, Jacques de Maretz, d'Aix-en-Provence, levait le plan de tous les endroits visités. Le résultat de tous ces relevés topographiques se trouva consigné sur une carte d'ensemble, malheureusement perdue aujourd'hui, qui représentait dans le plus grand détail la côte provençale jusqu'à deux ou trois lieues à l'intérieur des terres [1]. L'étude de cette carte devait déterminer Richelieu à faire élever des fortifications sur divers points de la côte, comme Porquerolles, Port-Cros, Sainte-Marguerite, Saint-Honorat, la Croisette, Agay, Cavalaire, Bréganson, Balaguier, les Embiers, etc. Ces travaux n'étaient sans doute dans la pensée du cardinal qu'une mesure provisoire, en attendant le jour où il pourrait lancer sur la Méditerranée une puissante escadre. L'homme qui a écrit que « les forteresses flottantes prévalent aux plus assurées de la terre » [2], n'ignorait pas que la meilleure défense des côtes est dans une escadre de guerre qui fait la police du large.

Séguiran visita les ports de la Provence avec une autorité presque souveraine, comme lieutenant du cardinal en la charge de grand maître au pays de Provence ; il remit en vigueur les ordonnances sur la marine qui n'étaient pas mieux observées qu'en Ponant. « Par l'inobservation d'icelles, dit-il, à cause de plusieurs autres abus que l'in-

1. Signalons à ce propos un curieux portulan de la Méditerranée et des côtes européennes de l'Atlantique, de l'année 1633, portant cette signature : « Augustinus Roussinus me fecit Masciliæ, anno Domini 1633. » Reliure en maroquin rouge, avec cette inscription : « Pour Monseigr le Cardl ». Bibliothèque nationale, Mss fr., 20122.

2. Voir ci-dessus, p. 31.

jure du temps ou la malice des hommes ont fait glisser dans le commerce dudit pays, tout y était en voie de ruine. »

Nous ne suivrons pas le lieutenant du grand maître dans tous les détails de son enquête, qui fut autant commerciale et administrative que proprement maritime. Nous emprunterons seulement quelques observations à son très intéressant rapport.

Tous les bateaux marchands du port de Marseille étaient armés en guerre. L'un d'eux, le *Saint-Victor*, du port de dix mille quintaux, qui partait pour Alexandrette avec un chargement de drogueries, portait seize pièces de canon de fer, avec trois mille six cents livres de poudre et six cent cinquante boulets. Il fallait bien que chacun veillât à sa propre défense, puisqu'il n'y avait pas de marine de guerre et que la Méditerranée était abandonnée aux pirates.

Les divers magasins de l'arsenal de Marseille avaient le plus grand besoin d'être réparés, « tant pour s'en pouvoir servir que pour en éviter l'entière ruine ». Ce mot de « ruine » revient presque à chaque page.

Partout, sur les côtes de Provence, on vivait dans la terreur des Barbaresques ; la protection n'existait nulle part, pas plus sur terre que sur mer.

Au fort de Cassis, toute la garnison se composait du concierge, qui était un domestique de l'évêque de Marseille, et toute l'artillerie, de deux fauconneaux, dont l'un était éventé.

Au bec de l'Aigle, à la Ciotat, un système de signaux, qui fonctionnait chaque nuit au moyen de feux allumés, avertissait les habitants de la région de la présence des corsaires ; les signaux du bec de l'Aigle se répétaient tout le long de la côte, soit jusqu'à la tour de Bouc, soit jusqu'à Antibes.

Les maisons du bord de la mer se transformaient en forteresses. A Bandol, dans la maison du sieur de Boyer,
gentilhomme ordinaire de la chambre du roi, la terrasse qui
faisait face à la mer était armée de deux pièces de fer coulé,
de deux pierriers, avec une provision de cinq cents livres
de poudre et deux cents boulets. Comme les capitaines des
bateaux marchands qui partaient pour Alexandrette, les
habitants de la côte provençale devaient assurer eux-
mêmes leur propre défense.

Les fortifications de Toulon se réduisaient encore, en
1637 [1], à la grosse tour, qui était dans un médiocre état
d'entretien ; elle aurait pu contenir cinquante canons et
cinq cents hommes, mais le canon était « tout démonté ».
Il n'y avait d'autres munitions que celles qui y avaient été
mises « depuis quinze jours », par ordre du cardinal. « Un
bonhomme de gouverneur, qui n'a pour toute garnison que
sa femme et sa servante, y est [2], y ayant vingt ans qu'il n'a
reçu un denier, à ce qu'il dit. »

1. « Mémoire de l'archevêque de Bordeaux, des places, garnisons de la
Provence, et ce qu'il faut faire pour mettre la côte en sûreté. A Toulon, le
12 juin 1637. » Eug. Sue, *Correspondance de... Sourdis*, t. 1, p. 409.
Cf. un « Mémoire des tours le long de la côte » de Provence, envoyé au
secrétaire d'État de la guerre, Sublet de Noyers, le 12 août 1637. A. M.,
B⁴ 1. — Il y est dit, à propos de la grosse tour de Toulon :
« Je vous avais proposé pour cette tour le sieur de Source, qui a été
nourri page du roi, depuis dans les mousquetaires et à présent capitaine
dans la tour, qui a été à la défense des îles et reçu un coup de fauconneau par
le visage, qui le met en état qui ne peut presque pas manger et qui le rend
tout difforme, mais il est homme de grand cœur, de grand soin et de fidélité. »
2. Cela peut faire penser au fort de Notre-Dame-de-la-Garde, à Marseille,
dont Scudéry fut gouverneur, « une méchante masure tremblante », qui
excita la verve de Chapelle et de Bachaumont dans leur *Voyage en Provence* :

> Gouvernement commode et beau
> A qui suffit, pour toute garde,
> Un suisse avec sa hallebarde
> Peint sur la porte du château.

Malgré la piraterie, les relations commerciales des ports de Provence avec les ports d'Italie ou avec les échelles du Levant avaient toujours une assez grande activité; par suite, le chiffre de la population maritime de la Provence était resté assez élevé. En dehors de Marseille et de Toulon, Séguiran comptait environ sept mille marins. La flotte provençale se composait de quarante-six vaisseaux au long cours, dont dix-sept du port de Marseille, et de quatre cent vingt-sept bâtiments destinés au cabotage. Il y avait en tout cinq vaisseaux, du port de Marseille, qui pouvaient « faire figure » comme navires de guerre.

Une chose qui pourrait paraître significative, c'est que dans ce rapport très détaillé, il ne soit pas question des galères. Il se peut que Séguiran n'ait pas voulu empiéter sur les attributions du général des galères; mais il est probable aussi qu'à cette date ces bâtiments de guerre devaient être en petit nombre et de valeur médiocre.

Les rapports de d'Infreville et de Séguiran donnent de la marine de l'époque, sur les deux mers qui baignent la France, la même impression misérable : ports en ruine, défense des côtes non organisée, marine marchande du Ponant victime des exactions des seigneurs et des abus féodaux, marine marchande du Levant victime de la piraterie, marine de guerre réduite à quelques bâtiments dispersés et peu en état de naviguer. C'est de cette détresse que le grand maître de la navigation entreprit de faire sortir la France maritime.

CHAPITRE IV

Administration maritime : le Conseil de Marine ; le « Règlement » de
1631 ; le chef d'escadre, le commissaire général et leurs subordonnés ; le budget de 1635. — Recrutement des équipages : les premières listes d'inscrits maritimes. — Travaux dans les ports : les
magasins pour la marine. — Enquête de d'Infreville sur les travaux maritimes à faire entre Calais et Cherbourg. — Le Havre,
Brest, Indret, Brouage, Toulon. — Constructions navales ; la *Couronne*. — Jugement du P. Fournier.

On peut ramener à quatre idées principales, dont l'ensemble forme un tout méthodique, les nombreuses mesures
de Richelieu concernant la marine. Établir une administration maritime, soumise à des règles fixes ; assurer le recrutement du personnel maritime ; donner à la marine des
ports, des chantiers, des arsenaux ; donner à la marine
des bâtiments de guerre : voilà ce que le grand ministre
exécuta ou entreprit. Et cela, au milieu des embarras de
toute nature, des complications d'une guerre continentale
qu'il eut à soutenir d'une manière continue pendant sept
ans.

Peu avant l'arrivée de Richelieu aux affaires, un Conseil
de Marine venait d'être institué. « Le 6 de janvier 1624,
le roi commit et députa le marquis de La Vieuville, surintendant des finances, les sieurs de Buisseaux et de Préaux,
conseillers d'État, avec un des secrétaires d'État, pour
considérer et examiner les affaires de la marine qui leur

seront proposées par l'amiral de Montmorency ou ses officiers, et les décider avec ledit amiral, et recevoir à l'avenir
les mémoires des affaires qu'ils jugeront à propos d'être
rapportées au Conseil [1]. » Cette institution demeura ;
comparable à notre Conseil supérieur de la Marine, le
Conseil de Marine fut chargé de préparer toutes les décisions administratives soumises à la signature du grand
maître.

L'une des plus importantes parmi ces décisions est le
« Règlement sur le fait de la marine », de l'année 1631 [2].
On peut supposer que Claude de Launay-Razilly, gouverneur des îles de Ré et d'Oléron, que Richelieu aimait à
consulter sur les questions de marine [3], a été l'inspirateur
de cette ordonnance; on y sent circuler un esprit tout nouveau d'ordre et d'autorité.

« Le Roi ayant reconnu par expérience que les vaisseaux
et équipages de mer qu'il a fait construire et dresser pour
rendre son État assuré contre les entreprises que les étrangers pourraient faire sur les places maritimes et empêcher
que ses sujets et ceux de ses alliés fussent déprédés par
les pirates et corsaires, ne sont pas entretenus comme il
l'avait ordonné,... Sa Majesté ordonne que les vaisseaux
seront tous remis dans ses ports de Brouage, Brest et le

---

1. Le P. Fournier, *Hydrographie*, liv. VI, chap. xxiv.
2. « Fait à Dijon le 29ᵉ jour de mars 1631. Signé : Louis. » A.M., A¹ 3.
3. « Je serai bien aise que M. de Launay s'en revienne ici, ayant toujours besoin d'avoir auprès de moi quelqu'un qui m'instruise aux affaires
de la mer. » 1ᵉʳ décembre 1626. Richelieu, *Lettres*,... éd. Avenel, t. II,
p. 296.
   Claude de Launay-Razilly, de la noblesse de Touraine, né le 26 décembre
1593, gouverneur des îles de Ré et d'Oléron, vice-amiral de France, lieutenant-général en Acadie, où il mourut vers 1666. Sur sa famille et sur ses
frères Gabriel, François, Isaac (le chevalier), nombreux documents réunis
par Margry : Bibliothèque nationale, Mss franç. nouv. acquis., 9839. Cf.
L. Deschamps, *De Rasiliis... Richelii adjutoribus*; Paris, 1898.

Havre de Grâce, entre les mains des trois commissaires
généraux de la marine, qui, pour cet effet, demeureront
actuellement auxdits ports et havres, lesquels auront soin
de pourvoir à la conservation et radoub desdits vaisseaux,
à l'entretien des matelots pour la garde d'iceux, et de
tenir tous leurs agrès et apparaux et tout ce qui sera
nécessaire à naviguer tellement prêt en des magasins que,
quand l'on en aura besoin, lesdits vaisseaux puissent être
mis promptement à la mer. »

Le Règlement de 1631 entre dans des détails très précis
sur le mécanisme de l'administration maritime. Dans chacun des trois ports du Ponant, il y aura un chef d'escadre
et un commissaire général.

Le chef d'escadre, qui fait penser à nos préfets maritimes,
aura sous ses ordres immédiats un capitaine de marine,
sorte de commandant du port, qui restera à terre, « pour
avoir soin de pourvoir à tout ce qui sera nécessaire », et
deux lieutenants qui seront à bord de deux vaisseaux « à
l'entrée du port pour la garde d'icelui ;... ils commanderont
à tout l'équipage sous l'autorité du capitaine, qui recevra
ses ordres du chef d'escadre. » Tous les services militaires
dépendront ainsi d'un état-major peu nombreux, sur lequel
le grand maître aura directement la main.

De même pour les services proprement administratifs.
« Le commissaire général de la marine sera pour avoir soin
des radoubs, de l'entretien des vaisseaux et des paiements
et nourriture des hommes qui seront sur lesdits vaisseaux,
et pour faire délivrer aux vaisseaux qui iront en mer, par
le garde général des magasins ou ses commis, ce qui sera
nécessaire pour leur armement... » Chaque commissaire
général aura sous ses ordres trois commissaires ordinaires
et deux contrôleurs, « qui feront les procès-verbaux des
montres et des ouvrages à faire... »

Tout ce service du contrôle fut placé sous la dépendance du commandeur Amador de La Porte[1], « intendant général de la navigation et commerce de France[2] », qui était l'oncle de Richelieu et qui fut son collaborateur très docile.

Huit lieutenants généraux furent chargés de veiller chacun sur une certaine étendue du littoral, qui constituait une sorte d'arrondissement maritime. Pris parmi les maîtres des requêtes, les conseillers d'État, les membres des parlements provinciaux, ils étaient un peu pour la marine, comme les fameux « intendants » pour l'administration proprement dite, « chargés de tout ce qu'ils verraient bon être ».

Un budget très détaillé de la marine peut donner une idée de l'ordre matériel qui régnait dans les divers services de cette machine de création nouvelle et déjà fort compliquée ; ce sont les « États au vrai de la recette et dépense faite par Me François Leconte, trésorier général de la marine de Ponant », pour l'année 1635[3]. Avec leurs divisions précises et leurs tableaux récapitulatifs, ils constituent un document administratif du plus grand intérêt.

Le recrutement des équipages fut toujours une des

---

1. Amador de La Porte, frère de Suzanne de La Porte, mère de Richelieu ; grand prieur de France, bailli de Morée, ambassadeur de l'ordre de Malte en France, gouverneur du Havre en 1626, lieutenant du roi au pays d'Aunis et d'Oléron en 1633 ; mort en 1644.

2. « État général de la marine avec les ordonnances et règlements qui s'y observent, 1642, par le commandeur de La Porte. » Eug. Sue, *Correspondance de... Sourdis*, t. III, p. 321-356. Texte très curieux sur les détails de la vie maritime et de la discipline à bord ; il avait été préparé par Théodore de Mantin, chef d'escadre de Guyenne, et arrêté en conseil à Brouage. Mantin s'était inspiré dans une large mesure des règlements de la marine des Provinces-Unies. Cf. A. Jal, *Abraham Du Quesne*, t. I, p. 46-49 ; Ch. de La Roncière, *Histoire de la marine française*, t. IV, p. 601.

3. Eug. Sue, *Correspondance de... Sourdis*, t. III, p. 358-527.

grandes difficultés de l'administration de la marine sous l'ancien régime. Pour l'armée de terre, on avait recours à l'enrôlement volontaire ou soi-disant tel ; pour les armées navales, où les qualités spéciales d'expérience étaient requises, il fallait avoir des professionnels de la mer. Ainsi naquit l'idée d'astreindre les populations des côtes au service de la mer, et pour cela de dresser des listes d'inscrits maritimes.

Une ordonnance de 1624, du duc de Montmorency, qui était amiral de France, avait déjà prescrit de dresser des états contenant les noms, surnoms et demeures de tous les maîtres et pilotes de navires.

Richelieu reprit cette idée et la précisa dans l'article 441 de l'ordonnance de janvier 1629 [1], article où l'on peut voir une véritable ébauche de l'inscription maritime. En voici le texte :

« Afin que nous sachions exactement les forces que nous pourrions mettre en mer pour les employer aux occasions, nous voulons qu'en la présence de notre procureur et de ceux qui seront commis à cette fin, les juges dressent dorénavant par chacun an, au mois de décembre, sans prendre aucune taxe ni vacation, un état certain contenant les noms, surnoms et la demeure de tous les capitaines, maîtres conducteurs, pilotes, charpentiers, calfateurs, canonniers, matelots, mariniers et manouvriers, et tous les hommes qui font profession du métier de la mer, résidant en l'étendue de leur ressort et juridiction ; le nombre des navires, barques, chaloupes, pataches et autres vaisseaux,

---

1. Les articles 430 à 461 de cette ordonnance, désignée sous le nom de code Michaud, se rapportent à des questions d'administration et de droit maritime. ISAMBERT, *Recueil général des anciennes lois françaises*, t. XVI, p. 329 et suiv.

la grandeur et le port d'iceux et le nom des bourgeois à qui
ils appartiennent, tant français qu'étrangers, et de tous
leurs canons de fonte verte[1], et de fer, armes et munitions.
Lesquels états... seront envoyés à notre cousin le cardinal
de Richelieu ou au secrétaire de la mer résidant près de sa
personne, pour en tenir fidèle registre auquel on puisse avoir
recours quand il sera besoin. »

A ne consulter que les règlements administratifs, on
pourrait croire que cette institution donna des résultats
réguliers et sûrs; mais, à cette époque comme plus tard, il
y eut loin, pour le recrutement des équipages, entre l'opti-
misme des documents officiels et la réalité des faits.

Sur chacune des mers qui baignent la France, Richelieu
entreprit d'avoir un grand établissement maritime, qui fût
à la fois une citadelle, un chantier de construction, un arsenal, un port de guerre, en un mot un organisme complet,
qui répondît à tous les besoins d'une marine militaire.

Le « Règlement », déjà cité, de l'année 1631, permet de
connaître l'idée très juste que Richelieu se faisait du rôle
d'un arsenal.

« Afin que toutes choses soient en chaque province en
état d'équiper les vaisseaux qui y seront, sans avoir recours
aux autres, dont le secours serait long à attendre et souvent incertain, il sera établi en chacune d'icelles un magasin qui sera toujours fourni de toutes choses nécessaires à
la navigation... Et afin que par ci-après les desseins que Sa
Majesté aurait de mettre les vaisseaux à la mer ne soient
retardés faute des agrès nécessaires, outre les équipages de
chaque vaisseau qui seront dans les magasins en état de

---

1. Canons de bronze.

servir, il sera fait provision de cordages, toiles à faire voiles, ancres, mâts, vergues et autres bois d'ouvrage pour radouber les vaisseaux, brai, goudron, suif, étoupes et autres choses nécessaires pour cet effet. Il y aura en chaque magasin des ouvriers propres à faire et raccommoder les cordages, voiles et autres agrès, qui travailleront incessamment à les tenir en l'état qu'ils doivent être. »

Le cardinal avait chargé d'Infreville [1], en 1629, de faire une enquête générale sur l'état de la marine du Ponant ; de même, il le chargea, en 1639, de faire une enquête spéciale sur les côtes comprises entre Calais et Cherbourg, « pour voir quels lieux on trouvera plus propres et commodes pour bâtir un port, afin d'y retirer les vaisseaux au roi [2]. » L'inspection de d'Infreville et des trois commissaires qui lui étaient adjoints fut faite avec le plus grand soin ; chaque port, chaque embouchure de cours d'eau furent examinés en détail, des sondages furent faits, des plans et des devis furent dressés. L'impression de la commission sur le *littus importuosum* de Picardie et de Normandie fut peu favorable. « En sorte, dit la conclusion du rapport, que si on veut tenir de grandes forces navales en toute ladite côte, — de Calais à Cherbourg, — il faudrait accommoder les vaisseaux pour les ports, puisque les ports ne se peuvent accommoder pour les grands vaisseaux. Et faire ameilleurir et entretenir

1. Louis Le Roux, seigneur d'Infreville et de Saint-Aubin d'Escroville, commissaire général de la marine, intendant des armées navales en 1642, intendant de justice, police et finances du port de Toulon en 1665, à la retraite le 10 avril 1670, après plus de quarante ans de services dans la marine.

2. D'Infreville fit son enquête en compagnie de M. de Caen, sergent de bataille de l'armée navale, de Charles Daniel, capitaine de marine, et de Régnier Janssen de Wit, le fils, ingénieur du roi. Cette tournée d'inspection dura du 24 décembre 1639 au 27 janvier 1640. — Rapport de la commission avec signatures autographes de ses membres, cartes des côtes, plans des ports : Bibliothèque nationale, Mss franç., 8024.

lesdits ports, si mieux on n'aime bâtir au Tréport ou à Veulette. »

Pour ne point frapper d'impuissance la vie maritime en l'éparpillant un peu partout, Richelieu avait décidé de constituer quatre grands établissements militaires, trois pour la marine du Ponant, le Havre, Brest, Brouage, un pour la marine du Levant, Toulon.

Le Havre était un peu pour Richelieu comme un port de famille ; à cette ville se rattachait le souvenir de son bisaïeul, qui en avait fondé le port en 1517, de son grand-père et de son père, qui y avaient commandé des bâtiments. Lui-même fit rédiger beaucoup de projets sur le Havre de Grâce. Le budget de l'année 1635 mentionne des dépenses qui y furent faites pour la construction d'un bassin et d'une écluse, pour divers travaux de fortification [1]. Dans son enquête de 1639, d'Infreville avait examiné cette position avec le plus grand soin, « le Havre de Grâce, dit-il, se trouvant au lieu le plus commode de toute la France pour y trouver toutes les choses nécessaires à un armement, à cause du grand commerce de la rivière de Seine. » Il y avait eu une conférence avec les échevins et l'ingénieur du roi Petit. « L'on serait demeuré d'accord que l'on pouvait creuser l'entrée du port pour y faire entrer jusques à vingt pieds d'eau. » Nicolas Le Grand, pilote lamaneur, n'était point de cet avis ; le tirant d'eau serait insuffisant. D'Infreville ne jugeait pas qu'on dût y engager de grandes dépenses. « Le Havre de

---

1. Ces travaux se continuèrent sous le ministère de Mazarin. Le 3 avril 1648, instructions au sieur de Gorris, commissaire de la marine, « de s'en aller présentement au Havre de Grâce... Verra en quel état est le bassin du Havre afin de le faire accommoder et fera un état de la dépense qu'il y conviendra faire, après que le s^r Renier Gens [Régnier Janssen], qui l'a fait bâtir, l'aura vu. Mais, comme on dit qu'il faut laisser la plate-forme pour que les grands vaisseaux y entrent et sortent avec plus de facilité, donnera du tout avis avant que de rien faire... » A. M., B⁴ 2.

Grâce se peut ameilleurir ainsi que tous les autres ports, mais il y a l'incommodité de la rade qui n'est pas bonne. » Le Havre devint moins un port de guerre qu'un chantier de constructions navales.

Brest, « lieu fort commode pour la marine[1] », attira toute l'attention du ministre. Il en nomma gouverneur son cousin Charles du Cambout, marquis de Coislin[2], sûr de trouver en lui un exécuteur fidèle de ses volontés. Il y envoya l'ingénieur Petit, « pour expressément faire mettre le port en tel état que la chambre soit sûre pour les vaisseaux du roi, et que, la fermant avec de bonnes chaînes, les ennemis n'y puissent faire mal ni par effort, ni par feu[3]. » Des fortifications imposantes, de nombreux magasins, une corderie, des chantiers de construction donnèrent, en quelques années, une face nouvelle à la ville qui s'étageait aux bords de la Penfeld. « Mon Brest », disait le cardinal avec orgueil. En souvenir des grands travaux qui furent faits alors dans ce port de guerre, comme en souvenir des escadres lancées par Richelieu sur l'Océan, il faudrait que le vaisseau amiral de notre escadre de l'Atlantique s'appelât toujours le *Richelieu* : ce serait acquitter la dette de la marine et de la France.

Les établissements d'Indret, aux portes de Nantes, devenus aujourd'hui les plus importants de la France pour les constructions de la marine de guerre, remontent à cette

1. Expression de d'Infreville, dans son enquête de 1629.
2. En janvier 1631. Charles de Coislin était le fils de François de Coislin et de Louise du Plessis, tante du cardinal de Richelieu.
3. Eug. Sue, *Correspondance de... Sourdis*, t. II, p. 129. Lettre du 29 août 1639. — Sourdis avait rapporté la chaîne qui fermait le port de Laredo, pour fermer le port de Brest. Lettre du 4 octobre 1639. *Ibid.*, t. II, p. 131.
Sur les travaux de Brest à cette époque, voir Levot, *Histoire de la ville et du port de Brest*, t. I, chap. III.

époque féconde. Sourdis écrivait à Richelieu en 1639 [1] ;
« M. d'Infreville va achever l'établissement d'Indrette (*sic*).
J'espère cette année voir un vaisseau de la façon de nos
ouvriers, afin de voir ce qu'ils savent faire. »

Les rares voyageurs qui parcourent aujourd'hui la route
peu fréquentée de Rochefort à Marennes croient traverser
une Pompéi maritime quand ils passent par le bourg de
Brouage. De grandes murailles en briques et en pierres
éventrées aux deux extrémités pour le passage de la route,
des fossés à peu près entièrement comblés où paissent des
animaux, une campagne déserte qui s'étend à perte de vue
sans qu'on puisse découvrir la mer, éloignée aujourd'hui
de deux lieues, rien dans ce village à peu près désert [2] ne
rappelle le nom de Richelieu, si ce n'est pour faire constater l'avortement complet de ses desseins. Le cardinal
avait rêvé de créer de toutes pièces à Brouage un grand
établissement maritime, qui pût remplacer la Rochelle,
ruinée par le fameux siège ; il avait pris le titre de lieutenant général de Brouage, après s'en être fait céder le gouvernement par le marquis de Saint-Luc [3].

L'ingénieur d'Argencourt [4] y éleva les remparts sur lesquels on aperçoit encore, avec les anneaux pour amarrer les
vaisseaux, les armes sculptées du cardinal, seuls vestiges

1. Le 15 mai 1639. A. M., B⁴ 1. fol. 285.
2. 256 habitants. Brouage n'est aujourd'hui qu'une portion de la commune d'Hiers-Brouage, arrondissement de Marennes, département de la
Charente-Inférieure. La mélancolie de Brouage a heureusement inspiré
André HALLAYS, *Journal des Débats*, 16 septembre 1910. Cf. général Bou-
RELLY, « Splendeur et décadence d'un grand port de guerre », *Revue héb-
domadaire*, 17-24 août 1907.
3. Timoléon d'Espinay, marquis de Saint-Luc, vice-amiral en 1622,
maréchal de France en 1627, mort le 12 septembre 1644.
4. D'Argencourt, ingénieur général au département d'Aunis, de Poitou,
de Saintonge et de Guyenne. Ancien garçon apothicaire, il devait son
élévation à un mérite éclatant. Bibliothèque nationale, Mss franç. nouv.
acquis., 9494 (collection Margry) : nombreux documents sur Brouage.

d'un passé mort depuis longtemps [1]. En 1635, les travaux
de Brouage, des citadelles d'Oléron et de Ré absorbaient
environ trois cent quarante-cinq mille livres. Richelieu
voulait en faire à tout prix l'arsenal maritime de la Saintonge [2]. Mais la nature fut plus forte que la volonté des
hommes; le chenal qui reliait Brouage à la mer s'envasait
sans cesse. Richelieu mort, ses successeurs abandonnèrent
tout à fait cette partie de son œuvre, et la patrie de
Samuel Champlain retomba dans un abandon à peu près
complet. Colbert allait remplacer Brouage par Rochefort.

Toulon devait à Henri IV une enceinte et un port marchand; mais depuis ce règne ce port avait été à peu près
délaissé. Séguiran avait montré la nécessité de le remettre
en état; il fallait avant tout pour cela obtenir un tirant
d'eau suffisant. Le commissaire général Arnoux, envoyé
dans cette ville en 1640, dressa le programme des travaux
à effectuer; on commença la construction d'un arsenal et
de magasins.

« Premièrement, dit un ordre du 4 décembre 1640 [3], l'on
fera toutes les diligences imaginables pour contraindre ceux
de la ville à curer l'entrée du port, en sorte que tous les
vaisseaux y puissent entrer. Et ceux qui ne pourront entrer
dans le port seront mis dans la fosse des salins et seront
amarrés avec des haussières et grelins aux murailles de la
ville... On aura soin de faire sonner la retraite dès que la

---

1. Paiements, en 1631, à l'entrepreneur Jean Thiriot Philastredit le Bréchu : Archives nationales, O¹, fol. 52-55; en 1639, à l'entrepreneur Le
Maistre : A. M., B⁴1, fol. 281-285.
2. Quelques travaux maritimes furent aussi exécutés à l'embouchure de
la Seudre, à la Tremblade — en 1638, on y entrenait une division de
six bâtiments — et, en amont, à Saujon. Le champ de foire actuel de Saujon
occupe à peu près l'emplacement du port du xvii⁰ siècle; on y voit encore
les restes d'un château dit de Richelieu
3. A. M., B⁴1, fol. 441-443.

nuit viendra, et à l'heure même on fermera la chaîne à
double clef, dont on en laissera une au capitaine garde-port
et l'autre à messieurs de la ville. Et depuis cette heure, nul
bateau, chaloupe ni aucun bâtiment de ceux de la ville,
pêcheurs, ou de ceux du roi, ne naviguera plus, si ce n'est
les officiers qui aillent faire la ronde pour voir comme tout
est. »

Au moment où de grands travaux étaient projetés à
Toulon, Richelieu était à la veille de disparaître. Il faudra
attendre le ministère de Colbert pour constater le complet
épanouissement de Toulon comme le grand port de guerre
de la France sur la Méditerranée.

Pour se rendre compte du rapide accroissement des forces
navales de la France sous l'impulsion de Richelieu, il n'y a
que quelques chiffres à citer. En 1636, l'ensemble des forces
du Ponant comprenait trente-huit vaisseaux, six brûlots et
douze flûtes, répartis en escadre de Bretagne, de Guyenne
et de Normandie; les forces du Levant se composaient de
douze galères et de treize vaisseaux; la marine de guerre
comprenait ainsi un ensemble de soixante-trois bâtiments
de combat. Quelques années à peine après que d'Infreville
et Séguiran avaient constaté la ruine de la marine, la France
avait des escadres.

Un vaisseau de l'armée navale provoquait l'admiration
générale, la *Couronne*, construite à la Roche-Bernard, en
Bretagne, par le Dieppois Charles Morieu. Avec son dépla-
cement de deux mille tonneaux, son grand mât de quatre-
vingt-cinq pieds, son artillerie de soixante-douze pièces,
son équipage de six cents hommes, c'était le plus bel échantillon de la marine royale et l'un des meilleurs marcheurs
de l'escadre. Le P. Fournier, dans sa curieuse encyclopédie

de la mer[1], fait de la *Couronne* une description détaillée[2].
« La prodigieuse masse de ce vaisseau, dit-il, ayant mis en
l'esprit de la plupart qu'il serait pesant à merveille et difficile à gouverner, ils ne se pouvaient persuader qu'il fût si
bon voilier, et qu'il pût devancer un chétif brûlot, avec
lequel il vint. » Il passait pour le chef-d'œuvre des cons-

1. Le P. Georges FOURNIER, de la Compagnie de Jésus (aumônier de la
marine, mort à la Flèche, le 13 avril 1652), *Hydrographie contenant la
théorie et la pratique de toutes les parties de la navigation*; Paris, 1643;
in-folio, 922 pages. — Seconde édition, revue, corrigée et augmentée par
l'auteur avant son décès; Paris, 1667 et 1669.
L'*Hydrographie* comprend vingt livres : I. De l'architecture navale ;
II. Des havres et ports de mer, de l'arsenal naval ; III. De l'ordre qu'il faut
tenir pour équiper un vaisseau ; IV. De l'usage et bon emploi des vaisseaux ; V. De ceux qui ont été les plus puissants sur mer ; VI. Mémoires
de la marine de France ; VII. De l'amirauté de France ; VIII. Des principes de l'art de naviguer ; IX. Du flux et reflux de la mer ; X-XVIII. Des
instruments, cartes, vents ; XIX. Entretiens de mer ; XX. De la dévotion
et piété des gens de mer.
Dans le combat homérique, digne du *Lutrin*, que le commandant Nicolas Gargot soutint, en mars 1651, contre l'équipage révolté de son navire
le *Léopard*, bâtiment armé en course, le gros in-folio du P. Fournier joua
son rôle. « Nicolas Gargot para assez heureusement les premiers coups
avec une baïonnette qui lui servait de couteau, puis avec un livre qu'il prit
dans la dunette (c'était l'*Hydrographie* du père Fournier). Il reçut quantité de coups de pique dans ce livre dont il se faisait comme un plastron...
Cependant il reçut plusieurs coups dans les bras et dans les cuisses, qui lui
firent tomber ce livre des mains. Il prit néanmoins encore un matelas
afin de parer. » *Mémoires de la vie et des adventures de Nicolas Gargot*,
p. 31. De cet épisode on peut conclure que l'*Hydrographie* avait eu tout
de suite beaucoup de faveur auprès des états-majors maritimes, puisqu'on
la trouvait même dans la bibliothèque des corsaires.
2. Elle a permis à l'amiral Paris de reconstituer le modèle de la *Couronne*, qui figure au musée de Marine. Une peinture moderne de Crisc-
noy, dans la salle du Conseil supérieur, au ministère de la Marine, représente la *Couronne* en mer.
Principales caractéristiques de la *Couronne* :

Longueur totale...............................	70 m.
Longueur de l'étrave à l'étambot...............	53 m.
Longueur à la flottaison.......................	50 m. 70
Longueur de quille............................	38 m. 95
Largeur à la flottaison........................	14 m. 90
Largeur au pont supérieur.....................	9 m. 80
Creux sur quille..............................	6 m.

Voir DESTREM et CLERC-RAMPAL, *Catalogue raisonné du musée de
Marine*.

tructions navales, portant la voile comme un rocher, marchant comme un bâtiment léger, évoluant comme une chaloupe. En 1638, quand la *Couronne* était au mouillage de Fontarabie, elle fut visitée par « une procession d'Anglais, Hollandais et de toutes les nations qui y abordaient, lesquels, après en avoir considéré les particularités, s'en retournaient pleins d'admiration. »

Ces travaux de construction ne furent jamais interrompus. En 1642, les forces navales du roi Très Chrétien comprenaient quatre-vingt-cinq unités, soixante-trois vaisseaux et vingt-deux galères, tous bâtiments qui méritaient les épithètes « bien outillés et bien équipés » que Richelieu emploie dans son *Testament politique* [1]. L'ensemble de ces forces imposantes était mouillé à cette date au port de Toulon ; le cardinal venait de faire procéder à une grande concentration navale en Méditerranée. Que de chemin parcouru depuis que le parlement de Provence avait présenté au roi ses remontrances en faveur de la marine !

En 1624, la dépense annuelle de la marine était de huit cent mille livres ; en 1642, l'année de la mort du cardinal, elle était de quatre millions trois cent mille livres, c'est-à-dire qu'elle avait plus que quintuplé [2]. A ces quatre millions il en faudrait encore ajouter deux ou trois autres, employés chaque année à des travaux urgents dans les ports.

Telle est dans ses grandes lignes cette œuvre d'ordre, de bon sens, de volonté, en un mot de génie, à laquelle la

---

1. Voir ci-dessus, p. 30.
2. Voir les chiffres donnés par d'Avenel, *Richelieu et la monarchie absolue*, t. III, p. 449. — Plusieurs états détaillés des recettes et dépenses de la marine : Bibliothèque nationale, Mss franç., 6408 (années 1629-1640), 6409 (années 1631-1639), 6410 (année 1636), 11319-11321 (années 1632, 1633, 1634).

France a dû de devenir, en une quinzaine d'années, une grande puissance maritime.

Dans son épître dédicatoire au roi, l'auteur de l'*Hydrographie* a exprimé, non sans un certain accent d'éloquence, l'admiration que cette transformation maritime avait provoquée chez les contemporains; il est toutefois singulier que le père Fournier ait oublié, au milieu des éloges qu'il adressait à Louis XIII, le grand nom de Richelieu mort il y avait à peine quelques mois.

« La mer n'a jamais dû à aucun de nos rois ce qu'elle vous doit et ne fut jamais plus riche ni plus glorieuse que sous votre règne. Jamais la France ne se trouva si éloignée du juste reproche qu'on lui faisait autrefois de trop négliger la navigation au grand préjudice de son État...

« C'est avec l'admiration de tout le monde qu'elle se trouve aujourd'hui signalée par vos victoires, qu'elle se voit abondamment pourvue de toute sorte de bons vaisseaux, ses havres ouverts pour les recevoir et fortifiés pour les tenir en assurance, munie de magasins établis de tous côtés et fournis magnifiquement, et surtout avec une très excellente police dedans ses ports, non moins utile aux affaires du commerce qu'à celles de la guerre...

« La France n'avait, avant le règne de Votre Majesté, aucun havre qui fût net ou capable de recevoir une flotte royale et de la défendre contre les efforts de l'ennemi. Elle en a de présent où les plus grands vaisseaux du monde sont à flot. C'est par la prudence et les ordres de Votre Majesté que le paradis de Calais, le bassin du Havre de Grâce, la chambre de Brest, les havres de Brouage, de la Tremblade et quantité d'autres sur l'Océan, outre ceux que nous avons sur la Méditerranée, ont été bâtis et nettoyés, et sont en l'état qu'on les peut souhaiter pour recevoir les navires que

l'on y voudra mettre et les conserver, fortifiés des meilleures
citadelles qui soient en Europe, et pourvus de magasins et
arsenaux où rien ne manque de tout ce qui est nécessaire
pour équiper de vivres, d'armes et d'hommes...

« Elle avait autrefois si peu de vaisseaux et si mal équipés que... nous n'étions en aucune considération sur la mer,
et il fallait, dans la nécessité, avec non moins de honte que
de dépenses, emprunter ou louer, des Espagnols, des Mal-
tais et des Hollandais, des vaisseaux pour nous défendre de
nos ennemis. Votre Majesté y a donné si bon ordre que ceux
qui s'estimaient maîtres de la mer, pour la grandeur, la
force et la multitude de leurs vaisseaux, se trouvent maintenant si fort en peine de se défendre qu'après avoir vu
humilier leurs superbes galères et mener en triomphe leurs
réales par celles de la couronne, ils ont redouté nos forces
et refusé souvent le combat qui leur était présenté.

« Le siècle passé, nos voisins disputaient entre eux de
la seigneurie de la mer, et les cadets ont voulu partager la
pomme sans y appeler leur frère aîné... Toute la Méditerranée a depuis quelques années calé voile devant les armées
navales que Votre Majesté a fait sortir. Le pavillon de
France a fait plusieurs fois tout le tour de l'Espagne et a
reconnu toutes les côtes ennemies, bien que leurs flottes y
fussent... »

L'histoire, comme on le verra dans les pages qui suivent,
justifie pleinement ces éloges, mais elle n'oublie pas d'ajouter que tout cela fut l'œuvre du grand maître de la navigation. L'unité, la force, la gloire, voilà ce que ce grand Français, à la main parfois un peu rude, voulut pour son pays.
Il lui donna Pignerol à la frontière des Alpes, l'Alsace à
la frontière du Rhin, l'Artois à la frontière des Pays-Bas,
le Roussillon à la frontière des Pyrénées, et en même temps

« la seigneurie de la mer » sur l'Océan et sur la Méditerranée. Pour parler comme un contemporain du cardinal, « si
nous avons quelques gouttes de sang français dans les
veines et quelque amour pour la gloire de notre pays, pou-
vons-nous lire ces choses sans nous affectionner à lui ? »

CHAPITRE V

Intérêt militaire de ces campagnes. — Campagnes de 1621 et 1622.
— La bataille navale de Saint-Martin-de-Ré, 26 octobre 1622 ; le
duc de Guise. — Campagne de 1625 ; Montmorency et Guiton. —
Campagne de 1627. — Affaire de l'île de Ré. — La flotte du roi et la
flottille devant la Rochelle en 1628. — Échecs des Anglais.

Le 16 mai 1635, Sa Majesté Très Chrétienne déclarait
officiellement la guerre à Sa Majesté Catholique ; c'était
une guerre de vingt-quatre ans qui commençait, elle ne
devait se terminer qu'en 1659, à la paix des Pyrénées.
Aussitôt Richelieu donna aux hostilités le caractère d'offensive, qui est la première condition du succès ; par une juste
intelligence de la situation géographique de la France et de
ses intérêts militaires, il fit porter cette offensive aussi bien
sur mer que sur terre. On comprendrait mal les qualités
manœuvrières dont firent preuve tout de suite les escadres
des Sourdis et des Brézé, si l'on ne savait pas que la
marine royale, quand elle était encore réduite à l'état misérable où le cardinal l'avait trouvée en arrivant aux affaires,
avait eu l'occasion de s'instruire et de s'entraîner dans
les opérations auxquelles donnèrent lieu les révoltes répétées des habitants de la Rochelle. Cette guerre locale fut
pour elle comme la préface de la grande guerre.

On résumera d'abord l'exposé de ces faits de guerre, qui
durèrent environ sept ans, de 1621 à 1628. Le théâtre sur
lequel ils se passèrent était peu étendu ; ce sont les parages

de la Rochelle, de l'île de Ré et les bras de mer immédiatement voisins. Pour être enfermées dans un étroit espace, pour n'avoir pas donné lieu à de grandes batailles navales, ces opérations n'en sont pas moins intéressantes à connaître. Elles constituent un chapitre très curieux, et d'ordinaire assez peu connu [1], d'un problème militaire qui se pose toujours pour toutes les marines de guerre, le problème de l'attaque et de la défense des côtes.

En l'année 1621, au cours de la campagne que le connétable de Luynes dirigeait contre les villes protestantes de la France méridionale, la Rochelle, qui était en rébellion à peu près constante contre le pouvoir royal, avait recommencé la guerre. Sa situation lui offrait de grands avantages. Maîtres de la mer, bien abrités dans un havre sûr, que couvre en avant l'île de Ré, les marins de l'Amsterdam française pouvaient à leur gré se jeter sur les côtes voisines, menacer Bordeaux, et même rester en contact avec leurs coreligionnaires des Provinces-Unies ou d'Angleterre. La Rochelle n'était une république indépendante que parce que ses habitants avaient la liberté d'aller et de venir sur l'Océan. La victoire définitive devait appartenir à celui des deux partis, roi de France ou Rochelais, qui saurait prendre et garder l'empire de la mer.

Ce fut d'abord une guerre navale de deux ans, en 1621 et 1622. Les marins de la Rochelle, qui excellaient à la guerre de course, commencèrent par faire de nombreuses prises. Rien ne pouvait les en empêcher. Le roi de France

1. Voir amiral JURIEN DE LA GRAVIÈRE, *Les Origines de la marine française et la tactique naturelle. Le Siège de la Rochelle* ; Paris, 1891 ; — Ch. DE LA RONCIÈRE, *Histoire de la marine française*, t. IV ; Paris, 1910. — Cf. G. TOUDOUZE, *La Défense des côtes de Dunkerque à Bayonne au XVIIe siècle* ; Paris, 1900.

venait d'éprouver sur terre l'échec le plus humiliant, quand il avait été forcé de lever le siège de Montauban; il n'avait rien à cette époque qui ressemblât à une marine militaire. Pour faire la guerre aux Rochelais, il dut donner l'ordre aux quelques galères qu'il avait dans la Méditerranée de se joindre aux navires dispersés que le vice-amiral de Saint-Luc, gouverneur de Brouage [1], et le commandeur de Launay-Razilly [2] gardaient au fond des ports de Poitou, d'Aunis et de Guyenne. Un an environ se passa dans ces préparatifs d'exécution difficile.

Au milieu de l'année 1622, la concentration des forces royales était terminée ; soixante-quinze voiles se trouvaient réunies en Bretagne, au port du Blavet, aujourd'hui Port-Louis. C'étaient pour la plupart des navires de commerce, simples caboteurs, armés en guerre. Les géants de cette escadre étaient le *Saint-Michel*, vaisseau amiral, de cinq cents tonneaux, un galion de l'ordre de Malte, de huit cents tonneaux, et le *Grand Galion* [3], du duc de Guise, le plus grand de tous, de douze cents tonneaux et de cinquante-huit pièces de fonte verte. L'ensemble de ces forces était sous les ordres de Charles de Lorraine, duc de Guise, gouverneur de Provence, amiral des mers du Levant.

L'escadre royale se porta à la rencontre de l'escadre rochelaise. La paix venait d'être signée à Montpellier entre le roi et ses sujets de la religion réformée ; mais la Rochelle

---

1. Timoléon d'Espinay.
2. Claude de Launay-Razilly, mort en Acadie vers 1666 comme lieutenant-général. Sa signature autographe, qui se trouve à plusieurs reprises aux Archives de la Marine (ainsi B⁴ 1, fol. 189 v°) est : Launay-Rasilly.
3. Le galion était un bâtiment de construction mixte, qui tenait du vaisseau rond par sa forme générale et de la galère par sa longueur. Vers le milieu du xviiᵉ siècle, la France renonça aux galions, au moins comme navires de guerre. Le nom resta appliqué en Espagne aux navires qui rapportaient les cargaisons d'Amérique, en particulier les métaux précieux.

entendait continuer à son profit une guerre avantageuse. Son escadre, forte de soixante-dix voiles, était commandée par un marin très énergique, Jean Guiton, amiral et maire de la ville [1]. Les deux armées navales étaient de forces à peu près égales en nombre ; mais l'escadre rochelaise avait la supériorité que donne la pratique continue de la mer. La rencontre eut lieu le 26 octobre 1622, dans les eaux de l'île de Ré, sur la côte nord, auprès de Saint-Martin.

L'action fut très disputée ; elle comporta trois phases principales.

Le duc de Guise donna l'ordre à ses galères, qui étaient en fait les seuls bâtiments à marche rapide et les seuls bâtiments de guerre de son escadre, de canonner l'ennemi avec leurs pièces de coursie. Devant cette attaque, Guiton fit replier les siens ; mais ce n'était qu'une feinte. En manœuvrier à qui la navigation du pertuis breton était familière, il alla gagner le vent. Revenant à toutes voiles sur l'escadre royale, il s'efforça de l'entamer en trois points. Il y eut alors un corps à corps plein de confusion. L'avant-garde du duc de Guise, qui était sous les ordres de Saint-Luc, se trouva à un moment très compromise ; car le manque d'homogénéité et l'inégalité de vitesse des bâtiments royaux les empêchaient de se soutenir les uns les autres. Guise, en vrai soldat, se porta au fort de l'action ; mais le *Grand Galion* qu'il montait ne se mouvait qu'avec beaucoup de lenteur ; deux galères lui servaient de remorque. Les Rochelais lancèrent deux brûlots sur le *Grand Galion* ; le feu éclata à bord, tandis qu'un terrible combat à l'arme blanche se livrait sur le pont même du vaisseau amiral. Guise par-

---

1. Après s'être illustré par la défense de sa ville natale, Guiton prit du service dans la marine royale ; son nom figure en 1638, dans l'escadre de Sourdis, comme capitaine de l'*Intendant*. Né en 1585, la même année que Richelieu ; mort en 1654.

vint cependant à repousser les assaillants, à éteindre le feu
et à reprendre sa marche en avant. Les autres bâtiments
de son escadre, suivant son exemple, s'étaient groupés
autour de lui. Les Rochelais durent abandonner la partie ;
ils avaient perdu dix navires, environ deux mille hommes ;
beaucoup de leurs bâtiments avaient de graves avaries.

Pour l'escadre royale, ce ne fut qu'une victoire incom-
plète, car la vraie victoire est celle qui aboutit à la destruction des forces de l'ennemi ; or Guiton avait pu se replier
dans la Rochelle avec la majeure partie de ses bâtiments.
Ce fut cependant une victoire qui donna à Guise la possession du champ de bataille, c'est-à-dire du pertuis breton ;
elle aurait été la préface du blocus de la Rochelle, si les
vaincus n'avaient pas fait aussitôt acte de soumission. La
feinte retraite et la vigoureuse reprise de Guiton sont des
manœuvres qui dénotent un tacticien de métier ; mais la
victoire resta en définitive, comme cela arrive presque toujours, au chef qui eut le mérite de l'offensive et qui ne cessa
d'aller de l'avant, soit pour attaquer l'ennemi, soit pour
soutenir les siens. Dans cette journée très disputée du
26 octobre 1622, Guise fut un brave, il fut aussi un véritable homme de guerre. Son exemple est une preuve de
plus que l'offensive est la première condition de la victoire,
quand elle n'en est pas la seule cause.

Trois ans s'étaient passés. Enhardis par l'impunité, les
réformés avaient repris les armes. L'un d'eux, qui était un
merveilleux chef de partisans, Soubise, arma à la Rochelle,
où l'on trouvait toujours des équipages et des navires, une
flotte de onze vaisseaux ; il courut à l'improviste à l'embouchure du Blavet, qui était alors la principale relâche des
navires du roi en Ponant ; il en enleva six, parmi lesquels

la *Vierge*, qui portait quatre-vingt canons de fonte verte
(janvier 1625). De là, avec une audace singulière, il se mit
à parcourir et à rançonner les côtes de Vendée et de Saintonge, semant la terreur au nord et au sud de l'île de Ré,
dont il avait fait son quartier général. Il apparut dans
la Gironde, descendit dans le pays de Médoc, qu'il mit à
feu et à sang ; il ne se rembarqua que lorsque le duc d'Épernon, gouverneur de Guyenne, eut mis en mouvement les
troupes de la province. Était-on sous le règne de Louis le
Juste ou à l'époque de Charles le Gros et de Charles le
Simple, quand les pirates du nord s'établissaient en maîtres
aux embouchures des rivières ?

Richelieu était à la tête des affaires depuis un an. Il vit
que, pour vaincre Soubise, il fallait l'attaquer sur mer. Or,
à cette époque, les ressources navales du royaume étaient
comme nulles. Le cardinal, qui comptait alors deux États
maritimes, la Hollande et l'Angleterre, parmi les alliés de
la France, eut l'habileté de se faire prêter par l'un vingt
vaisseaux, par l'autre huit. On disait bien, et c'était la
vérité, qu'il ne s'agissait point pour le roi Très Chrétien de
vaincre des hérétiques, mais de réduire des rebelles en leur
devoir ; cependant, comme la fidélité des calvinistes de Hollande et des anglicans d'Angleterre pouvait être ébranlée en
face de leurs coreligionnaires de la Rochelle, le cardinal avait
stipulé et obtenu, non sans peine, que ces vaisseaux auraient
tout ou partie de leurs équipages composé de Français et que
les commandants seraient des officiers français [1].

1. Richelieu disait « qu'il fallait avoir des vaisseaux [hollandais] absolument et sans condition... Le roi eut pouvoir de mettre non seulement sur
les vaisseaux des capitaines français, mais, qui plus est, sur chaque vaisseau cent Français... Il [le cardinal] eut la même difficulté avec les vaisseaux anglais. Sans lui, on les eût reçus pour ruiner les affaires du roi, et
non pour y servir... La nécessité qu'on avait de vaisseaux était si grande
que tout le conseil était d'avis qu'on les devait prendre à ces conditions

L'escadre réunie de France, de Hollande et d'Angleterre opérait sa concentration aux Sables-d'Olonne, quand Soubise, à la faveur d'une suspension d'armes, apparut tout à coup devant ce port et parvint à incendier le vaisseau sur lequel était monté l'amiral de Zélande (juillet 1625). Le duc de Montmorency, qui était encore à cette date amiral de France, vint exercer en personne la fonction de sa charge.

La campagne de l'escadre royale fut courte et décisive ; elle fit voir chez celui qui la dirigeait des qualités de netteté et de rapidité.

Quittant les Sables-d'Olonne, Montmorency se porta sur l'île de Ré ; il montait le vaisseau amiral de la division des Provinces-Unies. La flotte rochelaise, que commandait Guiton, s'était établie à la Fosse de Loix, petite échancrure de la côte nord de l'île de Ré, à l'ouest et tout à côté de Saint-Martin ; il pouvait ainsi être en contact avec Soubise, qui s'était établi à l'intérieur de l'île. La position de Guiton était bonne en elle-même : protégée par des bas-fonds, elle ne pouvait pas être forcée ; mais l'amiral avait commis une grosse faute, quand il avait pris le parti de s'enfermer dans un port, sous prétexte d'empêcher un débarquement. Les exemples historiques sont là pour prouver qu'il n'y a d'autre moyen efficace d'empêcher un débarquement que de battre jour et nuit avec des escadres légères les régions menacées.

Montmorency comprit très bien l'opération à exécuter. Il la scinda en trois parties.

Pour entretenir l'ennemi dans l'illusion d'une attaque de

---

plutôt que de ne les avoir point ; le cardinal seul soutint le contraire, dit qu'il valait mieux ne les prendre point que de les prendre ainsi, pour plusieurs raisons aisées à concevoir... » RICHELIEU, *Mémoires*, livre XVI, année 1625. Collection Michaud, p. 331.

vive force, il fit ouvrir le feu de son artillerie ; la distance était trop grande, le tir fut plus bruyant que dangereux. Or, tandis que Guiton restait immobile dans la souricière où il s'était imprudemment enfermé lui-même, Montmorency envoyait des chaloupes de débarquement du côté de l'ouest, à la pointe du Grojeon ; il y eut à cet endroit de furieux combats, mais Soubise dut céder le terrain et les troupes royales s'établirent dans l'île. Soubise, sur le point d'être pris, n'eut que le temps de s'enfuir dans une chaloupe et de gagner l'île d'Oléron. Cette vigoureuse offensive avait pris deux jours, le 15 et le 16 septembre.

Il s'agissait à présent de prévenir tout retour offensif des habitants de la Rochelle et de couper à l'escadre de Guiton la route de la retraite. Montmorency alla se poster, avec le gros de ses forces, à la hauteur de la pointe de Chef-de-Baie, vers l'emplacement des bassins actuels de la Pallice. Guiton comprit trop tard le danger que lui faisait courir son immobilité. Il appareilla dans la nuit du 17. Tous ses mouvements étaient surveillés. Montmorency se mit à sa poursuite et l'atteignit. Un combat violent s'engagea ; le vaisseau amiral des Rochelais, la *Vierge*[1], assailli par quatre vaisseaux de l'escadre royale, fit explosion ; onze vaisseaux des Rochelais furent pris, les autres ne se sauvèrent qu'à force de voiles. Du coup, le même jour, 18 septembre, Saint-Martin de Ré, où les rebelles avaient encore une garnison, ouvrit ses portes. Le 20, Oléron tout entière se rendait au roi. Quant à Soubise, qui n'avait plus sous la main que quelques voiles, il s'enfuyait en Angleterre.

Tous ces événements tiennent dans cinq jours environ,

---

1. On a vu que ce vaisseau avait été enlevé par Soubise à l'escadre royale, lors de son coup de main à l'embouchure du Blavet.

du 15 au 20 septembre (1625). Partir des Sables-d'Olonne, marcher droit à l'ennemi, le bloquer, le tromper par une fausse attaque, débarquer des troupes, s'emparer du point stratégique, qui existe dans toute opération militaire, mais qu'il faut découvrir, — ici, c'était la position de Chef-de-Baie, — mettre l'ennemi dans l'obligation de se faire battre ou de se dérober : ces opérations de Montmorency, pour modestes qu'elles soient, peuvent être citées comme des modèles. Elles répondent parfaitement à la devise qui se lit sur une médaille frappée en l'honneur de Turenne, et qui pourrait résumer les principes essentiels de toute stratégie : *Vis et Celeritas.* Courir et frapper : n'est-ce pas le secret de la victoire pour les hommes de guerre de tous les temps, chefs d'armées ou chefs d'escadres ?

Diverses circonstances avaient empêché Richelieu de tirer parti des succès de la campagne navale de 1625. Un nouveau traité avait été passé avec les huguenots. La Rochelle était toujours debout. La guerre devait reprendre à la première occasion. Elle recommença en 1627, dans des conditions qui convainquirent mieux que jamais le cardinal de la nécessité d'avoir l'empire de la mer.

Le 20 juillet 1627, une flotte anglaise, forte de quatre-vingt-dix vaisseaux et montée par environ seize mille hommes, apparaissait tout à coup dans les eaux de l'île de Ré ; elle était sous les ordres du favori de Charles Ier, le duc de Buckingham. L'Angleterre prenait sous sa protection le parti réformé français ; en invoquant la liberté religieuse, elle convoitait un établissement sur les côtes de France, comme Philippe II l'avait fait, en prenant sous sa protection les ligueurs catholiques. A l'arrivée des Anglais, aucune escadre française ne se trouvait dans les parages de Ré ; il n'y avait donc aucun moyen de s'opposer à une descente. Le 22, les Anglais débarquèrent à la pointe de Sablanceaux, la plus voisine des côtes de l'Aunis. Le comte de Toiras, qui commandait la petite garnison de l'île, livra un combat sanglant ; force lui fut de se replier dans la citadelle de Saint-Martin et dans le fort de la Prée. A l'exception de ces deux points, tout le reste de l'île était aux Anglais. Par l'émotion que nous éprouverions aujourd'hui à une nouvelle de ce genre, jugeons de celle que Louis XIII, que Richelieu, que tous les bons Français éprouvèrent alors : ils la ressentirent encore quelques années plus tard, quand les Espagnols occupèrent les îles de Lérins. Quelles preuves, tristement éloquentes, que le salut de la France maritime, que l'intégrité de ses côtes était dans l'existence d'une puissante marine de guerre !

Le seul endroit par lequel on pouvait tenter de venir au secours des défenseurs de Saint-Martin était le port des Sables-d'Olonne. Richelieu, dont il faut louer l'admirable énergie, aussi grande en ces circonstances que celle dont il fit preuve, neuf ans plus tard, dans l'affaire de Corbie, fit réunir aux Sables tous les moyens de ravitaillement ; l'abbé de Marsillac, maître de chambre du cardinal, établi dans cette ville, y remplit les fonctions d'intendant et de chef d'état-major de l'armée de ravitaillement.

En attendant le concours de vaisseaux que prêtait le roi d'Espagne, — ils ne devaient arriver qu'un mois environ après l'expulsion des Anglais, — Richelieu fit venir des ports de Saint-Jean-de-Luz et de Bayonne tous les navires disponibles[1]. Les marins du pays basque avaient une réputa-

---

1. L'escadrille de Saint-Jean-de-Luz était commandée par le sieur d'Ibaignette. DUCÉRÉ, *Histoire maritime de Bayonne ; les Corsaires sous l'ancien régime*, 1895, p. 69.

tion bien connue d'audace et de bravoure ; une fois de plus, ils allaient la justifier d'une manière éclatante. Car il fallait être brave jusqu'à la témérité pour essayer de forcer les triples lignes des vaisseaux de guerre, des chaloupes et de l'estacade que les Anglais avaient établies devant le port de Saint-Martin.

Le capitaine basque Vallin, de Bayonne, tenta l'aventure. Le soir du 5 septembre, il partit des Sables avec une escadrille de seize pinasses ; ces vaisseaux légers, de forme allongée, ou plutôt ces grandes chaloupes, propres à faire la course, convenaient à la hardiesse de l'opération. A partir de la pointe des Baleines, il se glissa le long de la côte ; puis, bravement, il s'élança à toutes voiles, en pleine nuit, au milieu des lignes anglaises ; il parvint à passer et à débarquer, à Saint-Martin même, les vivres et les munitions qui étaient le salut de Toiras. Avec la même audace et le même bonheur, le brave capitaine sortit de Saint-Martin deux jours plus tard ; il ramenait les blessés, les malades, les femmes. Il rentra sain et sauf aux Sables. Le roi fit donner au capitaine Vallin une chaîne d'or de mille écus. La récompense certes avait été bien méritée.

Il y eut encore, au cours du mois de septembre, plusieurs tentatives de ravitaillement ; toutes ne furent pas heureuses. Toiras, à bout de ressources, avait promis de se rendre, s'il n'était pas secouru le 8 octobre. Le matin même de ce jour, un convoi arrivait à Saint-Martin. Il était sous les ordres d'un compatriote de Vallin, le capitaine Audouin[1]. Celui-ci était parti des Sables, le 7 octobre, avec trente-cinq voiles qui composaient ce qu'on appelait le « Grand secours ». Le mot de ralliement, « Passer ou mourir », fait

---

1. Appelé aussi le sieur d'Andoins.

penser à celui des soldats de Hoche en 1793, « Landau ou la mort ». L'héroïsme est de tous les temps ; ici, comme à Wissembourg, il fut l'un des artisans de la victoire. Audouin avait longé les côtes du Poitou ; arrivé à la hauteur de Saint-Martin, il avait mis bravement le cap sur la citadelle. Les Anglais n'avaient-ils pas de service d'éclairage ? ou l'offensive de cette flottille, qui s'avançait bravement, en dépit des mousquets et des canons, paralysa-t-elle l'esprit de leurs chefs ? Vingt-neuf navires français passèrent. Toiras put ainsi prolonger sa résistance pendant quelques jours encore.

Cependant Louis XIII venait d'arriver en personne devant la Rochelle ; il résolut de tenter un vigoureux effort. On réunit à la pointe du Plomb, un peu au nord de la pointe de Chef-de-Baie, toutes les barques disponibles. Les volontaires se présentèrent en foule, « avec une telle gaieté, dit une relation du temps, qu'il faut avouer n'être permis qu'à la nation française d'aller si librement à la mort pour le service de son roi ou pour son honneur. » Les Français débarquèrent le 30 octobre au fort de la Prée. Quelques jours plus tard, le maréchal de Schomberg, parti de l'île d'Oléron avec une armée de secours, abordait sur divers points de la côte méridionale de Ré. Bref, le 8 novembre, les troupes réunies de Toiras et de Schomberg rejetaient les Anglais à la mer dans le plus grand désordre ; ils leur faisaient de nombreux prisonniers et ils ramassaient plus de quarante drapeaux.

Telle fut la fin misérable de l'entreprise que Buckingham avait commencée à grand fracas. Pourquoi échoua-t-elle au bout de trois mois et demi, alors que les Anglais avaient la supériorité incontestée du nombre ? Parce qu'ils rencontrèrent des hommes de cœur, comme Toiras qui tint bon,

malgré tout, avec une poignée de soldats exténués de fatigue
et de maladie, comme Vallin et Audouin, qui n'hésitèrent
pas à marcher droit à l'obstacle. Mais il faut ajouter que les
Anglais furent en grande partie eux-mêmes les propres
auteurs de leur désastre. Pour couper les vivres à Toiras,
il fallait intercepter les communications entre les côtes de
Ré et de l'Aunis, entre les côtes de Ré et du Poitou, entre
les côtes de Ré et d'Oléron. Les Anglais n'y songèrent
jamais et restèrent immobiles devant Saint-Martin. Un
blocus n'est efficace que s'il comprend deux séries d'opérations : les unes, qui préviennent les sorties de l'assiégé ; les
autres, plus importantes, qui préviennent toute tentative
de secours venue du dehors. Le vrai chien de garde n'est
pas celui qui reste accroupi et attaché dans sa niche et qui
se borne à grogner ; c'est celui qui ne cesse de tourner autour de la maison, qui bat les sentiers voisins, qui aboie
et qui mord.

Ce caractère double que doit avoir tout blocus, l'un
interne vis-à-vis des assiégés, l'autre externe vis-à-vis des
armées de secours, l'un inerte et passif, l'autre mobile et
toujours prêt à l'offensive, fût admirablement saisi par
Richelieu dans les opérations du siège de la Rochelle. Il
vit que pour vaincre les Rochelais, il fallait de toute nécessité les isoler de la mer comme on les isolait de la terre ;
de là, la construction de la fameuse digue. Elle représentait la portion maritime des travaux de circonvallation,
qui faisaient autour de la ville rebelle une circonférence
ininterrompue. Mais le cardinal ne comprit pas moins bien
qu'il fallait prévenir toute offensive venant du large. Pour
parer à ce danger, il chargea des escadres de garder l'empire de la mer.

Voici, d'après l'exposé que Richelieu en a fait lui-même [1], les principales parties de ce programme naval de défensive, prête à se transformer en offensive. C'est un chef-d'œuvre de prévision et d'ordre ; aussi donna-t-il tous les résultats qu'on était en droit d'en attendre.

A la hauteur de la pointe de Chef-de-Baie, une première escadre, composée de douze vaisseaux répartis en deux corps, sous les ordres du commandeur de Valençay [2], appuyée par des batteries à terre. « Comme il faut toujours couvrir le pavillon du roi autant qu'il se peut », six vaisseaux de cette escadre, commandés par Miraumont [3], mouillaient entre l'ennemi et les forces de Valençay.

A la hauteur de la pointe de Coureilles [4], deux divisions : la deuxième escadre, de sept bâtiments, « les sept dragons [5] de la Manche », en dedans de la pointe, sous les ordres du chevalier de Poincy [6] ; la troisième escadre, de dix vaisseaux, en face de la pointe même, sous les ordres de M. de Mailly.

Entre les deux pointes, une division essentiellement mobile, la quatrième escadre, composée de dix « hirondelles », sous les ordres de M. de Cahuzac, avec mission de se porter soit sur Chef-de-Baie, soit sur Coureilles.

Le tout composait la flotte du roi, forte de vingt-neuf vaisseaux et de dix hirondelles.

Enfin, en avant de ce rempart de vaisseaux qui barraient à peu près complètement l'accès de la digue, il y avait toute

---

1. *Mémoires*, livre XIX, année 1628. Collection Michaud, p. 535. Cf. « État des vaisseaux entretenus par le roi devant la Rochelle durant le siège ». A. M., B⁴1.

2. Achille d'Estampes de Valençay. Voir ci-dessus, p. 26, n. 2.

3. Commandant *l'Église*, en 1636, dans l'armée navale de Sourdis.

4. Appelée plutôt aujourd'hui pointe des Minimes.

5. Le dragon était un vaisseau rond de deux cents tonneaux en moyenne.

6. Philippe de Poincy, chevalier de Malte ; commandant la *Fortune*, en 1636, dans l'armée navale de Sourdis.

une escadre de croiseurs et d'avisos ; Richelieu l'appelait
la flottille. C'était un ensemble de soixante-douze bâtiments, pour la plupart d'un faible tonnage, dont la mission était d'éclairer toute la région, d'« agrafer » les brûlots
que l'ennemi pourrait lancer sur la division de réserve, et
de se porter partout où des circonstances imprévues récla-
meraient prompt secours. Le commandant de cette escadre
légère était le commandeur Philippe des Gouttes.

En assignant son rôle à chaque division de la flotte des
gros bâtiments ou de la flottille des bâtiments légers, les
uns à peu près immobiles à l'entrée de la rade, les autres
destinés à évoluer à une faible distance au large, le cardinal avait tenu compte des vents du nord-ouest, qui sont
les vents ordinaires de ces parages ; mais il avait prévu
aussi les dispositions à prendre par vent d'est ou par vent
du sud.

Tout étant parfaitement combiné et prévu, il n'y avait
plus qu'à attendre.

Le 11 mai 1628, trois coups de canon tirés de l'île de
Ré signalèrent l'arrivée d'une escadre anglaise ; composée
de cinquante voiles, trente vaisseaux et vingt barques, elle
était commandée par le comte de Denbigh [1]. Elle jeta
l'ancre dans le pertuis d'Antioche. Les habitants de la
Rochelle se crurent sauvés ; ils manifestèrent leurs espérances par des salves joyeuses. Mais l'escadre anglaise restait immobile, n'osant pas s'avancer devant l'obstacle inat-
tendu qui lui barrait l'accès de la côte. Bien groupées à
l'entrée de la baie, débordant au nord et au sud, toutes les
divisions françaises formaient un bloc impénétrable. Denbigh, qui s'en rendit compte, ne tenta même pas d'ouvrir

---

1. Beau-frère de Buckingham.

une brèche dans ces murailles de bois. Au bout de sept jours d'immobilité, il se borna, le 18 mai, à faire appareiller ses vaisseaux ; ils défilèrent à proximité de la côte, déchargèrent à distance leur artillerie, et, après cette vaine démonstration, ils s'éloignèrent à toutes voiles. Telle fut la retraite anglaise, « pleine de honte ».

Buckingham songeait à venger cette humiliation dont il était en partie la cause ; il fut assassiné par un fanatique, à Portsmouth même, au moment où il allait s'embarquer, le 2 septembre. Le comte de Lindsey reçut le commandement à sa place. L'escadre qu'il conduisait au secours des Rochelais comprenait cent quarante voiles et six mille combattants. Le gouvernement de Charles Ier avait fait un vigoureux effort ; mais la solidité de la défense allait une fois encore le faire échouer.

Le 28 septembre, l'escadre anglaise était en vue de la Rochelle ; elle prit le même mouillage que six mois auparavant. Dès le 29, elle échangea quelques coups de canon, à distance, avec les batteries de Chef-de-Baie. Les Français ripostèrent, sans sortir de leurs lignes ; le dommage fut à peu près nul, de part et d'autre. Le 30, l'ennemi essaya de faire brèche dans l'escadre française, en lançant sur elle des machines d'artifice, qui font songer à des torpilles : c'étaient, en effet, au dire de Richelieu, des « pétards flottant sur l'eau, qui jouaient par le moyen de ressorts qui se lâchaient à l'encontre d'un vaisseau ». Les inventions des ingénieurs anglais furent inoffensives ; les « pétards » furent tous pris, sans avoir causé aucun mal. Le cinquième jour au matin, le 3 octobre, l'escadre anglaise fit mine d'attaquer en masse. Aidée par le vent et la marée, elle s'approcha des vaisseaux français et fit trois décharges successives de toute son artillerie ; ce fut encore beaucoup de bruit pour rien. Les Français perdirent en tout vingt-huit hommes ; pas un de leurs bâtiments ne céda un pouce de terrain. Le 4 octobre, nouvelle manifestation des ennemis, toujours à distance respectueuse ; leurs brûlots furent détournés par nos barques légères. Puis le comte de Lindsey alla reprendre son mouillage à l'abri de l'île d'Aix, « sans oser retourner faire effort ».

Ce fut là, en effet, toute la tentative des Anglais. Le 23 octobre, ils montrèrent encore quelque velléité d'offensive, mais ce fut simplement pour se borner à se mettre en ligne de bataille. La manifestation navale de l'amiral anglais était si bien convaincue d'impuissance que, quelques jours plus tard, le 29 octobre, en présence même de son escadre, la Rochelle, à bout de ressources, ouvrit ses portes à l'armée royale. On· prête un beau mot à Guiton, le maire héroïque : « J'aime mieux être sujet du roi qui a pris la Rochelle que de celui qui n'a pu la sauver. »

Pourquoi l'Angleterre, malgré ses efforts répétés, n'a-t-elle pas su sauver la ville rebelle ? On dira que Denbigh et Lindsey ont manqué d'audace : c'est possible. Mais la vraie cause de leur impuissance est dans l'excellence du plan défensif conçu par Richelieu, dans la solidité dont firent preuve les bâtiments de la défense ; les commandants avaient reçu des instructions minutieuses, ils s'y étaient conformés avec intelligence et fermeté. La Rochelle ne pouvait être sauvée que par la mer ; la mer fut interdite aux Rochelais par la digue, aux Anglais par les diverses divisions de l'escadre française. Aussi la Rochelle n'eut plus qu'à se rendre à merci.

Le 11 novembre, après être restée environ six semaines à proximité des côtes de l'Aunis, mais sans avoir pu y

aborder, l'escadre de Lindsey reprit la route de l'Angleterre ; elle avait perdu dix brûlots et une douzaine de bâtiments. Les Anglais durent éprouver un autre sentiment
que celui de l'humiliation due à leurs échecs répétés de
1627 dans l'île de Ré, de 1628 devant la Rochelle ; ils
durent comprendre qu'une puissance navale venait de
naître, avec laquelle il leur faudrait désormais compter.

Quelques années plus tard, les Espagnols firent à leurs
·dépens la même expérience.

CHAPITRE VI

Le commandeur Philippe des Gouttes. — Les chevaliers de Malte.
— Le bailli de Forbin. — L' « Église militante ». — L'archevêque
Sourdis. — Le duc de Brézé. — Les « capitaines entretenus ». —
Abraham Du Quesne. — Les instructions du commandeur de La
Porte.

Lorsque Richelieu fit déclarer la guerre à l'Espagne en
1635 et qu'il eut résolu de l'attaquer corps à corps sur mer
comme sur terre, il dut se demander à qui il allait confier
la direction des vaisseaux et des galères qu'il destinait aux
campagnes de l'Océan et de la Méditerranée. Charles de
Guise, qui avait montré dans la campagne de 1622 des
qualités d'homme de guerre, était passé en Italie[1], à la
suite des intrigues qui avaient suivi la journée des Dupes.
Henri de Montmorency, le vaillant amiral de la campagne
de 1625, était mort sur l'échafaud, pour avoir pris les
armes contre les troupes royales.

Un marin s'était distingué lors du siège de la Rochelle,
dans le commandement de la défense mobile : c'était Philippe des Gouttes, commandeur de l'ordre de Malte, plus
tard grand prieur d'Auvergne, c'est-à-dire grand dignitaire

---

1. Il y mourut en 1640. — En 1625, à titre de gouverneur de Provence
et d'amiral du Levant, Charles de Guise avait préparé un armement de
galères que Louis XIII mettait au service de son allié le duc de Savoie, en
mauvais rapports avec la république de Gênes. Quelques-unes de ces
galères furent surprises auprès des îles d'Hyères (juin 1625). Ch. DE LA RON-
CIÈRE, *Histoire de la marine française*, t. IV, p. 461.

des chevaliers hospitaliers de Saint-Jean-de-Jérusalem. Au
service du roi de France, il fut tour à tour capitaine de
vaisseau en 1628, chef d'escadre en 1640, lieutenant général des armées navales en 1644 [1]. Richelieu tenait le « bonhomme », comme il l'appelait familièrement, en particulière
estime : il entend la mer, disait-il, « beaucoup mieux que
nous », il est le « père de la mer ». Son nom revient à de
fréquentes reprises dans les diverses enquêtes que le cardinal institua sur l'organisation de la marine, et toujours
avec des témoignages d'approbation. On pourrait presque
dire qu'il joua le rôle d'un chef d'état-major général ; s'il
n'eut pas, du moins du vivant de Richelieu, le commandement d'une escadre, il sut, comme capitaine de pavillon ou
mieux comme conseiller, rendre les plus signalés services
aux commandants en chef.

C'est que les chevaliers de Saint-Jean ou, suivant l'expression ordinaire, les chevaliers de Malte acquéraient dans
leurs croisières continuelles contre les Turcs et les Barbaresques le coup d'œil, l'esprit de décision, et les qualités
manœuvrières que peuvent donner seulement de longs mois
de croisière passés en mer. Recrutés pour la plupart dans
les familles de la noblesse de Provence, où la passion de la
mer se transmettait d'une génération à l'autre, ils dévelop-
paient, dès leur première jeunesse, l'aptitude héréditaire
qu'ils avaient pour la marine ; embarqués à quinze ou
seize ans pour accomplir leurs caravanes, ayant navigué
dans les conditions les plus difficiles, ils étaient, sans con-
tredit, les meilleurs marins de leur temps. L'ordre fut
toujours pour la marine royale une pépinière d'officiers
d'élite. Tourville sous Louis XIV, Suffren sous Louis XVI
sont des chevaliers de Malte ; à côté de ces marins de génie,

---

1. Des Gouttes mourut à Paris en 1649.

combien d'autres qui ont servi avec le plus rare mérite !

On citait à l'instant Philippe des Gouttes ; à côté de lui, il faut nommer le bailli Jean de Forbin, sieur de La Marthe[1]. Celui-ci fut comme le mentor de Pont-Courlay, le neveu de Richelieu, promu par la faveur de son oncle tout-puissant au généralat des galères. Quand Pont-Courlay, tombé en disgrâce, eut été remplacé, comme général des galères, par Armand de Maillé-Brézé, autre neveu du cardinal[2], Forbin conserva ses fonctions auprès du nouveau général. En fait, pendant huit ans environ, il exerça le véritable commandement de la flotte des bâtiments à rames[3].

Richelieu, évêque de Luçon, cardinal de la sainte Église romaine, avait pris pour lui et donné à des gens d'église les plus hautes charges de l'armée. Une épigramme circulait à ce propos :

> Un archevêque est amiral[4],
> Un gros évêque est caporal[5],
> Un prélat président aux frontières[6],
> Un autre a des troupes guerrières[7],
> Un capucin pense aux combats[8],
> Un cardinal a des soldats[9],

1. Il signait lui-même : « Le bailli de Fourbin, conseiller du roi en ses conseils, lieutenant général commandant les galères de France. » 1640, A. M., B⁴ 1. — M. le bailli de « Fourbins » (sic) fut « ambassadeur extraordinaire de l'ordre de Saint-Jean de Jérusalem, envoyé pour féliciter le roi et la reine de l'heureuse naissance de Mgr le Dauphin, ès années 1638 et 1639 ». Relation de cette ambassade : Bibliothèque nationale, Mss français, 12396.
2. Mars 1639.
3. Forbin se retira du service peu après la mort du cardinal, en mars 1643.
4. L'archevêque de Bordeaux, Sourdis.
5. L'évêque de Chartres, Léonor d'Estampes de Valençay.
6. L'évêque de Nantes, Gabriel de Beauvau.
7. L'évêque de Mende, Sylvestre de Marcillac.
8. Le P. Joseph.
9. Le cardinal de La Valette.

Un autre est généralissime [1] ;
France, je crains qu'ici-bas
Ton Église si magnanime
Milite et ne triomphe pas.

Elle milita toujours avec énergie, elle triompha parfois
avec éclat, quand elle fut représentée, à la tête de la première escadre qui ait fait la grande guerre de mer, par
Henri d'Escoubleau de Sourdis, archevêque de Bordeaux.

Ce fut en 1636, au moment où l'occupation par les Espagnols des îles de Lérins mettait les côtes de Provence dans
la situation la plus critique, que Richelieu institua pour
les escadres deux commandants en chef. L'un, qui avait le
titre de « lieutenant général pour commander l'armée
navale », était Henri de Lorraine, comte d'Harcourt, âgé
alors de trente-cinq ans [2]. L'autre, qui, à titre de « chef
des conseillers près le comte d'Harcourt », devait jouer le
rôle d'un chef d'état-major et d'un intendant général, était
l'archevêque de Bordeaux Sourdis, qui avait à cette date
quarante-trois-ans [3]. D'Harcourt devait recevoir, au début
de 1640, le commandement de l'armée destinée à agir en
Piémont ; Sourdis demeura dès lors le seul commandant
en chef des escadres.

On ne s'inquiétera pas de savoir si la profession religieuse et la carrière des armes sont ou non compatibles.
Sourdis, pour se mettre en règle avec les théologiens de
son temps, avait fait copieusement établir, dans un docte
mémoire, que les clercs peuvent aller à la guerre sans irré-

---

1. Richelieu.
2. Second fils de Charles de Lorraine, duc d'Elbeuf ; né en 1601, mort en
1666. On l'appelait couramment Cadet la Perle, parce qu'il portait une
grosse perle à l'oreille gauche.
3. Henri d'Escoubleau de Sourdis ; né en 1593 ; évêque de Maillezais en
1623 ; archevêque de Bordeaux en 1629 ; mort en 1645.

gularité [1]. Admettons-le, pour faire plaisir à la mémoire du belliqueux prélat et du cardinal de Richelieu. Ce qu'il importe surtout ici de savoir, c'est si l'archevêque « bombardé » amiral, comme aurait dit Saint-Simon, eut toutes ces parties dont la réunion fait le chef d'escadre complet : activité, clairvoyance, promptitude, vigueur. On a deux moyens de le juger : ses actes et sa correspondance. Qu'il combatte ou qu'il écrive, on sent en lui un homme d'action et d'énergie, dont la volonté est tendue tout entière vers un but unique, la victoire. Dans les violentes querelles qu'il avait eues, comme archevêque de Bordeaux, avec le duc d'Épernon, gouverneur de Guyenne, il avait fait preuve d'un caractère peu endurant et singulièrement énergique ; comme le cardinal de Retz, il aurait pu dire qu'il avait l'âme peu ecclésiastique. Chef d'escadre, sa devise aurait pu être la devise même de Hoche, qui est celle de tout véritable homme de guerre : *Res, non verba.*

Ce caractère entreprenant, dans lequel la netteté du coup d'œil se joint à la vigueur de l'action, on le retrouve encore chez un jeune marin de ce temps. Son écusson et son nom, placés en pendant de l'écusson et du nom de Du Quesne, ornent aujourd'hui le pont du cuirassé le *Saint-Louis*, qui porte le pavillon du commandant en chef de l'escadre du Nord. Ce fut, en effet, à bord du *Saint-Louis* que Armand de Maillé-Brézé, plus connu sous le nom de duc de Brézé, trouva une mort glorieuse, à vingt-sept ans

---

1. « Le Prélat dans les armées. L'Envie abattue sous les armes d'un grand prélat », 1638. Publié par Eug. Suɛ, *Correspondance de... Sourdis*, t. III, p. 117-170. Mémoire divisé en dix parties : « VI. D'où vient l'obligation que les évêques de France ont d'aller à la guerre. — VII. Réponse à l'objection de Charlemagne. »

2. L'escadre du Nord s'appelle aujourd'hui la deuxième escadre.

à peine, le 14 juin 1646, dans le combat d'Orbetello livré
aux galères espagnoles ; ce fut aussi à bord du *Saint-Louis*
que Du Quesne fit une partie de sa campagne de Sicile.
Heureux les officiers de notre *Saint-Louis*, qui peuvent
rappeler à leurs équipages les exemples de bravoure du
vainqueur des Espagnols et du vainqueur des Hollandais,
et qui peuvent s'inspirer eux-mêmes des qualités stratégiques de ces deux grands marins ! Richelieu avait retiré à
son neveu Pont-Courlay, dont il avait à se plaindre, le commandement des galères ; il le donna alors, le 20 mars 1639,
ainsi que le commandement de la flotte du Ponant, à son
autre neveu, Armand de Brézé, qui était à la veille d'avoir
vingt ans [1]. Le vainqueur de Rocroi, le duc d'Enghien,
devenu par son mariage beau-frère de Brézé et par suite
neveu de Richelieu, n'avait que vingt-deux ans lors de son
immortelle victoire. On était à cet âge héroïque où la cour
et la ville applaudissaient les vers du *Cid* :

> Je suis jeune, il est vrai ; mais aux âmes bien nées
> La valeur n'attend point le nombre des années...
> Mes pareils à deux fois ne se font point connaître,
> Et pour leurs coups d'essai veulent des coups de maître.

Armand de Maillé-Brézé allait justifier à sa manière, à la
tête des vaisseaux et des galères du roi, les fières déclara-
tions de Rodrigue.

Le génie est le plus beau des dons ; mais ils sont rares les
élus qui le possèdent, comme Brézé et Condé. Dans une

---

1. Jean-Armand de Maillé, duc de Brézé, fils d'Urbain de Maillé et de
Nicole du Plessis, sœur du cardinal ; né en avril 1619. SAINT-SIMON lui a
consacré une notice, *Écrits inédits*, t. VIII, p. 383-385. Cf. son « histo-
riette » dans TALLEMANT DES RÉAUX, édit. MONMERQUÉ et Paulin PARIS,
t. II, p. 213-214. — Sa sœur, Claire-Clémence de Maillé, épousa, en 1641,
le duc d'Enghien.

certaine mesure, la préparation technique et la formation
du caractère peuvent y suppléer. Richelieu songeait à cela
quand il avait conçu le plan d'une école navale. Seize jeunes
gentilshommes, destinés aux futurs états-majors, devaient
être instruits par des pilotes hydrographes ; deux cents
jeunes hommes ou enfants, de huit à vingt ans, destinés à
devenir des officiers mariniers, devaient être «éduqués à la
mer », sans parler de cent cinquante élèves-canonniers qui
devaient être formés dans des écoles spéciales. Le temps
qui manqua au grand maître ne lui permit pas de réaliser
ce plan ; il ne fit que le tracer.

Alors, pour recruter les officiers de marine qui lui étaient
nécessaires, Richelieu suivit la tradition. Il appela à bord
des bâtiments du roi des chevaliers de l'ordre de Malte ;
ils furent surtout en service dans la marine du Levant.
Pour la marine du Ponant, qui avait à cette époque un
caractère plus roturier, le cardinal s'adressa à des « professionnels » de la mer, moitié corsaires, moitié pêcheurs,
comme on en trouvait tant sur les côtes du pays basque,
de l'Aunis, du Poitou, de la Bretagne, de la Normandie,
de la Picardie. Ces patrons de pinasses ou de brigantins,
qu'on appelait « capitaines de mer » ou « capitaines particuliers », recevaient des brevets de « capitaines entretenus », quand ils prenaient du service à bord des vaisseaux du roi. Il ne fallait pas demander à ces loups de mer
une éducation générale ; ils étaient « plutôt de gros mariniers vaillants, nourris dans l'eau de la mer et la bouteille,
que des chevaliers frisés », comme Richelieu demandait au
commandeur de La Porte de lui en procurer [1] ; ils ne
savaient qu'une chose, mais ils la savaient à fond, la pra-

---

1. Richelieu au commandeur de La Porte, 30 juin 1627. Cité par
Ch. DE LA RONCIÈRE, *Histoire de la marine française*, t. IV, p. 599.

tique de leurs bâtiments. Vivant à la mer presque dès leur enfance, leurs connaissances techniques ne laissaient rien à désirer ; ils étaient des manœuvriers accomplis.

C'est le cas de l'un d'eux, qui devait jeter sur la marine française, à l'époque de Louis XIV, un éclat incomparable, et qui commença obscurément sa carrière sous le ministère de Richelieu.

Abraham Du Quesne, né à Dieppe ou au Pollet en 1610, était le fils d'un capitaine marchand de cette ville, qui avait en 1625 un brevet de « capitaine entretenu par le roi en la marine », et qui mourut en 1635. Le futur vainqueur de Ruyter avait passé son enfance sur les quais de Dieppe ou sur les bateaux de son père. En 1627, quand il avait à peine dix-sept ans, il commandait une patache, le *Petit Saint-André* ; avec ce petit bâtiment, il avait capturé un bâtiment hollandais, le *Berger* ; un arrêt du parlement de Rouen avait régulièrement attribué cette prise au jeune capitaine. Au cours de l'enquête faite à cette occasion, Du Quesne s'était qualifié de « capitaine dans un navire pour le service du roi ». A partir de 1635, son nom figure d'une manière régulière sur les états de la marine royale. En cette année il commandait le *Neptune*, petit bâtiment de guerre de deux cents tonneaux, armé de huit canons de dix. Il avait environ vingt-cinq ans, et il comptait déjà une dizaine d'années de services à peu près ininterrompus à la mer.

Il faut ajouter que ces patrons devenus commandants étaient des Français très braves, très patriotes ; pour eux la guerre à outrance faite à l'Anglais, à l'Espagnol, au Barbaresque, était une des raisons d'être du marin qui avait eu le bonheur de naître sur les terres du roi Très Chrétien. Leurs dons naturels, leur amour du roi, leur fidélité au drapeau leur faisaient appliquer instinctivement les instructions que le commandeur de La Porte, oncle du cardinal, avait fait rédiger en 1642 à l'usage des états-majors et des équipages de la marine royale[1] :

« Il faut qu'avec ses navires bien ordonnés et en bon état le chef d'escadre arrive sur les ennemis, et s'ils se trouvent égaux de canon, les doit aborder furieusement et venir aux mains ; s'ils sont plus faibles, les canonner à bout portant, jusqu'à ce qu'il les voie en déroute et qu'il ait obtenu la victoire...

« Est nécessaire que les capitaines soient gens de cœur, fort assurés dans les périls, prudents et bien expérimentés, bons économes... Qu'ils aient perpétuellement devant les yeux et se souviennent que le roi leur a mis entre les mains lesdits navires pour y mourir plutôt que de les rendre à ses ennemis et y commettre la moindre lâcheté du monde...

« Tous capitaines, officiers, gentilshommes, matelots et soldats feront serment de fidélité sous le chef qui les commande, et ils ne feront aucun refus de ce qui leur sera enjoint pour le service du roi, pour quelques périls, risques ou fortunes qu'ils puissent courir de leur vie, ni ne rendront jamais navire aux ennemis tant qu'ils auront une goutte de sang sur eux. »

Tous braves gens, des simples mousses aux chefs d'escadre, comme on le verra dans l'exposé des faits de guerre : souvent à la peine, parfois à la victoire, toujours à leur devoir et partout sachant « souffrir les misères de la mer ».

1. Voir ci-dessus, p. 48, n. 2

CHAPITRE VII

CAMPAGNES NAVALES DU PONANT
1629-1641

Isaac de Razilly et les campagnes du Maroc. — Guerre contre l'Espagne. — Sourdis. Campagne de 1638. — Formation de l'armée
navale. — Opérations devant Fontarabie. — Bataille de Gattari,
22 août 1638. — Campagne de 1639 : la Corogne, Laredo, Santoña. — Brézé. Campagne de 1640. — Bataille de Cadix, 22-23
juillet 1640. — Campagne de 1641.

La piraterie qui désolait les côtes de l'Europe chrétienne
n'avait pas pour seuls repaires les ports de la Méditerranée ;
sur l'Atlantique, les ports de la côte marocaine étaient
aussi des nids de pirates. A plusieurs reprises la marine
française, au cours de sa glorieuse histoire, a entrepris de
faire la police, pour venger son honneur et pour défendre
les intérêts de la civilisation, sur les côtes qui s'étendent
au delà du cap Spartel. La première fois que les fleurs de
lis se montrèrent dans ces parages redoutés des marins, ce
fut sous le ministère de Richelieu.

Dans le mémoire qu'il adressait en 1626 au cardinal [1], le
chevalier de Malte Isaac de Razilly [2], qui « avait voyagé
dans les quatre parties du monde », exprimait l'indignation

---

1. Voir ci-dessus, p. 10, n. 1.
2. Né au château de Razilly en Touraine vers 1580 ; entré dans la marine
en 1603 ; chevalier de Malte ; commandeur vers 1630 ; « premier capitaine
de l'amirauté de France, chef d'escadre du roi en sa province de Bretagne
et amiral de la flotte de Sa Majesté sur les côtes de Barbarie » ; lieutenant
général en la Nouvelle-France en 1632 ; mort en Acadie en 1637. Frère de
Gabriel, François et Claude de Razilly. Voir ci-dessus, p. 46, n. 3.

que lui causait la piraterie des Barbaresques. « De tout temps la nation française a été libre et franche pour tout le monde, et il n'y a que depuis vingt-quatre ans que les Turcs ont rendu esclaves les Français navigant sous les trois fleurs de lis, y en ayant à présent dans l'Afrique plus de huit mille des meilleurs mariniers du royaume. »

Razilly avait fait sur la côte du Maroc, dès l'année 1624, comme un voyage de reconnaissance ; Mogador lui avait paru un point utile à occuper. Il sut intéresser le grand maître à ses projets. Celui-ci lui écrivait, en 1629 [1] : « Si vous estimez, étant sur les lieux, que l'île de Mont-guedor (*sic*) se puisse conserver et que la prise en soit utile, je vous laisse, de la part du roi, la liberté de vous en saisir et d'y laisser cent hommes. » En août 1629, plus de deux siècles avant le prince de Joinville, Razilly partit, à destination du Maroc, avec une petite flottille que commandait le vice-amiral La Touche [2] ; les Français firent devant Salé une démonstration sans conséquence.

L'année suivante, seconde campagne. La *Licorne*, commandant le chevalier de Razilly, la *Renommée*, commandant Du Chalard, une patache de Saint-Jean-de-Luz, commandant Pallot, partirent de Saint-Martin-de-Ré, le 12 juillet (1630). L'expédition mouillait devant Salé le 23 juillet. Après quelques coups de feu, on entra en négociations avec les Salétins, en vue du rachat des captifs, de l'établissement d'un consul, de la liberté du commerce accordée aux Français. Razilly poussa jusqu'à Safy, à une centaine de kilomètres au nord de Mogador ; il voulait entrer en

1. D'Alais, 18 juin 1629. *Lettres*,... éd. Avenel ; t. III, p. 354.
2. Daniel de La Touche, ou plutôt de La Tousche, seigneur de La Ravardière, né en Poitou vers 1570, fit une tentative de colonisation au Brésil en 1612, vice-amiral de la flotte protestante de la Rochelle en 1621, mort après 1631.

relations avec « le roi du Maroc ». Il reprenait la mer le 12 octobre ; il était de retour à Belle-Ile à la fin du même mois [1].

Une troisième expédition le ramenait encore en 1631 aux côtes de Safi. Un traité fut signé, c'est-à-dire qu'il y eut un papier de plus entre le roi de France et les pirates. Le résultat le plus clair fut la délivrance d'environ quatre cents captifs [2]. Cette délivrance, obtenue à beaux deniers comptants, était pour la piraterie une manière de récompense et sa meilleure raison de continuer.

Les opérations auxquelles la marine royale avait pris part de 1621 à 1628, dans son duel avec la marine rochelaise, s'étaient faites sur une très petite portion des côtes françaises, et elles avaient eu un caractère presque exclusivement défensif. A partir de 1635, la marine royale s'élança à la conquête de la mer ; elle porta la guerre au large, elle chercha en pleine mer les escadres ennemies, elle tenta des descentes sur les côtes d'Espagne ou d'Italie. Elle entra dans la période de l'offensive et des opérations à distance. En un mot, ce fut le commencement de la grande guerre maritime.

Préoccupé avant tout des graves événements qui s'étaient passés sur les côtes de Provence, où les Espagnols avaient surpris et où ils gardaient les îles de Lérins, Richelieu n'avait pas songé tout de suite à tirer parti de la situation

---

1. *Voyages d'Afrique faits par le commandement du roi, où sont contenues les navigations des Français entreprises en 1629 et 1630 sous la conduite de M. le commandeur de Razilly ès côtes occidentales des royaumes de Fez et de Maroc...* Par Jean ARMAND, Turc de nation, chirurgien de Mgr le comte de Soissons. Paris, 1631. — Jean Armand, dit Mustapha, était un Turc converti.

2. Le P. DAN, *Histoire de Barbarie et de ses corsaires* (seconde édition, Paris, 1649), donne de curieux détails sur le rachat des captifs.

de la France sur l'Atlantique pour attaquer de ce côté les
domaines du roi d'Espagne. Le Ponant ne fut d'abord
qu'une sorte de champ de manœuvres ; on y préparait les
escadres que l'on expédiait ensuite au Levant. Tel fut le
cas de l'armée navale qui fut organisée en 1636 dans les
eaux de Belle-Ile [1] ; divisée en trois escadres, de Bretagne,
Guyenne et Normandie [2], sous les ordres du comte d'Harcourt, elle fut expédiée en Méditerranée. On peut constater
tout de suite à ce propos une des causes de faiblesse de la
marine de ce temps, qui consistait dans les allées et venues
perpétuelles de Ponant en Levant et de Levant en Ponant.

En 1638, quand les côtes de Provence eurent été
nettoyées des galères espagnoles, Richelieu donna le signal
de l'offensive sur les deux mers qui baignent la France [3].

---

1. En 1636, Pierre Gouin, de Saint-Malo, à qui les côtes de l'Espagne
étaient familières, adressait un long mémoire au cardinal de Richelieu sur
l'opportunité d'une action navale contre le royaume de Philippe IV. Il
souhaitait « voir en bref pour le service du roi son armée navale puissamment
composée pour cingler en mer et aller mettre à exécution, Dieu
aidant, quelques bonnes entreprises ». Il signalait la valeur de Gibraltar :
« Il n'y a pour lejourd'hui place de plus d'importance à l'Espagnol que la
ville de Gibraltar... Il n'y a homme d'entendement qui ait bonne connaissance de cette place qui ne sache qu'elle se puisse bien, dans moins d'un
mois, fortifier et rendre imprenable... Une puissante armée y peut havrer
en toute sûreté, sans crainte des ennemis, pour entreprendre facilement et
puissamment sur toutes les côtes maritimes d'Espagne, soit sur la mer
Océane ou Méditerranée ou sur les huit places que ledit Espagnol possède
sur les côtes d'Afrique. » Il indiquait encore les grandes chances de succès
d'une armée navale qui provoquerait l'insurrection du Portugal. Rien de
plus facile, « ainsi que l'entendent nombre de vaillants hommes de Saint-
Malo et d'ailleurs », de faire pénétrer dans la baie de Cadix douze ou
quinze vaisseaux, « avec dissimulation et démonstration d'amis », sous pavillon des villes hanséatiques ou de Dunkerque. « Tiers avis pour servir à
l'armée navale. — A Paris, 29e de mars 1636 ». Archives nationales, F 50 21.
2. JAL, Abraham Du Quesne, t. I, p. 66-69, donne la composition détaillée de cette armée navale.
3. Depuis la déclaration de guerre, il paraissait, à peu près chaque
année, une ordonnance portant défense « à tous pêcheurs, matelots,
mariniers et autres personnes servant à la mer », de sortir du royaume.
Ainsi en 1635, 1638, 1639. A.M., A13. C'est une preuve, entre beaucoup, de
la difficulté où l'on était de former des équipages.

En Ponant, il s'agissait d'appuyer par mer les opérations du siège de Fontarabie, que le prince de Condé venait d'entreprendre du côté de la terre [1]. Sourdis, lieutenant général de l'armée navale [2], avait le commandement d'une escadre

1. Eug. SUE, dans les trois volumes de la *Correspondance de... Sourdis*, a publié un grand nombre de documents sur les opérations navales de 1636 à 1642. Les Archives de la Marine en contiennent encore quelques autres, notamment dans le volume B41. — Le commandant CHABAUD-ARNAULT, « Études historiques sur la marine militaire de la France », a étudié « Les Flottes de Louis XIII » : *Revue maritime et coloniale*, t. LXXXX; année 1886.

2.

ARMÉE NAVALE DU ROI EN 1638

NOMS DES VAISSEAUX	NOMS DES CAPITAINES	PORT EN TONNEAUX	NOMBRE D'HOMMES
Le *Vaisseau du Roi*	command' des Gouttes....	1.000	300
La *Couronne*	de Launay-Razilly	2.000	505
Le *Navire de la Reine*	ch'' Darrérac	600	250
La *Vierge*	Du Mé	600	245
Le *Cardinal*	de Couppeauville	600	245
L'*Europe*	Montigny	500	205
Le *Cygne*	ch'' de Cangé	500	205
Le *Saint-Louis de Brest*	Treillebois	500	205
La *Fortune*	Cazenac	500	205
Le *Coq*	Chastellux	500	205
Le *Triomphe*	de Caen	500	205
La *Licorne*	La Chesnaye	500	205
Le *Corail*	Portenoire	500	205
La *Victoire*	Contenan	500	205
Le *Dauphin*	Boisjoly	500	205
Les *Trois Rois*	Baptiste, cap'' des gardes de M. l'archevêque de Bordeaux	500	100
Le *Saint-Charles*	de Saint-Étienne	400	155
Le *Triton*	de Villemoulin	400	155
Le *Faucon*	Du Menillet	400	155
La *Renommée*	Daniel	300	125
La *Perle*	La Roullerie	300	125
L'*Intendant*	de Conflans	300	125
La *Magdelaine de Brest*	Senautes	300	125
L'*Émerillon*	de Marsay	300	125
Le *Saint-Jean*	Du Quesne (Abraham)....	300	125
L'*Espagnol*	Razet	200	100
L'*Hermine*	de Linières	200	100
L'*Espérance en Dieu*	de Garnier	200	100
La *Notre-Dame de Grâce*, surnommée le *Turc*...	Guiton	200	100
Le *Saint-François*	Régnier	200	100
La *Marguerite*	La Treille	200	100

de cinquante-cinq voiles, soit quarante et un vaisseaux, huit brûlots, six flûtes [1] ; il avait pour capitaine de pavillon, sur le *Vaisseau du Roi*, de mille tonneaux et de trois cents hommes d'équipage, le commandeur Philippe des Gouttes.

Une première opération, lente et difficile, fut la formation même de cette escadre ; elle prouvait encore la nécessité d'avoir des escadres toutes prêtes dans des ports

Le *Petit Saint Jean*......	de Brocq.................	200	100
Le *Neptune*	ch[er] Paul.................	100	100
La *Royale*............	Savigny	100	82
La *Cardinale*...........	Baronnie.................	100	82
La *Frégate du Havre*.....	Clérisse.................	100	66
La *Frégate de Brest*.....	Gabaret (Jean)...........	100	66
Le *Flibot de Brest*......	Fourchault...............	60	16
38 Vaisseaux.			6.022 h.

Trois vaisseaux de guerre frétés [de Hollande] :

Le *Lion*................	400
Le *Nassau*..............	300
La *Licorne*............	300

Brûlots :

Le *Saint-Louis d'Olonne*..	Brun....................	200
Le *Soleil*..............	Jamin	200
L'*Amitié de Hambourg* ..	des Ardents.............	150
L'*Ours*.................	Matha..................	150
Le *Chasseur*...........	Collo...................	100
La *Fortune*............	Molé	150
Le *Saint Sébastien*......	Martin	100
Le *Saint Claude de Honfleur*................	Vidault.................	100

Flûtes frétées :

Le *Saint-Martin Flamand*.	Bourgaronne.............	400
Le *Turc*...............	Aubry..................	400
La *Hache dorée*........	Ralienne................	400
Les *Trois Moulins*	Chéron	400
Le *Chou bastard*........	Clazernel	300
Le *Saint Jean Nicolas de Londres*.	Robert Hilman...........	200

A.M.; B⁴ 1, fol. 184-186. Nombreuses différences avec la liste donnée par JAL, *Abraham Du Quesne*, t. I, p. 86-88.

1. Flûte, navire de charge, à fond plat, large, gros et lourd, dont la poupe était ronde; très employé en Hollande pour les transports de commerce ; emprunté aux Provinces-Unies par les marines d'Angleterre et de France.

appropriés. Alors, en effet, pour toutes les opérations maritimes, il fallait commencer par battre le rappel des forces
disséminées. En 1638, une partie de l'armée navale s'équi-
pait dans les ports de Bretagne ; une autre, dans les ports
de Normandie ; celle-ci devait venir de Hollande, où le cardinal avait fait construire et affréter des vaisseaux ; celle-là
devait venir de la Méditerranée. Que de temps perdu ! que
d'occasions pour un ennemi entreprenant, s'il s'était présenté, de se jeter sur ces convois dispersés et de détruire
du coup toute l'opération en projet ! Du temps s'écoulera
encore avant que l'on comprenne qu'une escadre doit se
former ou mieux être formée tout entière à l'avance dans
un port, pour en sortir à son heure, suivant les besoins.

La rade de Saint-Martin-de-Ré avait été assignée comme
lieu de rendez-vous général. De cet endroit Sourdis fit partir, le 14 juillet 1638, une première division de sept vaisseaux. Le capitaine Treillebois[1], qui la commandait, pavillon sur le *Saint-Louis de Brest*, devait appuyer la marche
du prince de Condé, qu'un heureux coup de main venait
de mettre en possession de Pasajes ; l'occupation de ce port,
situé à mi-chemin entre Fontarabie et Saint-Sébastien,
semblait promettre la reddition à brève échéance de la première de ces places, dont les Français avaient entrepris le
siège. Le commandant Treillebois répartit ses équipages sur
les galions capturés à Pasajes et il commença par mer les
opérations du blocus de Fontarabie. Quelques jours après, le
chevalier de Cangé, commandant du *Cygne*, qui avait sous
ses ordres Du Quesne, commandant du *Saint-Jean*, et le
chevalier Paul, commandant du *Neptune*, venait renforcer
avec quatre vaisseaux la petite garnison de Pasajes.

1. Ancien vice-amiral de Guiton dans la flotte protestante de la
Rochelle.

Cependant la majeure partie de l'escadre française avait fait sa concentration dans les eaux de Saint-Martin. Sourdis appareilla de l'île de Ré avec le gros de ses forces le 29 juillet. Le 2 août, il rejoignait son avant-garde au mouillage de Fontarabie et il prenait part aux opérations du blocus. Mais ce ne fut point un de ces blocus inertes qui consistent à enfermer l'ennemi dans un cercle et à attendre patiemment qu'il soit mort de faim. Le tempérament audacieux de Sourdis s'accommodait mal de ces opérations purement passives. Aussi fit-il trois parts de son escadre. Une division, sous les ordres de Launay-Razilly, qui commandait la *Couronne*, la plus grosse unité de l'armée navale, resta chargée du blocus de Fontarabie [1] ; une autre, sous les ordres de Montigny, commandant de l'*Europe* [2], fut envoyée en observation vers Saint-Sébastien, d'où pouvait sortir une escadre de secours, « avec ordre particulier de s'en aller jusque sur les hauteurs de Gattari voir s'il ne paraîtrait rien à la mer » ; la troisième, sous les ordres immédiats de Sourdis lui-même, louvoyait en vue de la côte, prête à se porter où sa présence serait nécessaire.

Sourdis se trouvait sur un terrain où il avait dit, depuis deux ans, qu'il fallait porter la guerre. Dès le mois de janvier 1636, dans un plan de campagne très étudié, qui dénote une connaissance approfondie de la côte espagnole [3], il avait proposé au cardinal d'attaquer l'une des quatre positions suivantes de l'Espagne : la Corogne, Bayona, qui est à l'entrée méridionale de la baie de Vigo, Cadix et Gibraltar. Dans ce mémoire, il parlait même d'aller cher-

---

1. Ducéré, *Histoire maritime de Bayonne ; les Corsaires sous l'ancien régime*, donne, p. 378-379, la liste des « Pinasses fournies par la ville de Bayonne pour le siège de Fontarabie. »
2. Le chevalier, puis commandeur Jules de Montigny.
3. Eug. Sue, *Correspondance de... Sourdis*, t. I, p. 14 et suiv.

cher jusque dans les Indes, c'est-à-dire en Amérique, la flotte espagnole et de la détruire. Les circonstances allaient lui permettre d'exécuter en 1638 quelques-uns de ces grands desseins.

Le lieutenant général connaissait très bien toute la partie de la côte de Biscaye où il dirigeait à présent les opérations navales. Son mémoire de 1636 renferme des détails d'une grande précision sur le fort et le faible de Pasajes, de Saint-Sébastien, de Gattari et de tous les ports de la région. Cette connaissance approfondie du théâtre des opérations futures, jointe à un service d'éclairage organisé avec beaucoup de prévoyance, le mettait à l'abri de toutes les surprises.

La division Montigny, qui s'était portée vers la région de Saint-Sébastien et qui en explorait les parages, avait découvert, dans la journée du 17 août, une escadre espagnole de quatorze galions, à la hauteur de Gattari [1]. Il se porta aussitôt au devant d'elle et l'obligea de gagner cette rade. Informé de ces mouvements par l'*Émerillon* du chevalier de Marsay, que Montigny s'était empressé de lui envoyer, Sourdis réunit tous les commandants en conseil de guerre, à bord du *Vaisseau du Roi*, « à la rade du Figuier », le 17 août. Trois questions y furent examinées. « La première, si l'on devait quitter la garde du canal de Fontarabie pour s'en aller combattre ces vaisseaux... Il a été absolument résolu que oui et que le plus tôt était le meilleur. » Il fut résolu encore que l'amiral s'y rendrait lui-même, « d'autant que l'amiral à la garde du canal de Fontarabie ne sert pas plus que le moindre des petits vaisseaux. » Launay-Razilly, pavillon sur la *Couronne*, continua à tenir le blocus avec vingt vaisseaux, tandis que Sourdis prenait aussitôt la mer

1. Aujourd'hui Guetaria, à une trentaine de kilomètres à l'ouest de Saint-Sébastien.

avec dix vaisseaux et cinq brûlots, pour rejoindre les dix vaisseaux et les deux brûlots de la division Montigny.

La décision de Sourdis est pleinement à louer ; c'est celle du véritable homme de guerre, qui, ayant appris l'existence d'une force navale, veut la détruire, convaincu à juste raison qu'il n'y a pas de moyen meilleur pour faire réussir l'opération du blocus. Les vents gênèrent d'abord sa manœuvre ; il courut même le danger d'être jeté à la côte ; il parvint cependant à prendre position devant Gattari, dès le 19 août au soir, avec l'ensemble de ses bâtiments. Il tenait l'ennemi sous la main, il était bien résolu à ne pas le laisser échapper. Les Espagnols avaient commencé à élever sur la côte quelques batteries ; ces ouvrages, improvisés à la hâte, ne pouvaient avoir de consistance devant une attaque vigoureusement conduite. Suivant une expression qui a été appliquée de nos jours à une autre escadre espagnole, Sourdis avait commencé par « mettre en bouteille » l'escadre ennemie ; il restait à présent à la détruire.

Un vent favorable, qui se leva dans la journée du 22 août, « donna moyen aux capitaines ordonnés pour cette exécution de faire paraître leur cœur et leur fidélité au service du roi ». Sourdis, qui était en observation depuis trois jours, donna aussitôt le signal de l'attaque. Les Français étaient rangés en trois lignes. Du pont du *Triomphe*, qui était au milieu de la première ligne, l'archevêque dirigeait lui-même l'offensive. La manœuvre se fit avec une correction parfaite, comme à la parade. Arrivé à l'entrée de la rade, quand il n'était plus éloigné de l'ennemi que d'une portée de mousquet, Sourdis fit le signal de lancer une division de six brûlots. Ce serait aujourd'hui la manœuvre d'un commandant d'escadre, qui, après avoir solidement occupé toutes les issues d'une rade avec ses cuirassés rangés sur plusieurs lignes, donnerait l'ordre à l'avant-garde de la division des torpilleurs de fondre sur les vaisseaux ennemis au mouillage. En quelques heures les brûlots des Français produisirent un effet désastreux dans l'escadre espagnole. Prisonniers au fond de la rade, réduits à ce rôle, le plus triste pour un soldat, de recevoir des coups de toute part sans pouvoir les rendre, les Espagnols virent détruire sous leurs yeux tous leurs bâtiments. A six heures du soir, l'incendie avait achevé son œuvre. La rade n'était plus qu'un brasier alimenté par les vaisseaux ennemis. Des dix-sept voiles qui composaient la flotte espagnole, — douze galions, deux vaisseaux de Dunkerque, trois frégates, — il n'en restait qu'un, « troué et rasé de coups de canons ».

Le rapport officiel signalait la « bonne conduite » du commandeur des Gouttes, à qui était due « la principale gloire de cette action... Le sieur de Montigny n'a pas eu moins de cœur en l'exécution qu'il avait eu de soin et de prudence en leur conservation [1], où il a été secondé par le chevalier de Gangé avec un cœur et une valeur incomparables. Le commandeur de Chastellux [2], qui a gagné un pavillon des Dunkerquois, y a été généralement loué de tout le monde. Le sieur de Cazenac [3] était mouillé si près de l'amiral d'Espagne qu'ils ont été deux heures aux mousquetades. Les sieurs Du Mé [4] et La Chesnaye [5] ont fait tout ce qu'on peut attendre de gens de cœur et qui savent le métier. » Étaient encore cités avec éloges les capitaines Boisjoly [6],

---

1. C'est-à-dire en la surveillance des vaisseaux espagnols.
2. César de Chastellux, d'Avallon, entré dans l'ordre de Malte en 1600.
3. Commandant de la *Fortune.*
4. Commandant de la *Vierge.* Jacques Du Mé d'Aplemont, chef d'escadre en 1643, mort aux Indes en 1673.
5. Commandant de la *Licorne.*
6. Commandant du *Dauphin.*

Senantès [1], Linières [2], Garnier [3], Paul [4], Conflans [5], Marsay, Du Quesne [6]. « Le sieur de Caen [7] a fait sa charge de sergent de bataille en ce rencontre avec tant de soin et de cœur qu'il ne saurait être assez loué. »

Les Espagnols avaient commis une grande faute en se réduisant à une défensive inerte ; mais leur imprévoyance avait abouti à un désastre complet, parce qu'un homme d'énergie avait marché droit sur eux. La victoire de Sourdis à Gattari fut la juste récompense de son esprit de prévoyance, de vigilance et d'audace ; l'affaire avait été bien conduite d'un bout à l'autre, rien n'avait été abandonné au hasard. Aussi l'on comprend l'entière satisfaction de Richelieu ; il écrivit à Sourdis :

« Je ne saurais vous témoigner la joie de la victoire que vous avez remportée sur les ennemis. C'est un effet de votre cœur, de votre activité et de votre bonne conduite... Il est certain que contre les Espagnols il faut hardiesse à entreprendre...

« J'écris à MM. des Gouttes, Montigny, Cangé, de Caen, et vous prie de témoigner aux sieurs de Chastellux, de Cazenac, Du Mé, La Chesnaye, Boisjoly, Senantes, Linières, Garnier, Paul, de Conflans, Marsay et Du Quesne l'entière satisfaction que j'ai de la façon avec laquelle ils se sont

1. Commandant la *Magdelaine de Brest*. Louis Havart, sieur de Senantes (diocèse de Chartres), chevalier de Malte depuis 1618.

2. Commandant de l'*Hermine*.

3. Commandant de l'*Espérance en Dieu*. Le chevalier Jean Garnier, chef d'escadre en 1647.

4. Commandant du *Neptune*. Le chevalier, puis commandeur Paul, capitaine entretenu en 1640, chef d'escadre en 1649, lieutenant général en 1654, mort à Toulon en janvier 1668.

5. Commandant de l'*Intendant*.

6. Abraham Du Quesne, commandant du *Saint-Jean*.

7. Guillaume de Caen, commandant du *Triomphe*. Son titre complet de sergent-major général et de bataille équivaut au titre actuel de major général.

comportés en cette occasion, et les assurerez de mon affection.

« J'enverrai à tous les capitaines de brûlots des chaînes d'or et des lettres de capitaines entretenus... Je donnerai ordre aussi au trésorier de délivrer deux mille écus pour la récompense des matelots desdits brûlots[1]. »

Une campagne si bien commencée n'eut pas les résultats qu'on pouvait en attendre. Par une vigoureuse offensive du côté de la terre, les Espagnols parvinrent à délivrer Fontarabie le 7 septembre suivant[2]. Sourdis recueillit sur ses bâtiments les débris de l'armée assiégeante. Jusqu'à la fin, la marine avait fait complètement son devoir. Le 25 septembre, toute l'armée navale était mouillée en rade de Belle-Ile.

Toujours fidèle à son idée d'offensive, Sourdis avait obtenu du cardinal que l'armée navale du Ponant restât forte pour la campagne de 1639 de trente-neuf vaisseaux, de dix-neuf brûlots et de neuf flûtes[3]. Son objectif était une descente

---

1. De Ham, 1er septembre 1638. Eug. Sue, *Correspondance de... Sourdis*, t. II, p. 52. La minute de cette lettre forme le numéro 822 du *Musée des Archives nationales* ; 1872.

2. Le souvenir de ce fait d'armes se célèbre chaque année à Fontarabie, du 7 au 10 septembre, par trois jours de fêtes et de processions.

3. LISTE GÉNÉRALE DES VAISSEAUX DE L'ARMÉE NAVALE DE SA MAJESTÉ ÉQUIPÉE L'ANNÉE 1639. — Le président Amelot de Beaulieu était embarqué comme intendant de la justice, police et finances de l'armée navale.

Escadre de l'Amiral.

Le *Vaisseau du Roi*, servant d'amiral, le commandeur des Gouttes capitaine ; deux brûlots, les sieurs Brun et Matha capitaines ;

Le *Triomphe*, commandé par le sieur de Caen, id. et sergent-major de l'armée ;

Le *Saint-Louis*, le sieur de Saint-Étienne, id. ;

La *Reine*, le chevalier Jalesne, capitaine ;

L'*Espérance en Dieu*, La Rochalart, id. ; un brûlot, Molé capitaine ;

La *Macaïde* [ou le *Maquedo*, vaisseau pris aux Espagnols], Du Quesne (Abraham), id. ; un brûlot, Jamin capitaine ;

Le *Saint-Martin*, Croiset, id. ;

sur les côtes d'Espagne, dans les parages de la Corogne. Le point était bien choisi. On connaît la valeur stratégique de ce coin des côtes de Galice qui commande les routes de l'Atlantique et dans le voisinage duquel tant de batailles navales ont été livrées.

Le 1ᵉʳ juin, Sourdis quittait le mouillage de Belle-Ile et

L'*Europe*, le commandeur de Chastellux, id. ;
La *Perle*, La Roullerie, id. ; un brûlot commandé par le sieur Gaudouin ;
La *Fortune*, Cazenac, id. ;
Le *Triton*, Montoutre, id. ; un brûlot, Collo capitaine ;
La *Victoire*, Senantes, id. ;
La *Cardinale*, Leschasserie, id. ; un brûlot, Baubrie capitaine ;
La *Royale*   } frégates destinées pour porter les ordres et faire les
La *Cardinale* } services de l'armée.

Escadre du Vice-Amiral.

La *Couronne*, le sieur de Launay-Razilly capitaine ;
Le *Petit Saint-Jean*, Razilly [Gabriel ou François ?], id. ; un brûlot commandé par Fanson Thibault ;
Le *Cardinal*, Couppeauville capitaine ;
La *Renommée*, le chevalier Garnier, id.; un brûlot, La Chesnaye capitaine ;
L'*Olivarez* [vaisseau pris aux Espagnols], Razet capitaine ;
Le *Grand Saint-Jean*, Beaulieu, id.; un brûlot, Vidault capitaine ;
Le *d'Oquendo* [vaisseau pris aux Espagnols], Guiton, id. ;
L'*Espagnol*, Luzeraye, id. ; un brûlot, Massé capitaine ;
Le *Corail*, La Chesnaye, id. ;
Le *Dauphin*, Boisjoly, id. ; un brûlot, Le Tillat, id. ;
Le *Faucon*, Du Menillet, id. ;
Le *Neptune*, de Villemoulin, id. ; un brûlot, Langlois capitaine.

Escadre du Contre-Amiral.

La *Vierge*, le sieur Cangé capitaine ;
La *Magdelaine*, Saint-Georges, id. ; un brûlot, le vieux Jamin, id. ;
Le *Coq*, Portenoire capitaine ;
La *Marguerite*, La Tireville, id. ; un brûlot, Fourchault capitaine ;
L'*Amirante* [vaisseau pris aux Espagnols], Daniel, id. ;
Le *Turc*, de Brocq, id. ; un brûlot, Robert capitaine ;
Le *Cygne*, Du Mé capitaine ;
L'*Émerillon*, Marsay, id. ; un brûlot commandé par le sieur de Saint-Michel ;
La *Licorne*, le chevalier Paul capitaine ;
L'*Intendant*, le sieur de Conflans, id.; un brûlot, Saint-Martin capitaine ;
Le *Saint-Charles*, le sieur Régnier, id. ;
L'*Hermine*, le sieur de Linières, id.; un brûlot commandé par le sieur Petitnormand, lequel s'est perdu comme M. de Caen l'amenait.

cinglait vers la Corogne. Arrivé en vue de cette ville, il put croire d'abord qu'il allait recommencer l'exploit de Gattari ; on apercevait, en effet, du large une flotte espagnole, de trente-cinq vaisseaux environ, mouillée dans le port. Cette fois l'ennemi avait pris ses précautions ; il s'était retranché derrière une puissante estacade, appuyée par de nombreuses batteries à terre. Une attaque avait été décidée ; les capitaines de brûlots avaient « promis de faire merveilles » ; mais avec la direction de l'estacade, on se rendit compte que l'attaque ne pourrait produire son effet que par vents du sud-est. Croiser en attendant sur cette côte où la mer est très dure paraissait dangereux. On décida de partir si les vents ne changeaient point [1]. L'armée navale prit, en effet, bientôt la mer pour regagner les côtes de France. Au retour, elle fut assaillie par une violente tempête qui lui fit éprouver de grosses avaries.

Le commandant de l'armée navale avait la passion de la mer et de l'offensive. « Il ne faut pas céder, disait-il, ni au mal ni à la fortune ; cela m'aigrit et me fait résoudre d'achever par le feu ce que l'eau et le vent n'ont pu vaincre ou

Flûtes,

lesquelles font corps dans l'escadre de l'Amiral.
Les *Trois Moulins*, le sieur Chéron capitaine ; sert pour porter de l'artillerie ;
La *Terre de Promission*, porte idem, Simonneau capitaine ;
Le *Turc*, chargé d'agrès de vaisseaux, Aubery capitaine ;
La *Hache dorée*, portant des mâts, planches et bois, Roland Gelin capitaine ;
La *Fortune*, servant d'hôpital, Louis Le Maistre capitaine ;
L'*Anglais*, chargé de vivres, des Jardins, id. ;
La flûte commandée par Bourgaronne [le *Saint-Martin flamand* ?], chargée de pain ;
La flûte *Jean basse* (sic), où sont les vivres pour l'amiral ; — *Corneille basse*, chargée de vin.
A. M., B⁴ 1, fol. 286-287.
1. « Au conseil de l'armée navale tenu à bord de l'Amiral, à la rade de la Courogne, le 11ᵉ juin » 1639.

de faire périr les ennemis... Tout ce que je puis vous dire, c'est que ce métier — le rude métier de marin — tôt ou tard paye son maître [1]. » Dès que ses vaisseaux furent remis en état, il quitta de nouveau, le 7 août, le mouillage de Belle-Ile, qu'il appelait « le rendez-vous de tourmente ». Il courut sur les côtes de Biscaye ; le 13 août, il croisait devant Santoña et Laredo, deux petits ports à l'est de Santander. Il se porta brusquement devant Laredo, détruisit les forts de la côte, fit débarquer quelques compagnies, qui mirent la ville au pillage. Le 16, même opération et même résultat à Santoña[2]. Ce n'étaient que des coups de main, où Sourdis se proposait, suivant l'expression du temps, de « faire le dégât ». Il montra qu'il était au besoin un terrible « dégâtier ». Il aurait préféré sans doute rencontrer les escadres ennemies pour achever de les détruire ; mais, loin de songer à disputer l'empire de la mer, elles se dissimulaient dans les replis de la côte. Forte de la terreur qu'elle inspirait, l'armée navale de l'archevêque de Bordeaux rentra bientôt dans les ports de France.

En exprimant à Sourdis la joie que lui causait cette brillante croisière sur les côtes d'Espagne, le cardinal de Richelieu lui accordait une récompense peu commune ; elle dut être chère à son cœur d'archevêque et de Bordelais. « Le roi trouve bon que les pavillons que vous avez envoyés soient portés à Bordeaux et mis dans votre église, pour marquer à vos ouailles que tandis que vous n'avez pu les paître actuellement en terre, vous acquérez des lauriers sur la mer[3]. » Ce fut pour la ville de Bordeaux l'occasion d'une grande

---

1. Cité par JAL, *Abraham Du Quesne*, t. I, p. 97.
2. Santoña est appelé Saint-Ogne dans les documents français.
Du Quesne, commandant de la *Macaïde* ou du *Maquedo*, reçut à l'affaire de Santoña une balle de mousquet au menton.
3. De Langres, 29 août 1639, Eug. SUE, *Correspondance de... Sourdis*, t. II, p. 127. Cf. p. 130, 132.

fête militaire et religieuse. Les quatre drapeaux pris sur les Espagnols furent portés en triomphe à travers les rues de la ville, avec toutes les compagnies en armes et remis solennellement par les jurats dans la cathédrale de Saint-André. Le canon pris à Laredo servit aussi à fondre des cloches pour la cathédrale.

Pour la campagne de 1640, il y eut un chassé-croisé dans le commandement. Sourdis alla prendre sur la Méditerranée la place du jeune neveu de Richelieu, Armand de Maillé-Brézé ; celui-ci prit la sienne sur l'Océan. Cet amiral de vingt et un ans fit preuve pour ses débuts d'une audace digne d'être comparée à celle que son beau-frère Enghien allait bientôt montrer sur le champ de bataille de Rocroi.

Le 21 juillet, Brézé croisait au large de Cadix, avec une escadre de vingt et un vaisseaux et de neuf brûlots. Il apprit que la flotte espagnole d'Amérique était mouillée devant ce port, prête à faire voile pour le Mexique. Après avoir pris conseil de son capitaine de pavillon et de son mentor, le commandeur des Gouttes, il signala à son escadre de marcher droit sur l'ennemi.

La bataille navale de Cadix [1] fut caractérisée par la plus vigoureuse offensive. Brézé fondit d'abord sur sa proie. Ce fut un corps à corps d'une extrême violence, où les Français éprouvèrent leur part d'avaries, mais acquirent tout de suite, grâce à l'impétuosité de leur attaque, la possession du champ de bataille. La nuit étant survenue, l'ennemi voulut se dérober et rentrer dans la rade ; Brézé s'acharna à sa poursuite et lui coula encore trois galions. Le lendemain au matin, il était à l'entrée même de la baie de Cadix ;

1. 22-23 juillet 1640.

mais il n'avait plus avec lui que six vaisseaux, les autres
s'étaient égarés ou n'avaient pas pu suivre son allure
rapide. Le bouillant amiral voulait pénétrer à l'intérieur
même de la rade. Des Gouttes lui objecta qu'il était impru-
dent de s'engager à fond, quand il n'avait plus sous la main
que deux brûlots ; la victoire lui appartenait, puisqu'il était
maître du champ de bataille et qu'il avait coulé six galions
ennemis ; il ne fallait pas la compromettre. Brézé se rendit à ces conseils de sagesse ; ils cadraient mal cependant
avec son tempérament de lutteur à outrance, convaincu
avec raison que la vraie victoire est celle qui aboutit à la
destruction totale des forces de l'ennemi.

En cette même année 1640, un double malheur fondait
sur l'Espagne, qui semblait devoir favoriser les entreprises
maritimes de la France. Deux de ses provinces, la Catalogne et le Portugal, proclamaient à la fois leur indépendance. Rien n'était plus facile à la France, alors maîtresse
de la mer, que d'entretenir la guerre civile sur les flancs de
l'Espagne, au Levant, du côté de Barcelone, au Ponant, du
côté de Lisbonne. La possession de l'empire de la mer allait
permettre aux escadres de Louis XIII de porter la guerre
sur tout le pourtour de la péninsule, comme les Anglais
purent le faire plus tard, pour la même cause, à l'époque
de Philippe V et de Napoléon Ier.

Brézé fut chargé en 1641 de rester dans les eaux de Lisbonne ; il devait grossir son escadre d'une division de
galions qui portaient les couleurs de Jean IV de Bragance,
le nouveau roi de Portugal. En attendant que cette division
fût prête, il se mit en croisière entre le Tage et le cap Saint-
Vincent ; il fut rejoint, à la fin de septembre, par l'escadre
alliée des Provinces-Unies. Il n'y eut point d'ailleurs de
bataille navale ; les Espagnols avaient pris le parti de se

dérober; les gros temps d'automne étaient survenus. Les escadres alliées opérèrent leur dislocation.

L'année suivante, Brézé passait dans la Méditerranée pour remplacer Sourdis tombé en disgrâce.

CHAPITRE VIII

CAMPAGNES EN MÉDITERRANÉE
1635-1642

Travaux de fortification en Provence. — Prise par les Espagnols des îles de Lérins, 1635. — Campagne de 1637. — Sourdis à Oristano. — Reprise des îles de Lérins. — Affaire de Saint-Tropez. — Projets du bailli de Forbin. — Démonstrations devant Alger. — Campagne de 1638. — Bataille de Gênes, 1er septembre 1638. — Campagne de 1640. — Campagne de 1641. — Combats de Tarragone, 4 et 5 juillet 1641. — Disgrâce de Sourdis. — Campagne de 1642. — Combats de Barcelone, 30 juin-1er juillet 1642.

Quand la guerre avait éclaté entre la France et l'Espagne, Richelieu s'était préoccupé de faire mettre en état de défense les côtes et les îles de Provence ; les îles en particulier, îles d'Hyères et îles de Lérins, étaient des positions de valeur, car elles se trouvaient à peu près sur la route que suivaient les galères d'Espagne pour se rendre de Catalogne à Gênes ou en Toscane. Il écrivait [1] à l'intendant Particelli d'Émery, qui surveillait les travaux de l'ingénieur Du Plessis-Besançon [2] : « Je vous prie de faire doubler les

---

1. Le 14 avril 1635. *Lettres*, éd. AVENEL, t. IV, p. 707.
Autre lettre, du 23 avril 1635 ; *ibid.*, p. 724. « Je suis très aise de voir ce que vous faites à la tour de Bouc [auprès des Martigues]. Vous pouvez juger à présent combien votre voyage en Provence était utile, cette province étant en vérité en proie aux ennemis, si on n'y eût pas pourvu comme vous faites. » Le ministre était inquiet d'un projet des Espagnols sur Six-Fours [auprès de Toulon], « où ils prétendent mettre pied à terre ».
2. L'ingénieur Du Plessis-Besançon avait déjà été employé aux travaux de la digue de la Rochelle. Il était l'auteur des machines, dites « chandeliers », qui avaient été placées en travers de l'ouverture de la digue. « Ces machines, dit Richelieu, furent, du nom de celui qui les fit, appelées Du Plessis-Besançon. »

ateliers autant que vous pourrez et faire que tous les lieux
où l'on travaille soient pourvus de gens et de munitions si
à propos que les ennemis n'y puissent faire descente... Il
faut pourvoir aussi bien à Antibes qu'aux autres lieux...
Je vous avoue que je désire passionnément que les travaux
que vous faites pour garantir les îles soient en état de
défense, car je crains que les ennemis ne se saisissent du
cap et du port de l'Angoustier ou le Porteron [1]. Il ne se
peut rien faire présentement plus à propos que ce que vous
avez mandé ; la question est de le faire diligenter. »

Ces craintes furent promptement réalisées, sur un autre
point de la côte provençale. Dans les journées du 13 et
15 septembre 1635, une flotte de vingt-deux galères espagnoles, conduite par le marquis de Santa-Cruz, s'était emparée, à l'improviste, des îles de Lérins ; la faible garnison,
qui s'y trouvait, avait tenu à peine pendant quelques
heures.

Quand on se promène aujourd'hui sur la plage si fréquentée de la Croisette, quand on voit presque à portée de
la main — il n'y a qu'une distance de douze cents mètres
— les murailles du fort de l'île Sainte-Marguerite, on se
demande en quelle misère la France maritime de Louis XIII
devait se trouver, pour qu'un pareil malheur fût arrivé,
dans les eaux mêmes de Cannes, à quelques heures à peine
de Toulon. Ce qui donne mieux encore la mesure de cette
impuissance, c'est que cette humiliation dura près de deux
ans ; les îles de Lérins ne furent reprises qu'au mois de
mai 1637. Pourquoi les Espagnols ne s'établirent-ils pas

---

1. Le Langoustier, avec les îlots de ce nom, forme la pointe occidentale
de l'île de Porquerolles. On y voit encore des ruines d'anciennes fortifications. — Au lieu de « le Porteron », il faut lire sans doute « de Port
Cros ».

sur la côte provençale elle-même? Au dire du bailli de
Forbin, il n'y avait en Provence « ni poudre ni salpêtre » ;
la chiourme ne se composait que d'un misérable rebut de
galériens « harassés, malades et nus » [1]. Quelle somme
d'énergie ne fut pas nécessaire à Richelieu pour tirer la
marine du Levant de cet abîme de misères et pour lui donner l'empire de la Méditerranée !

Comme la Provence était à peu près complètement
dégarnie, il fut nécessaire d'emprunter au Ponant ses forces
navales. Conduite par d'Harcourt et Sourdis, l'escadre du
Ponant, partie de l'île de Ré au mois de juin 1636, se
trouva un mois plus tard dans les eaux de Marseille et de
Toulon ; elle avait fait ce trajet sans rencontrer d'escadre
espagnole. Il n'y avait plus qu'à marcher hardiment à l'ennemi. C'est bien ce que voulait Sourdis. Mais des conflits
se produisirent entre l'archevêque de Bordeaux, « chef des
conseillers », et le comte d'Harcourt, lieutenant général de
l'armée navale : fâcheux résultat de la faute que Richelieu
avait commise en divisant le commandement. D'autres différends s'élevèrent entre les chefs de l'escadre et le
maréchal de Vitry, gouverneur de la Provence. Bref, toute
la fin de l'année se passa en querelles ou en évolutions sans
intérêt. L'escadre se transportait de Toulon à Antibes, elle
revenait d'Antibes à Toulon, en passant à une distance
respectueuse des îles de Lérins. En cette même année 1636,

---

1. Le sieur Férau, Français « ayant passé les meilleures années de son
âge au service du roi d'Espagne », adressait un mémoire à Richelieu pour
la réforme des galères. « Louant Dieu de voir qu'après une si longue non-
chalance de la navigation, la France a reconnu par votre moyen les grands
avantages qu'elle peut avoir en tout temps..., il me suffira de vous proposer les moyens de remédier à nos plus grands défauts touchant ce qui
regarde les galères, afin d'y établir un tel ordre à l'avenir qu'elles soient
toujours en bon état de servir et d'en avoir telle quantité qu'il plaira au
roi... » Bibliothèque nationale, Mss français, 17308.

les Espagnols s'emparaient par surprise de Corbie ; les
Impériaux venaient mettre le siège devant Saint-Jean-de-
Losne. Richelieu connut bien des tristesses avant de « relever le nom du roi dans les nations étrangères au point où
il devait être ».

Sourdis était impatient d'agir. Pour entraîner son escadre,
il décida tout à coup, en plein hiver, au mois de février,
de faire une pointe au milieu de la Méditerranée ; il avait
imaginé une descente dans l'île de Sardaigne, qui faisait
alors partie du domaine de la couronne d'Espagne ; c'était
rendre à Philippe IV invasion pour invasion. L'escadre
française, qui avait le champ libre, jetait l'ancre dans le
golfe d'Oristano [1]. Elle y resta pendant cinq jours, occupée
à démolir quelques batteries, à piller le pays, à s'y appro-
visionner ; puis elle revint en Provence, pour frapper le
coup que Richelieu attendait avec tant d'impatience.

Depuis près d'un an et demi qu'ils occupaient les îles
de Lérins, les Espagnols avaient eu le temps de les mettre
en un sérieux état de défense ; cinq forts avaient été construits à Sainte-Marguerite, un autre à Saint-Honorat ; la
division navale avait été renforcée. Les îles étaient tombées
en quelques heures aux mains des ennemis ; pour les faire
retomber entre les mains des Français, il fallut près de
deux mois d'opérations, du 24 mars au 14 mai.

Une première attaque contre Sainte-Marguerite, tentée le
24 mars, avait échoué ; le 28, les compagnies de débarquement, protégées par le feu des vaisseaux de Sourdis et de
d'Harcourt, purent mettre pied à terre. Chose curieuse : la
marine espagnole avait abandonné la partie ; il avait suffi

1. Le 22 février 1637.

que Sourdis lançât un brûlot dans l'étroit bras de mer —
de huit cents mètres à peine — qui sépare les deux îles,
pour que les défenseurs des deux forts fussent aussitôt
réduits à eux-mêmes. Les opérations de siège furent assez
longues. Le succès ne pouvait en être douteux, si l'escadre
française interdisait l'accès des îles. Elle était là, rangée en
bataille, prête à courir à l'ennemi. Aucun vaisseau espagnol ne se présenta. Bref, le 14 mai tout était fini ; les îles
étaient redevenues françaises. « Jamais, dit le père Fournier, qui a laissé dans son *Hydrographie* un récit
détaillé de ces opérations, jamais il ne s'est vu une si belle
ordonnance, et tous ceux qui y ont assisté ne croient pas
que jamais il se soit fait aucune attaque sur mer, comparable à celle-ci. »

La flotte espagnole, arrivée trop tard pour conserver les
îles, essaya de prendre autre part sa revanche. Un mois plus
tard, le 15 juin au matin, vingt et une galères du roi Catholique se présentèrent devant le port de Saint-Tropez. Les
habitants coururent aux batteries ; quatre vaisseaux, qui
étaient dans le port, prirent part au combat. Au bout de
trois heures, les galères espagnoles disparurent au large. Le
souvenir de ce combat du 15 juin 1637 est resté très vivant
à Saint-Tropez[1] ; chaque année, à la date anniversaire, il

---

1. La salle de la mairie de Saint-Tropez possède trois curieuses pein-
tures du temps qui se rapportent à ce combat. De plus, on y lit ceci :
« Extrait des registres des délibérations du conseil de la commune de
Saint-Tropez pendant l'an 1637.
« Du cinquième jour du mois de juillet 1637...
« S'est assemblé le conseil vieux et nouveau à la manière accoutumée.
[Suivent les noms des assistants.] Les sieurs consuls ont remontré au conseil que la communauté et les habitants de Saint-Tropez ont sujet de
remercier le Souverain Dieu de la grâce et faveur qu'il nous fit, le quinzième
jour du mois de juin dernier au matin, de nous avoir donné la force de nous
défendre de l'attaque que nous firent vingt-une galères d'Espagne, qui nous
combattirent environ trois heures.

est rappelé par une grande fête patriotique, à laquelle prennent part les marins du poste de torpilleurs, et qui se termine par force explosion de pièces d'artifice autour de la statue du bailli de Suffren.

A présent que la mer était libre, il semblait que l'armée navale dût s'employer à quelque entreprise hardie. Le bailli de Forbin proposait d'aller prendre les deux forts qui commandaient l'entrée du golfe de Spezia[1] ; ce serait le moyen d'intercepter la navigation entre Gênes, Livourne et Naples, « et les Lucquois s'en ressentiraient pour le port de Viareggio ». Il parlait aussi de s'emparer de Nice par surprise : « M. le cardinal de Savoie est tout seul ; il ne va presque jamais au château. J'y enverrai un homme, sous prétexte d'acheter des barils, qui m'en rapportera la vérité. » Ni l'un ni l'autre de ces coups de main ne fut tenté.

Sourdis reçut des instructions[2] pour détacher quelques bâtiments de l'armée navale, « bien armés et équipés », et les envoyer « en la côte d'Alger », en vue de négocier un traité et de procéder à un échange de prisonniers. Une division fut formée sous les ordres de M. de Mantin[3]. Au lieu de se présenter en masse devant Alger, elle s'égrena sur mer. Deux vaisseaux arrivèrent d'abord, l'*Intendant* et l'*Espé-*

« Sur quoi requis le conseil de vouloir délibérer qu'à l'avenir ce jour-là on fera fête à la ville et se fera procession générale en actions de grâces.

« A été adopté par le conseil. »

1. « Au goulfe de l'Espessy » (*sic*). « Dessein fait par M. le bailli de Fourbin touchant ce qui est nécessaire à faire en Provence, » 1637. A. M., B⁴ 1. Il répète les mêmes plaintes qu'auparavant. « Il n'y a ici ni mèche ni plomb, peu de pierriers, peu de poudre, point de chairs salées et il y a grande difficulté d'en trouver... Si l'on eût formé à Toulon le corps de mille hommes dont j'ai tant crié, nous ne serions pas en cette peine ni réduits à prendre les soldats tels qu'ils s'offriront. »

2. En date du 7 août 1637. Eug. Sue, *Correspondance de... Sourdis*, t. II, p. 381.

3. M. de Mantin, vice-amiral de France, commandait, en 1627, un « amas de vaisseaux » réuni à l'embouchure du Blavet.

rance ; Mantin se présenta à son tour et il essaya d'entrer
en pourparlers. Le mouillage était très mauvais en rade, on
était à la fin de novembre. Les Français, qui n'avaient pu
obtenir de descendre à terre, reprirent le large au bout
d'une dizaine de jours. Le résultat de cette vaine démonstration fut d'amener une nouvelle insulte des Barbaresques ;
leurs galères allèrent incendier le Bastion de France et y enlever trois cent dix-sept prisonniers. Triste et monotone histoire, toujours la même. En 1640, un autre lieutenant de
Sourdis, le commandeur de Montigny, titré vice-amiral pour
la circonstance, alla montrer encore dans les eaux d'Alger
le pavillon royal. La vraie solution ne devait être trouvée
que deux siècles plus tard.

L'année 1637 avait terminé la guerre défensive sur les
côtes de Provence ; l'année 1638 ouvrit la guerre offensive.

Quelques jours après la belle victoire de Sourdis à Gattari, sur les côtes de Biscaye, l'escadre des galères du
Levant, forte de quinze bâtiments, commandée par Pont-
Courlay, avait aussi sa victoire. Sortie de Marseille, elle
était en reconnaissance au delà des îles d'Hyères. A la hauteur de Villefranche, Pont-Courlay apprit que des galères
d'Espagne se trouvaient à Final Marina, sur la rivière de
Gênes. Il donna l'ordre d'aller à leur recherche et il les
découvrit le 1er septembre. Surprises par cette brusque
offensive, les galères d'Espagne firent force de rames pour
chercher un abri dans le port de Gênes[1]. Les galères de
France prévinrent cette manœuvre ; elles purent devancer
l'ennemi et lui barrer la route. La bataille navale de Gênes

---

1. Relation publiée par Eug. Sue, *Correspondance de... Sourdis*, t. II,
p. 79-82.

fut une terrible mêlée ; Français et Espagnols se canon-
nèrent à bout portant avec un acharnement sans égal. Les
Français perdirent trois galères, la *Maréchale*, la *Valbelle*,
la *Servienne* ; mais ils en prirent six aux Espagnols, dont la
Réale d'Espagne, la *Capitane de Sicile*, et ils forcèrent les
autres à se réfugier à Gênes dans le plus grand désordre.
Le 13 octobre suivant, Pont-Courlay faisait dans le port de
Marseille une entrée triomphale ; il ramenait, comme des
dépouilles opimes, les galères enlevées à l'ennemi, dont les
bannières, guidons et étendards traînaient dans la mer. Ces
trophées furent ensuite portés solennellement à la cathédrale de la Major.

L'énergique offensive de Pont-Courlay avait eu pour
résultat de chasser de la Méditerranée le pavillon espagnol ;
le pavillon français y régnait sans conteste. En 1640,
Sourdis, qui était repassé en Méditerranée, poussa de nombreuses reconnaissances vers Gênes, Livourne, Civita-
Vecchia, l'île d'Ischia, Naples ; il fit plusieurs prises au
cours de ses croisières ; mais ses provocations restèrent sans
effet. Les flottes espagnoles se refusaient à présent à tout
contact, elles restaient obstinément au fond des ports. La
Méditerranée occidentale était devenue une mer française.

L'insurrection de la Catalogne donna une nouvelle activité à la guerre maritime dans les parages de Tarragone et
de Barcelone. Il y eut à ce propos plusieurs opérations combinées entre les armées de terre et de mer ; la marine y
joua encore un rôle très important.

En 1641, au mois d'avril, une armée française, commandée par La Mothe-Houdancourt, avait commencé, du côté
de la terre, le siège de Tarragone. Sourdis critiquait ce plan

de campagne ; il estimait que des opérations du côté du
Roussillon avaient plus de chances de succès ; conquérir la
Catalogne sans avoir conquis le Roussillon, c'était, d'après
lui, « commencer à écorcher l'anguille par la queue[1] ». Suivant les instructions qu'il avait reçues, il vint prendre part
au blocus avec l'escadre du Levant. Le 3 juillet, quand il
croisait aux embouchures de l'Èbre, il apprit l'arrivée d'une
flotte espagnole de secours. Sur une côte découverte comme
celle de Tarragone il est très difficile de prendre une position qui ne laisse place à aucun passage. Sourdis ne put
empêcher le lendemain onze galères ennemies de se glisser
entre ses propres vaisseaux ; ce fut d'ailleurs pour leur
ruine. Le cercle d'investissement se referma derrière elles,
aucune n'échappa à sa perte. Trois galères espagnoles
s'étaient jetées à la côte. Du Quesne, à la tête d'une division volante, alla les canonner et les détruire[2]. Une galère,
la *Vincheguerre*, sous le commandement du chevalier
Philandre de Vinciguerra, avait eu un rôle très énergique
dans la remorque des vaisseaux et dans un duel d'artillerie
contre les batteries du port.

La flotte des galères était l'avant-garde d'une escadre
espagnole qui se concentrait à Carthagène. Sourdis, qui
l'apprit, voulait lever momentanément le blocus de Tarragone pour surprendre les ennemis au milieu de leurs préparatifs ; il espérait sans doute qu'il trouverait une occasion
de renouveler l'exploit de Gattari. Ce plan était d'un
homme de guerre ; cependant, pour des raisons qu'on ignore,
il fut décidé qu'on attendrait l'ennemi au mouillage. Les
Espagnols se présentèrent, le 20 août, avec des forces
doubles des forces françaises.

---

1. Lettre à d'Argenson, intendant de l'armée ; 17 avril 1641. Eug. Sue,
Correspondance de... Sourdis, t. II, p. 570.
2. Les 4 et 5 juillet 1641.

Fidèle à sa tactique, Sourdis courut à l'ennemi. Tandis qu'il livrait bataille avec son énergie coutumière, il ne prenait pas garde qu'il s'éloignait de la côte et qu'il dégarnissait ainsi l'accès du port. Le commandant d'un convoi de cinquante brigantins saisit ce moment pour pénétrer dans Tarragone. Il y réussit ; du coup la place était ravitaillée. Au large, la bataille se continua pendant la journée du 20 et du 21 ; l'escadre espagnole, incapable de résister à ces assauts répétés, se retira sur Barcelone. D'ailleurs, la bataille n'avait plus pour elle d'intérêt, puisqu'elle avait atteint son objectif. Sourdis voulait à tout prix poursuivre cette escadre et la détruire ; mais ses galères n'avaient plus d'eau, plusieurs de ses bâtiments avaient beaucoup souffert de ces deux jours de combat. Les officiers, consultés en conseil de guerre, furent d'avis qu'on ne pouvait plus tenir la mer pour le moment, qu'il fallait rentrer à Toulon. Sourdis se rendit à cet avis. L'armée navale revint en Provence.

Ce fut la dernière campagne de l'archevêque de Bordeaux. Une cabale s'était formée contre lui ; elle exploita, en les dénaturant, les divers événements du blocus de Tarragone. Les protestations de ses officiers ne sauvèrent pas le malheureux amiral [1] ; un ordre du roi l'exila à Carpentras. Richelieu avait bien vite oublié les grandes obligations que la marine du Levant et du Ponant avait au libérateur des îles de Lérins, au vainqueur de Gattari.

---

1. « Tous les capitaines des vaisseaux soussignés se soumettent à avoir a tête tranchée, si tous les articles ci-dessus [treize articles sur divers épisodes de la campagne de 1641] ne contiennent la pure vérité, lorsqu'il plaira au roi et à son Éminence agréer que la vérification en soit faite. Fait à Toulon, ce dernier septembre 1641. Signé : le chevalier de Cangé, le chevalier Darrérac, Cazenac, Chastellux, Saint-Étienne, le chevalier Paul, Pontesières, Luzeraye, Garnier, Du Quesne, le chevalier de Quélus, Leschasserie, Marant, Banault. » A . M., B⁴ 1, fol. 407.

Cependant l'histoire militaire est en droit de reprocher à l'énergique commandant au chef une faute dans les affaires de Tarragone ; il eut le tort de ne pas imposer l'exécution de son plan, quand il voulait courir sus à l'escadre espagnole avant qu'elle fût sortie des eaux de Carthagène.

Armand de Brézé, le jeune vainqueur de Cadix, vint prendre, en 1642, dans la Méditerranée, le commandement que la disgrâce de Sourdis avait laissé vacant. Plusieurs combats furent livrés par lui à la hauteur de Barcelone.

Le 30 juin, les vaisseaux ronds que Brézé avait amenés de Brest et les galères que Forbin avait amenées de Toulon étaient réunis dans le port de Barcelone. Une escadre espagnole est signalée au large. Malgré le vent contraire, Brézé donna aussitôt l'ordre de sortir : « où le marquis de Brézé et son conseil de guerre firent voir combien ils désiraient le combat ; car, le pouvant différer avec grande raison, parce qu'ils avaient le vent contraire, ils ne laissèrent pas de donner. » Les Français finirent par obtenir l'avantage du vent. Brézé se jeta au milieu de l'escadre espagnole, « avec un tonnerre de canonnades qu'il leur détacha des deux bords... Si l'admiration des ennemis était grande, l'admiration des domestiques du marquis de Brézé n'était pas moins grande, le voyant ainsi au milieu des ennemis, tout environné de feu et de fumée [1] ». A la fin de la journée, les Espagnols avaient perdu quatre vaisseaux, leur flotte était en pleine retraite.

La bataille reprit le lendemain, 1er juillet. Elle fut marquée par la mort héroïque de l'un des meilleurs capitaines

---

1. *Relation des combats d'entre l'armée navale du roi, commandée par le marquis de Brézé, et celle d'Espagne... Du bureau d'adresse, le 8 août 1642.*

de l'armée navale, le chevalier de Cangé. Le feu avait pris
à son bâtiment. Déjà blessé lui-même d'un coup de mousquet, il fit embarquer son équipage sur des chaloupes.
Pour lui, il refusa d'abandonner le navire que le roi lui
avait confié ; il mourut englouti avec son vaisseau. « Un
amiral, dira Brueys à Aboukir, doit mourir sur son banc
de quart. »

Le combat du 1er juillet avait complété la victoire de la
veille. La flotte espagnole se réfugia à Majorque. Quant à
l'escadre de Brézé, elle reprit sa position dans les eaux de
Barcelone ; elle restait maîtresse des côtes d'Espagne. Elle
rentra à Toulon seulement le 27 octobre.

Richelieu mourut en décembre de cette même année
1642. Il pouvait contempler avec orgueil les résultats de
son œuvre maritime. Quel chemin parcouru depuis 1624,
et même depuis 1635 ! Les flottes royales avaient commencé par protéger les côtes de France, puis elles s'étaient
élancées à la conquête de la mer. Sur l'Océan, les côtes de
Biscaye, de la Galice et de l'Andalousie ; sur la Méditerranée, les côtes de Provence, de Sardaigne, de Gênes, de
Toscane et de Catalogne avaient retenti des exploits de
leurs commandants. Un corps d'officiers de premier ordre
s'était formé, et la France était en train de se saisir de
l'empire de la mer.

Tout en s'applaudissant de ces résultats admirables,
Richelieu dut comprendre que son œuvre maritime avait
failli être arrêtée à plusieurs reprises dans son essor par les
difficultés qu'il avait rencontrées à employer les mêmes
escadres au Ponant et au Levant. Pour que la France eût
la marine que réclamaient sa situation géographique et sa
politique, il fallait qu'elle eût deux escadres indépendantes,

qui pourraient toujours au besoin s'unir, mais qui étaient destinées à opérer dans leur domaine propre : une escadre de l'Atlantique et une escadre de la Méditerranée. Chacune d'elles devait être bien complète, devait avoir ses ports, ses chantiers, ses arsenaux, tous ses instruments de combat, gros vaisseaux, bâtiments rapides, brûlots, sans être obligée de commettre la fortune d'une campagne navale aux lenteurs et aux hasards de la circumnavigation des côtes d'Espagne.

CHAPITRE IX

Après la mort de Richelieu. — Le duc de Brézé, grand maître, chef
et surintendant général de la navigation et commerce. — Anne
d'Autriche, surintendante de la navigation et commerce. — Le duc
de Vendôme, grand maître, et son fils, le duc de Beaufort, en survivance. — Mazarin et la marine. — Dépenses pour la marine.

Lorsque Richelieu mourut, en décembre 1642, il n'avait
que cinquante-sept ans. Sa mort était prématurée ; ce
vaste génie, qui avait incarné pendant dix-huit ans les
destinées de la France, qui avait mené de front toutes les
affaires de l'État, n'avait pu terminer son œuvre dans son
ensemble; bien des parties restaient inachevées. Qu'allait
devenir en particulier le programme maritime dont il avait
commencé l'exécution? Ses successeurs sauraient-ils comprendre que la France avait un besoin aussi impérieux de
ports et d'escadres que de citadelles et d'armées de terre?
Les destinées de la marine royale devaient dépendre de la
manière dont les continuateurs de Richelieu rempliraient
leur rôle.

Louis XIII avait été associé pendant dix-huit ans à
l'œuvre de son ministre ; quoi qu'on en ait dit, il en avait
compris la grandeur et il lui avait prêté l'appui de son pouvoir absolu ; mais il survécut six mois à peine au cardinal.

Louis XIV n'avait même pas encore cinq ans, quand il
devint roi, au mois de mai 1643; bien des années devaient

s'écouler encore avant qu'il pût avoir une action personnelle. Le pouvoir était exercé par la veuve du feu roi,
Anne d'Autriche, à titre de régente. Intelligente, habile,
passionnée pour tout ce qui touchait à la grandeur ou à
l'autorité de son fils, elle n'était nullement préparée à
recueillir la succession d'un ministre qui l'avait toujours
tenue à l'écart des affaires ; en fait, la marine devait l'intéresser moins que toute autre partie du gouvernement.
Cependant, durant quatre années, de 1646 à 1650, elle eut,
officiellement du moins, la direction des affaires maritimes
avec le titre de surintendante de la marine et du commerce[1].
Par suite de quelles circonstances fut-elle amenée à assu-
mer l'autorité souveraine que le cardinal avait exercée sur
les choses de la mer ?

Le lendemain même de la mort de Richelieu, la grande
maîtrise et surintendance générale de la navigation et du
commerce était échue à son neveu, le duc de Brézé[2]. Le
nouveau grand maître périt quatre ans plus tard, en 1646,
à la bataille d'Orbetello. Le prince de Condé, premier
prince du sang, demanda alors, pour son fils, le héros de
Rocroi et de Fribourg, les titres maritimes que la mort
de Brézé venait de laisser vacants ; il donnait pour raison
que l'intention du cardinal avait été de conserver ces titres

1. Elle portait officiellement ce titre au masculin, comme dans ce document du 21 février 1647, relatif à l'enrôlement des matelots (A. M., A¹ 4) :
« Anne, par la grâce de Dieu reine régente de France et de Navarre,
mère du roi, possédant et exerçant la charge de grand maître, chef et
surintendant général de la navigation et commerce de France. »
2. Richelieu mourut le 4 décembre 1642 ; Brézé reçut la grande maîtrise
le 5. Le 12 décembre, le généralat des galères fut donné au duc de Richelieu, fils de Pont-Courlay.
Brézé se titrait ainsi : « Armand de Maillé duc de Fronsac, marquis de
Brézé et de Graville, pair de France, grand maître, chef et surintendant
général de la navigation et commerce de ce royaume, gouverneur et lieutenant général pour le roi ès villes et gouvernements de Brouage, la
Rochelle, pays d'Aunis et îles adjacentes. » A. M., A ¹ 4.

dans sa famille, et qu'ils n'en sortiraient pas en passant au duc d'Enghien, que son mariage avec la sœur de Brézé avait fait le neveu de Richelieu. En réalité, la maison de Condé avait moins pour but d'interpréter les dernières volontés du cardinal que de satisfaire sa propre ambition. Mazarin commençait à s'inquiéter des prétentions de cette maison, très avide d'honneurs et d'argent; pour couper court à ses convoitises, il décida la reine à s'attribuer les titres en question. Anne d'Autriche devint ainsi surintendante de la navigation et du commerce, avec les gouvernements de la Rochelle et de Brouage[1]. Le prince de Condé ne dissimula pas son mécontentement ; à Paris, des couplets satiriques tournèrent en ridicule la décision de la régente[2] ; cela n'empêcha pas cette situation singulière de se prolonger quatre années. Le rôle que joua le prince de Condé pendant la Fronde montre que les appréhensions de Mazarin étaient justifiées ; le titre qu'il convoitait ne lui aurait probablement servi qu'à désorganiser les services de la marine, tandis que le maintien de la surintendance entre les mains de la reine les sauva en partie de l'influence néfaste de la Fronde.

En 1650, au cours de la Fronde, le premier ministre qui tenait à gagner à la cause royale la puissante maison de Vendôme, fit céder la surintendance de la navigation et du commerce au duc César de Vendôme, fils naturel de Henri IV et de Gabrielle d'Estrées ; la reine s'en dessaisit en sa faveur[3]. Par la même occasion, la survivance de la

---

1. Le 4 juillet 1646. JAL, *Abraham Du Quesne*, t. 1, p. 154 ; CHÉRUEL, *Histoire de France pendant la minorité de Louis XIV*, t. II, p. 220.

2.　　　　　Ou vous rendrez la marine,
　　　　　　Ou vous irez aux Feuillantines.

3. Le plus ancien document des archives de la Marine où César de Vendôme porte son nouveau titre, est daté du 11 octobre 1650 : « Notre très

grande maîtrise ou, suivant l'expression courante, de l'amirauté de France, fut accordée au duc de Beaufort, second fils du duc de Vendôme. A ce titre, le roi des halles devait un jour commander des expéditions contre les Barbaresques et trouver une mort glorieuse devant Candie.

En fait, le véritable successeur de Richelieu, ce fut un étranger naturalisé Français, devenu cardinal et premier ministre, Jules Mazarin.

Cet Italien, qui dirigea pendant dix-huit ans, de 1643 à 1661, toute la politique de la France, contribua, lui aussi, à « relever le nom du roi dans les nations étrangères ». Si l'on se rappelle tout ce qu'il fallut de volonté persévérante, d'intelligence et d'habileté pour arriver à la signature des traités de Westphalie et des Pyrénées, on comprend qu'il ait eu le droit de répondre aux courtisans qui se moquaient de son accent, qu'à défaut de son langage, son cœur était français. Mais dans quelle mesure a-t-il continué l'œuvre maritime de son prédécesseur?

L'opinion courante est que Mazarin a négligé la marine. Le dernier historien de son ministère a protesté contre ce reproche [1]. Les dépêches officielles du cardinal offrent, en effet, des preuves de la sollicitude avec laquelle il a suivi, à différentes reprises, les armements maritimes qui se faisaient contre l'Espagne. Cependant l'attention qu'il porta aux choses de la mer ne fut jamais chez lui que secondaire et accidentelle ; son énergie se dépensait avant tout à nouer des combinaisons diplomatiques et à déjouer les intrigues qui minaient son pouvoir.

cher et très amé oncle le sieur duc de Vandosme, pair, grand maître, chef et surintendant général de la navigation et commerce de France. » A. M., A¹ 5.

1. Chéruel, *Histoire de France sous le ministère de Mazarin*, t. II, p. 328.

Colbert, qui était alors l'intendant de la fortune privée du cardinal, le voyageur Thévenot[1] montraient au ministre l'importance du commerce maritime et de la marine en général[2]. Celui-ci lui adressait un mémoire, en 1654, sur les avantages que présentait la fondation de compagnies de commerce[3]. « L'exécution de ce dessein ferait venir une infinité d'argent en France, ferait que le roi aurait quantité de gens qui entendraient bien la mer, et dont il pourrait se servir, en nécessité, dans ses armées navales, et ferait encore que la France dominerait sur la mer comme elle domine sur la terre. » Le ministre ne répondit pas à ces conseils patriotiques.

Cependant Mazarin affecta pendant quelque temps à la marine de guerre des sommes assez importantes. La première année de son ministère, la dépense pour la marine était représentée par trois millions et demi de livres. Ce chiffre s'éleva jusqu'à près de cinq millions en 1647, l'année où un vigoureux effort fut tenté pour une campagne maritime en Italie. Ce fut là le chiffre le plus élevé. Dès lors, soit à cause des désordres politiques de la Fronde, soit à cause des préoccupations des guerres continentales, soit à cause du gaspillage financier de cette triste époque où la France mourait de faim pendant que des ministres élevaient des fortunes scandaleuses, les dépenses, après avoir oscillé,

---

1. Melchisédech Thévenot, né à Paris vers 1620 ; auteur de *Relation de divers voyages curieux* et *Recueil de voyages*.
2. Aux côtés même de Mazarin, le surintendant des finances Fouquet s'occupait de la marine comme de beaucoup de choses, mais c'était pour s'assurer des créatures ; ainsi le commandeur de Neuchèze et d'autres officiers de marine, Fricambault, d'Alméras, des Ardens, passaient pour être à sa dévotion. CHÉRUEL, *Mémoires sur la vie... de Fouquet*, t. I, p. 398 ; JAL, *Abraham Du Quesne*, t. I, p. 238.
3. CHÉRUEL, *Histoire de France sous le ministère de Mazarin*, t. II, p. 24.

pendant quelques années, entre deux et trois millions, descendirent, en 1655, au chiffre ridiculement infime de trois cent cinquante cinq mille cent quatre-vingt livres, et, en 1656, au chiffre, plus bas encore, de trois cent douze mille et quelques livres. Aucune entreprise n'était possible avec des ressources aussi limitées, qui réduisaient à peu près à néant les efforts de Richelieu ; la marine ne mourait pas tout à fait, et c'était tout. Un chiffre encore qui a sa triste éloquence est celui des dépenses faites au port de Brest pour achat de matières et pour travaux : de 1657 à 1661, elles dépassèrent à peine seize mille cinq cent livres par an [1].

En somme, comment caractériser, au point de vue maritime, la période de dix-huit ans qui sépare le grand ministère et le grand règne, Richelieu et Louis XIV, ou mieux Richelieu et Colbert ? Mazarin n'a pas négligé la marine de parti pris ; mais quelle différence entre la passion ardente et féconde de Richelieu et l'attention un peu superficielle de son successeur ! Les idées créatrices, les fondations durables, les entreprises à longue échéance font défaut à cette période de l'histoire maritime de la France ; mais, d'autre part, la marine de guerre continua à agir avec vigueur pendant quelques années encore. L'intérêt de cette période historique se concentre surtout dans l'exposé de campagnes navales, trop peu connues d'ordinaire, qui furent la continuation de l'impulsion vigoureuse imprimée à la marine par Richelieu.

---

1. P. Clément, *Lettres de Colbert*, t. III, 1re partie, p. 3.

CHAPITRE X

CAMPAGNES SUR LES CÔTES D'ESPAGNE
1643-1655

Opérations en Catalogne. — Carrière du duc de Brézé. — Campagne
de 1643. — Combat de galères devant Barcelone, 9 août 1643 ;
M. de Baillibaud. — Brézé à la recherche de l'ennemi. — La
bataille de Carthagène, 4 septembre 1643. — Campagne de 1644. —
Campagne de 1645. — Campagne de 1652. — Campagne de 1655 ;
Mercœur et Vendôme. — Opérations devant Barcelone, 29 septembre–1er octobre 1655.

En recueillant l'héritage de Richelieu, Mazarin avait à
continuer la guerre contre la maison d'Autriche. Si la
branche cadette n'était guère attaquable que par la vallée du
Danube, — qui eût songé alors à aller chercher par Trieste
la route de Vienne ? — la branche aînée ou espagnole possédait une immense étendue de côtes qui la rendait vul-
nérable par mer. Sans parler des colonies dont l'éloignement semblait défier toute attaque, — ce fut cependant alors
que les marins de Cromwell s'emparèrent de la Jamaïque,
— l'Espagne avait à défendre les côtes de la péninsule avec
Cadix, Carthagène, Barcelone, les Pays-Bas avec Dunkerque et Anvers, la Sicile, le royaume de Naples, la Sardaigne, les présides de Toscane. Beaucoup de ces possessions étaient éloignées de la métropole, habitées par des
peuples qui ne supportaient qu'avec peine le joug étranger ;
elles offraient un champ étendu à des marins audacieux.

Dans la Méditerranée, trois régions, la Catalogne, la Tos-

cane et Naples allaient être pour la marine française le
théâtre d'exploits brillants, mais malheureusement sté-
riles.

A la mort de Louis XIII, la Catalogne, soulevée depuis
trois ans contre le roi Catholique, était occupée par les
armées de la France, à l'exception de trois places : deux
sur la côte, Rosas et Tarragone, une sur l'Èbre, un peu
en amont du delta, Tortose. La prise de ces places devait
dégager Barcelone, qui, situé entre Rosas et Tarragone, se
trouvait en mauvaise posture, et amener du coup la fin de
la guerre par l'occupation complète de la province. Le maréchal de La Mothe-Houdancourt, qui commandait l'armée de
terre, devait faire tomber ces places avec le concours de
l'armée navale. Il s'agissait d'opérations combinées, où un
rôle de première importance était réservé aux escadres ;
contribuer au blocus, assurer le ravitaillement des troupes,
écarter la flotte ennemie, tel devait être le rôle du commandant de l'escadre de la Méditerranée.

Jean-Armand de Maillé, duc de Brézé, était le fils
d'Urbain de Maillé, maréchal de France, qui avait pris part
à la conquête du Roussillon, et de Nicole du Plessis, l'une
des sœurs du cardinal. Petit, gauche, de démarche lente, il
n'avait pas les dehors du commandement ; mais son oncle,
qui savait choisir les hommes, avait discerné en lui les qualités de l'homme d'action. Il ne s'était pas plus trompé en le
mettant à la tête de la marine que lorsqu'il avait donné le
commandement de l'armée de Picardie à son beau-frère, le
jeune duc d'Enghien. Si Richelieu avait vécu jusqu'en 1643,
il aurait vu à quel point les victoires de Rocroi et de Carthagène avaient justifié la confiance qu'il avait mise en ses
deux neveux. Mais, tandis que Condé devait, pendant de

longues années, se couvrir de gloire sur les champs de bataille et se retirer ensuite dans son apothéose de Chantilly, son beau-frère devait mourir à vingt-sept ans à peine, trompant les espérances que la France avait fondées sur lui.

Né en 1619, Brézé avait commencé sa carrière militaire à dix-neuf ans, comme mestre de camp dans l'armée de Flandre ; à vingt et un ans, il était entré dans la marine, comme commandant de l'armée navale du Ponant. Sa carrière avait été aussitôt marquée par deux succès, une victoire devant Cadix en 1640, une autre devant Barcelone en 1642. A partir de 1643, son escadre régna en maîtresse dans la Méditerranée occidentale.

Au début de la campagne de 1643, Brézé était allé chercher à la Rochelle une division navale. De retour à Toulon, il s'était heurté à des difficultés matérielles dues au manque de fonds ; les ouvriers qui n'étaient plus payés depuis quinze jours avaient pris le parti d'abandonner le travail ; il avait été obligé de faire lui-même un emprunt personnel auprès de ses amis « pour mettre l'armée en état de sortir bientôt [1] ». Il parvint enfin à prendre la mer dans les premiers jours du mois d'août. Son escadre, forte de trente-sept voiles, se composait des trois types d'unités de combat qui furent dès lors presque toujours réunis, vaisseaux ronds, galères et brûlots, comme les escadres d'aujourd'hui se composent de cuirassés, de croiseurs rapides et de torpilleurs.

L'escadre française était au mouillage devant Barcelone, lorsque, le 9 août, les vigies du fort de Monjuich signalèrent,

---

1. Lettre de Brézé à son père, 19 juillet 1643. Jal, *Abraham Du Quesne*, t. I, p. 133.

dans la direction du nord, des navires espagnols qui faisaient route sur Rosas. Brézé, qui avait pour principe
essentiel de courir sus à l'ennemi, donna aussitôt l'ordre de
faire appareiller une division de chasse. Elle fut composée
de six vaisseaux à voile [1] et de neuf galères [2] ; le commandement en fut donné à M. de Baillibaud, chef d'escadre
des galères [3]. Les conditions étaient peu favorables à une
action rapide ; la brise était faible, les vaisseaux ronds ne
pouvaient pas avancer ; les galères durent les prendre à la
remorque. Singulier procédé de marche, que les marines
contemporaines ne connaissent plus, à présent où tout
vaisseau a, par tous les temps, la possibilité de se mou-
voir. Bien que la chiourme fît effort sur les rames, la division française n'avançait qu'avec une extrême lenteur.

Les galères, « pressées d'un ardent désir de combattre [4] »,
larguèrent bientôt la remorque ; elles craignaient de voir
l'ennemi leur échapper. Faisant force de rames, elles
prirent contact avec les Espagnols. Un seul vaisseau rond,
la *Duchesse*, que commandait le chevalier de La Ferté,
avait été remorqué assez loin pour prendre part à l'action ;
les autres se bornèrent à canonner l'ennemi à distance, sans
lui faire probablement grand mal. Mais les neuf galères
attaquèrent les Espagnols avec furie. Baillibaud, qui diri-

---

1. Le *Saint-Charles* (Mathurin Gabaret, dit Gabaret le Gaucher), le
Lion couronné (des Gouttes), la *Perle* (Marant), l'*Europe* (La Lande), le *Triton* (Saint-Martin), la *Duchesse* (La Ferté).
2. La *Baillibaude* (Baillibaud), l'*Aiguebonne* (Aiguebonne), la *Saint-Philippe* (La Motte), la *Baronne de la Garde* (baron de la Garde), la *Renarde*
(La Renarde), la *Leirargue* (Leirargue), le *Coq* (La Tour, lieutenant du sieur
de Chastellux), la *Vigilante* (Lescoure, lieutenant du sieur d'Ornano), le
Saint-Germain (Lescase, lieutenant de Louis Foucault de Saint-Germain,
comte du Daugnon).
3. Louis Du Drenel, sieur de Baillibaud.
4. Relation publiée par CHÉRUEL, *Histoire de France pendant la minorité
de Louis XIV*, t. I, p. 398-401.

geait l'action du pont de la *Baillibaude*, les fit entourer de
tous les côtés ; il « leur fit voir ce que peuvent les galères
de France ». Au bout de trois ou quatre heures d'un combat
furieux, la division ennemie dut se rendre tout entière ;
elle se composait de trois vaisseaux de guerre, d'une patache
armée et d'un gros navire de transport. Le lendemain, ces
prises étaient amenées à Barcelone. La division des croiseurs rapides de Baillibaud avait bien fait son devoir ; d'un
même coup, elle avait capturé des bâtiments ennemis et fait
échouer le ravitaillement de Rosas.

Mazarin félicita le jeune amiral dont la rapidité de décision, très bien secondée par l'énergie de son chef d'escadre,
avait amené ce succès. « J'ai reçu la relation du combat et
de la prise des vaisseaux qui allaient ravitailler Rosas. Cela
veut dire que vous ne voulez point combattre sans vaincre
et que votre commandement rendra toujours les armes du
roi heureuses. J'espère néanmoins que ce ne sera qu'un
commencement de victoire, et que Dieu nous réserve encore
un plus ample sujet de gloire et à moi une plus ample
matière de joie avant la fin de la campagne [1]. » C'était une
invitation à chercher de nouvelles occasions de se battre.
Brézé se décida à lever l'ancre pour aller à la découverte
de l'ennemi et tâcher de le détruire. Il faut noter, une fois
encore, à son éloge ce tempérament d'homme de guerre,
qui est le vrai ; Brézé était justement convaincu que le
devoir du général est de marcher de l'avant et que la guerre
a pour but la destruction des forces organisées de l'adversaire.

Brézé mit à la voile de Barcelone le 19 août. Ses dispositions stratégiques étaient prises avec beaucoup de méthode.

---

[1]. Le 7 septembre 1643. MAZARIN, *Lettres*, éd. CHÉRUEL, t. I, p. 347.

Il laissait à l'ancre les galères de Baillibaud. Il ne pouvait, en effet, les emmener dans une campagne qui le conduirait peut-être jusqu'au delà du détroit de Gibraltar; d'autre part, la côte de Catalogne ne devait pas être dégarnie, et nul n'était plus capable de la garder que le chef d'escadre qui avait fait ses preuves dans la journée du 9 août. Brézé partait lui-même avec vingt vaisseaux de guerre, deux frégates et douze brûlots [1]. Il avait envoyé en avant une division légère, composée de quatre voiles, sous le commandement de La Rochalart, pour assurer son service d'éclairage. Ainsi une division de réserve à Barcelone, une avant-garde légère, le gros des forces sous les ordres directs de l'amiral: il n'y a qu'à approuver cette répartition des forces navales.

A la hauteur de Valence, la division légère de La Rochalart captura un bâtiment anglais, qui portait des Espagnols à Tarragone. On connut par cette prise qu'une escadre ennemie de vingt-cinq voiles était en formation à Cadix, prête à entrer en Méditerranée. Brézé continua sa route dans la direction du détroit. Le 30 août, il était à la hauteur de Carthagène. Les bâtiments légers envoyés en reconnaissance découvrirent dans le port quatre navires de guerre, six galères, quelques flûtes et des bâtiments marchands. Sur l'avis de son conseiller, le commandeur Philippe des Gouttes, Brézé suspendit sa marche pour procéder à un blocus. Diverses circonstances le rendirent impossible. Au cours de la nuit, les Espagnols fortifièrent l'entrée du port, naturellement difficile, par une puissante estacade de bateaux, de chaînes et de mâts. Un vent violent qui s'éleva de la terre le lendemain matin défendit l'ennemi mieux encore que ces préparatifs de défense. Brézé prit le parti de négli-

1. Relation publiée par CHÉRUEL, *Histoire de France pendant la minorité de Louis XIV*, t. I, p. 402-412.

ger la division ennemie, par elle-même peu dangereuse, et
de reprendre sa marche dans la direction de Cadix.

L'escadre française, toujours à la recherche de l'ennemi
et toujours précédée de sa division légère, arriva par le
travers du cap de Gata ; elle y fut retenue par les calmes
pendant deux jours. Le 3 septembre, les vigies signalèrent
à l'ouest vingt-cinq voiles : l'escadre espagnole entrait en
Méditerranée. Elle se composait de cinq galions, dont un
de quinze cents tonneaux, de six grands navires flamands
et de quarante vaisseaux de Dunkerque ; c'étaient de
puissantes unités de combat, mais qui manquaient un peu
de ces deux qualités indispensables à toute force navale,
l'homogénéité et la vitesse.

Aussitôt que Brézé eut reconnu l'ennemi, il fit le signal
de l'attaque. Il connaissait ses officiers, La Rochalart, le
chevalier Paul, Abraham Du Quesne, Montade, Bayard-
Marsac, La Lande, Leschasserie, Lusseraye, Guiton,
Gabaret, La Roche-Brasdefer, etc. « Il ne fut pas besoin, dit
la relation, de donner de nouveaux ordres, chaque capitaine sachant ce qu'il avait à faire en pareille rencontre. » Depuis trois ans, en effet, que Brézé naviguait
avec eux en escadre, il leur avait donné l'unité de doctrine,
il les avait pleinement convaincus par ses exemples répétés
qu'il fallait attaquer et détruire ; il pouvait à présent leur
laisser la liberté d'action.

Tel est, semble-t-il, le vrai rôle du chef d'escadre. Il
doit compter sur tous les commandants, non pas comme
des exécuteurs passifs de ses ordres, à la manière de
machines qui rendent exactement ce qu'on leur demande,
mais rien de plus ; il doit compter sur eux comme sur des
collaborateurs actifs, personnels, qui savent que chacun
d'eux, à bord de son bâtiment, tient entre ses mains une

fraction de la victoire, et qui doivent par suite déployer tout ce qu'ils ont d'initiative et d'audace. On connaît le célèbre ordre du jour de Nelson à Trafalgar : « L'Angleterre compte que chacun aujourd'hui fera son devoir. » Les commandants anglais ne connaissaient que les lignes générales du plan d'attaque préparé par l'amiral contre l'escadre franco-espagnole ; ils n'avaient pas autre chose à savoir, et le devoir du chef n'était pas de leur en dire plus. A chacun d'eux à payer de sa personne, à faire ce qui dépendait de lui à tel moment et à tel endroit de l'offensive générale. Le propre des écoles de guerre est de créer une unité de doctrine, fondée sur quelques principes très simples ; le propre des officiers qui sont passés par ces écoles est d'appliquer cette doctrine, avec leurs propres moyens et de leur pleine initiative. Au milieu du xviiᵉ siècle, il n'y avait pas d'école de marine, mais il y avait une doctrine vivante, dont Brézé venait de faire la démonstration à plusieurs reprises ; chacun de ses officiers devait être capable de l'appliquer à sa manière. Le chef d'escadre qui peut dire de son état-major ce que disait Brézé, que chaque capitaine sait ce qu'il a à faire en telle rencontre, est un chef d'escadre à peu près assuré de vaincre.

L'ordre avait été donné par Brézé de marcher à l'ennemi. Les Français manœuvrèrent toute la nuit pour gagner le vent à l'escadre espagnole. Le 4 septembre au matin, les Espagnols se trouvaient à une lieue et demie sous le vent. Les Français continuèrent à s'avancer à toutes voiles, à présent qu'ils avaient acquis le bénéfice de l'offensive. Ils ne déchargèrent leurs canons qu'au moment même où ils prirent le contact avec l'ennemi. En prenant chasse, les vaisseaux espagnols s'étaient égrenés ; une division était restée en arrière, avec les navires les plus puissants, mais pour cette raison même les plus médiocres marcheurs, l'*Amiral d'Espagne*, le *Vice-amiral d'Espagne*, l'*Amiral de Naples*. Les Français fondirent sur ce groupe isolé. Deux de leurs capitaines, Leschasserie et Lusseraye, s'attaquèrent à l'*Amiral de Naples* ; il fut incendié par un brûlot ; le *Vice-amiral d'Espagne* fut enlevé à l'abordage. Pendant ce temps, Brézé avait coulé un vaisseau de trente-cinq canons et trois cents hommes d'équipage, puis il s'était attaqué à l'*Amiral d'Espagne*. A partir de ce moment les Espagnols, malgré leur résistance très énergique, étaient mis hors de combat ; ils n'eurent plus qu'une idée, assurer leur salut par la fuite. Faisant le sacrifice de leur division qui était aux prises avec les Français, ils mirent le cap sur Carthagène. Huit de leurs bâtiments finirent par y arriver, mais pour se jeter à la côte. La lutte avait duré toute la journée jusqu'à sept heures et demie du soir. Les Espagnols avaient perdu trois mille hommes, plusieurs vaisseaux ; toute leur escadre était dispersée ou détruite.

De pareils résultats ne s'obtiennent point sans que l'agresseur ne reçoive lui-même de graves avaries. Brézé n'avait pas fait continuer la chasse, parce que son propre vaisseau avait perdu ses deux huniers. Tandis que les Espagnols se retiraient en désordre à Carthagène, il était allé mouiller à Iviça et à Formentera ; il restait ainsi à même de surveiller toutes les côtes espagnoles, de Carthagène à Barcelone. Deux de ses vaisseaux, qui avaient trop souffert, furent renvoyés à Toulon ; les autres continuèrent à rester en escadre.

Telle est cette bataille de Carthagène, du 4 septembre 1643, postérieure de trois mois et demi à Rocroi ; c'était la double consécration sur terre et sur mer des armées du nouveau règne, et cependant la journée de Carthagène est

à peine connue ; un Bossuet lui a manqué. Les deux beaux-
frères, Enghien et Brézé, avaient fait preuve des mêmes
qualités d'audace et de décision ; pour ces jeunes gens, qui
étaient nés soldats, l'art de la guerre consistait avant tout
à marcher à l'ennemi. La journée de Rocroi faisait d'un
général de vingt-deux ans le sauveur de la France. La journée de Carthagène faisait d'un amiral de vingt-quatre ans
le maître de la Méditerranée ; suivant la légende d'une
médaille[1], elle était le « présage de l'empire de la mer. »

Le mouillage à Iviça n'avait d'autre effet que de permettre à Brézé de réparer ses avaries les plus urgentes.
Commé les vrais marins, comme plus tard Nelson, qui, à
peu près dans les mêmes parages, en a donné d'admirables
exemples, Brézé était convaincu que les avaries doivent se
réparer en cours de route, dans les ports de relâche où l'on
se trouve, car le rôle d'une escadre est de tenir toujours la
mer.

Voici comment il parlait lui-même de ses intentions.
« Le duc de Brézé, après avoir pourvu à toutes ces nécessités, se dispose à se remettre à la mer avec ce qui lui restera de vaisseaux et courre jusqu'au détroit, tant pour venir
au-devant de l'escadre qui doit venir du Ponant, que pour
combattre encore les ennemis sur ce passage, lorsqu'ils se
retireront ; et, bien qu'il ait beaucoup moins de vaisseaux
qu'eux, il ne craint pas de les aller chercher, s'assurant
sur la valeur de ceux qui sont sous sa charge, particulièrement de M. le commandeur des Gouttes, dont la résolution

---

1. *Médailles sur les principaux événements du règne de Louis le Grand*,
1702 ; planche 9 : « La bataille navale de Carthagène. On voit au milieu
d'une couronne rostrale un trident, une palme et une branche de laurier
entrelacés. La ville de Carthagène et la flotte victorieuse paraissent dans
l'éloignement. » Légende : OMEN IMPERII MARITIMI. Exergue : HISPANIS VIC-
TIS AD CARTHAGINEM NOVAM, MDCXLIII.

et la conduite ont bien fait voir en cette occasion que si l'âge lui a donné beaucoup d'expérience, il n'a rien diminué de la vigueur de son cœur. »

L'escadre du Ponant qui devait entrer en Méditerranée était commandée par M. de Montigny. Brézé reprit bientôt la mer pour se porter à sa rencontre. Chemin faisant, comme il n'était pas loin des côtes africaines, il captura un corsaire barbaresque. N'ayant point rencontré Montigny, il se rendit à Alger pour traiter de l'échange des prisonniers. Puis il reprit la route de Provence. Après une relâche dans les eaux de Majorque, il rentra au port de Toulon. La division Montigny y était déjà arrivée; elle avait fait elle-même une dizaine de prises sur les côtes de Sicile.

Le premier ministre ne cacha pas son admiration au grand maître pour une croisière si bien conduite. « Je sais que vous ne manquerez jamais d'occasion pour bien faire et pour être heureux. Le dernier combat que vous venez de gagner après tant d'autres est une trop visible confirmation de cette vérité, et j'espère encore que, si vous rencontrez les ennemis, vous terminerez la campagne par quelque action non moins mémorable que la précédente[1]. » A ces justes éloges il ajoutait des conseils d'économie. « Je vous conjure de ménager cette occasion, au contentement de Sa Majesté, et, par l'épargne que je vous exhorte de faire, autant qu'il se pourra, de l'argent du roi aux radoubs et autres nécessités de l'armée, de me donner moyen de faire valoir ici votre conduite et votre zèle pour le bien des affaires de Sa Majesté. Dans la part que je prends en tout ce qui vous concerne, je serai ravi qu'on connaisse, par effet, que vous n'êtes pas seulement sage et courageux dans

1. Le 3 octobre 1643. Mazarin, *Lettres*, t. I, p. 401.

les combats, mais que vous entendez encore parfaitement l'économie et la subsistance des armées navales [1]. » La tâche était lourde pour les épaules de ce jeune officier général : il devait faire à la fois le chef d'escadre et l'administrateur.

La campagne de 1644 ne donna que peu de résultats. L'opération projetée pour cette année était le siège de Tarragone. Le maréchal de La Mothe-Houdancourt devait diriger les opérations du côté de la terre, et Brézé y participer avec l'escadre du Levant. La campagne navale avait commencé par une reconnaissance de la côte espagnole ; au cours de cette reconnaissance, le chevalier Garnier avait détruit, dans les eaux de Valence, quatre vaisseaux ennemis, en lançant sur eux trois brûlots [2]. Quant au siège même de Tarragone, on avait dû l'abandonner presque tout de suite. La Mothe-Houdancourt venait à peine de le commencer que la prise de Lérida par les Espagnols et leur marche sur Barcelone obligèrent les Français à se porter au secours de cette dernière ville. Brézé resta dans les eaux de la Catalogne, mais sans trouver l'occasion d'une nouvelle bataille. Depuis la bataille de Carthagène de l'année précédente, les Espagnols avaient pris le parti de se dérober et de laisser l'escadre française à demeure sur les côtes mêmes de leur pays.

En 1645, la capitulation de Rosas donna aux Français la possession de toute la partie nord de la Catalogne. Elle fut due à l'énergie avec laquelle Brézé ferma la place du côté de la mer, tandis que le comte du Plessis-Praslin dirigeait

1. Le 15 janvier 1644. Mazarin, *Lettres*, t. I, p. 544.
2. Le 9 juin 1644.

les opérations de terre. Le blocus fut tenu par vingt-quatre vaisseaux de guerre, dix-neuf brûlots, une quinzaine de barques, et par une division de quatorze galères qui était sous les ordres du commandeur Vinciguerra. Brézé eut à se défendre contre des vents violents qui régnèrent pendant tout le mois d'avril et qui occasionnèrent la perte de plusieurs bâtiments échoués sur les bas-fonds. Quant à la marine espagnole, elle ne fit pas même mine de se montrer. Le blocus de Rosas ne fut par suite qu'une question de temps ; le 29 mai, la place capitulait.

Ce fut sur les côtes d'Espagne le dernier exploit du duc de Brézé. Voilà cinq ans qu'il faisait triompher le pavillon du roi Très Chrétien depuis le cap Saint-Vincent jusqu'au golfe du Lion. Cadix, Barcelone, Carthagène, Rosas avaient été les principales étapes de cette marche victorieuse. Depuis la journée de Gattari où Sourdis lui avait porté le premier coup, la marine espagnole n'avait éprouvé que des revers ; elle était obligée d'abandonner les mers du Ponant et du Levant à une marine qui comptait à peine quelques années d'existence ; elle était même obligée de laisser les côtes de l'Espagne à la merci d'insultes continuelles.

Les eaux de l'Espagne furent encore le théâtre de quelques opérations maritimes, mais d'un moindre intérêt. Les flottes françaises n'avaient plus à leur tête le chef qui les avait conduites à la victoire, et la guerre civile de la Fronde les livrait peu à peu à l'abandon. L'Espagne profita de ces circonstances, non pour reconquérir l'empire de la mer, mais pour recouvrer la province de Catalogne.

En 1647, il avait été question pour les Français de recommencer le siège de Tarragone, déjà tenté trois ans auparavant. Le prince de Condé, qui était alors vice-roi de Cata-

logne, devait diriger le siège, de concert avec le duc de
Richelieu, général des galères. Celui-ci était un jeune
homme de dix-huit ans, qui avait pour conseillers le commandeur des Gouttes et le commandeur de Vinciguerra.
Tout se réduisit à un projet. Dans un conseil de guerre tenu
à Barcelone, on déclara que le blocus ne pouvait se faire
avec les moyens dont on disposait. Richelieu ramena ses
galères en Provence.

Les années de la Fronde furent fatales à la France en
Catalogne comme partout. La Mothe-Houdancourt était à
la veille de capituler dans Barcelone. Ordre fut donné au
port de Toulon de lui faire passer des secours. Dans le
dénûment où la guerre civile avait réduit la marine, on put
équiper en tout huit bâtiments, dont cinq étaient d'anciens
navires marchands. Le chevalier de La Ferrière, qui commandait cette pauvre division, écrivait : « Je suis fort
résolu à avaler le calice, puisque c'est la volonté du roi et
qu'il y va du salut de tant de peuples [1]. » Il ne put même
pas débarquer ses vivres. Barcelone capitula [2] ; la Catalogne
était perdue pour la France.

C'était le résultat de la guerre civile. En cette même
année 1652, Louis XIV était obligé de disputer à l'armée
des princes le passage de la Loire et l'entrée de Paris ;
quand le sort de sa couronne dépendait d'une bataille entre
Turenne et Condé, qui songeait au rôle de la France sur mer?

La Fronde vaincue, l'ordre rétabli, Mazarin songea à une
nouvelle expédition maritime pour reprendre Barcelone et
imposer la paix à l'Espagne. Un grand armement fut préparé à Toulon par les soins de Colbert de Terron, intendant
de l'armée de Catalogne ; il était assisté de l'évêque

1. Cité par JAL, *Abraham Du Quesne*, t. I, p. 196.
2. Le 13 octobre 1652.

d'Orange[1], que Mazarin avait envoyé à Toulon avec pleins pouvoirs et qui y exerça une sorte d'intendance de la marine[2]. En même temps de grands préparatifs étaient faits en Ponant ; on armait à Brest le *Vendôme*, de deux mille tonneaux.

Le duc de Vendôme, alors grand maître et surintendant de la navigation et du commerce, reçut le commandement de cette escadre. Son fils, le duc de Mercœur, avait ouvert la campagne par un succès, la prise de la petite citadelle du cap de Quiers, auprès de Rosas[3] ; mais il ne put frapper lui-même le coup décisif sur lequel il comptait. Trois jours durant[4], il tenta sans succès de détruire la flotte espagnole devant Barcelone. Le premier jour, secondé par son lieutenant, le commandeur Paul, il canonna les Espagnols, pendant six heures, avec cinq ou six vaisseaux et il les rejeta dans le port ; le deuxième jour, il croisa devant la ville, sans pouvoir engager la lutte ; le troisième, il fut tenu à distance par une brise de terre. Un de ses capitaines, des Ardents[5], égaré parmi les ennemis, soutint une lutte victorieuse contre deux galions et deux brûlots. Ces exploits furent inutiles ; Vendôme ne put faire le blocus de Barcelone. Il se fit voir sur les côtes de Sardaigne, puis il revint en Provence[6].

---

1. Hyacinthe Serroni, évêque d'Orange de 1647 à 1661. En 1653, Mazarin l'avait envoyé à Toulon. De nombreuses lettres lui furent adressées à partir de cette date. MAZARIN, *Lettres*, éd. CHÉRUEL, t. VI et VII.

2. Charles Colbert (Colbert de Croissy), frère puîné de Jean-Baptiste Colbert, était chargé, depuis 1653, d'une partie de l'administration financière de Toulon. Lettre de Mazarin à Charles Colbert sur un armement maritime à Toulon, 9 avril 1655. *Ibid.*, t. VI, p. 456.

3. Prise le 27 mai 1655. Elle fut assiégée du côté de la terre par le prince de Conti, du côté de la mer par le duc de Mercœur, l'un et l'autre mariés à des nièces de Mazarin.

4. 29 septembre-1er octobre 1655. Relation de cette affaire : CHÉRUEL, *Histoire de France pendant le ministère de Mazarin*, t. II, p. 332-335.

5. Hector des Ardents, sieur de Fontenac. De Sens. Capitaine de vaisseau, 25 février 1650 ; chef d'escadre, 12 septembre 1672 ; mort à Brest, octobre 1675. A. M., C¹ 161.

6. Le 22 octobre 1655.

Cette vaine démonstration fut la dernière tentative maritime faite par Mazarin du côté de l'Espagne. La paix, si nécessaire à la France, allait être obtenue sur un autre théâtre, aux Pays-Bas, grâce à l'épée de Turenne et grâce au concours de l'escadre de Cromwell, qui devait faire payer chèrement son intervention. Sans la mort de Brézé et sans la Fronde, la marine française, qui avait conquis vers 1645 le double empire de la Méditerranée et de l'Océan, aurait pu dicter les conditions de la paix au roi Catholique une dizaine d'années avant le traité des Pyrénées. On s'en convaincra mieux, en étudiant le rôle qu'elle jouait vers la même époque dans les affaires de la péninsule italienne.

CHAPITRE XI

Possessions de l'Espagne en Italie. — Les présides de Toscane. —
Projets de la France sur les États italiens. — Préparatifs mari-
times. — Campagne de 1646. — Opérations autour d'Orbetello. —
Bataille navale du 14 juin 1646; mort de Brézé. — Expédition de
La Meilleraye. — Occupation de Piombino et de Porto Longone,
1646. — Perte de ces deux places, 1650.

Les campagnes navales des Français en Italie pendant
le ministère de Mazarin ont offert les mêmes caractères
qu'en Espagne. Les succès répétés de Brézé avaient permis
aux escadres françaises de régner en maîtresses sur les
côtes de Catalogne, de Valence et de Murcie, jusqu'au
jour où la Fronde, accomplissant son œuvre néfaste, était
venue arracher aux Français le fruit de leurs victoires. De
même en Italie. Les marins de Louis XIV essayèrent d'entamer cette péninsule, qui était comme un fief espagnol;
ils y livrèrent de glorieuses batailles. Mais là encore, par
le fait de circonstances en partie étrangères à la marine, le
résultat ne fut pas en rapport avec les efforts dépensés et
avec les victoires remportées.

L'Espagne avait en Italie de nombreux domaines. Au
nord, c'était le Milanais, enclavé dans les terres de toute
part, dont il n'y a pas à s'occuper ici. Au sud, c'était le
royaume de Naples, avec son long développement de côtes
sur les trois mers, Tyrrhénienne, Ionienne, Adriatique ;

puis, la Sicile, dont tant de peuples se sont disputé la possession, car elle barre la route entre l'Europe et l'Afrique, et coupe en deux parties la Méditerranée. Au centre, c'était la Sardaigne, qui reliait Naples à Barcelone. Le port principal de cette île, Cagliari, formait l'une des meilleures relâches de la Méditerranée ; par sa position, il surveillait les côtes des pays barbaresques et notamment de la régence de Tunis. Nelson, qui a si souvent fréquenté les parages de l'île San-Pietro, sur les côtes sud-ouest de la Sardaigne, a mis en pleine valeur l'importance stratégique de la Sardaigne pour l'empire de la Méditerranée. Enfin, l'Espagne possédait l'ensemble des possessions échelonnées sur la côte de Toscane et appelées présides.

Ces ports de Toscane formaient deux groupes, le long de la côte inhospitalière des Maremmes. Au nord, Piombino, le même territoire que Napoléon réunit plus tard à Lucques pour en faire la principauté de sa sœur Élisa Bacciochi ; en face, séparé par un bras de mer d'environ deux lieues de large, Porto Longone, le port de la partie orientale de l'île d'Elbe ; le reste de cette île, avec le port de Porto Ferrajo, continuait à appartenir au grand-duc de Toscane. Au sud, au delà de l'embouchure de l'Ombrone, le second groupe des présides comprenait cinq petits ports : l'un, Talamone, à peu près isolé ; les quatre autres, Porto San-Stefano, Monte-Argentario, Porto Ercole, Orbetello, constituaient la position importante d'Orbetello. Ces présides n'étaient que des positions extérieures, qui ne pouvaient servir à pénétrer au dedans du pays ; car la Toscane était défendue par l'insalubrité des Maremmes mieux que par toute citadelle, et, pendant les mois d'été, la malaria rendait les présides à peu près inhabitables. Malgré ces conditions défavorables, les présides avaient un double avantage : ils assuraient les communications des galères espagnoles entre Naples et Gênes, par où les Espagnols avaient accès dans le Milanais [1] ; ils commandaient la mer Tyrrhénienne, à la hauteur de l'archipel toscan, de la Corse et de la Sardaigne. On comprend que l'Espagne s'en fût emparée à la fin des guerres d'Italie et qu'elle y entretînt des garnisons.

Tous ces territoires espagnols du centre et du sud de l'Italie étaient facilement accessibles par mer. Qu'un marin audacieux, soutenu par des forces suffisantes, sortît du port

1. Un document français de 1640 indique ainsi la route des galères dans cette partie de la Méditerranée ; c'est, en outre, un exemple intéressant de l'orthographe géographique de l'époque. A. M., B⁴ 1, fol. 351.

« Ports et aigades pour les galleres allant de France à Naples.

Par Genes.	Par Corse.
A Portefin [Portofino], bon port et belle aigade,	Au cap Corse, belle eau et bon mouillage,
A Cinqueterre [?],	A la Bastide [Bastia],
Au goulphe de lespece [Spezia],	A Lary [Aleria],
A Ligourne [Livourne],	A Porteveche [Porto Vecchio],
En la riviere de Pise,	A St Amant [golfe de Ste Manza],
A Portefiarre [Porto Ferrajo],	A Boniface [Bonifacio],
A Jueilles [?],	A la Planouse [Pianossa], isle.
A Montechriste [Monte Cristo], isle	A Civitavecchia,
A Ponce [Ponza], isle	Dans le Tibre,
A Bentiteti [Ventotene], isle	de l'eau en beau temps,
A Ischi [Ischia], isle	Au mont de Cercel [monte Circello],
il n'y a que six lieues a Naples.	A Terracine,
	Dans la baie de Gayette [Gaëte],
	de la il n'y a que dix lieues à Naples. »

Deux manuscrits de l'époque donnent des renseignements très détaillés sur la navigation côtière en Méditerranée :

« Portulan ou Description des ports de la mer Méditerranée, œuvre fort nécessaire à tous navigans ». 1669. (Bibliothèque nationale, Mss français, 741) ;

« Observations de divers ports, avec les mouillages, faict par le s^r de Cogollin, capitaine d'un des navires de Sa Majesté. » (Bibliothèque nationale, Mss français, 13372 ; exemplaire de dédicace à Colbert; cartes et plans des ports de la Méditerranée occidentale, dessinés avec beaucoup de finesse.)

de Toulon et fondît à l'improviste sur tel point de la Toscane, de la Sardaigne, du royaume de Naples ou de la Sicile, il pouvait porter un coup irréparable à la puissance espagnole en Italie. La côte de Provence, projetée dans la Méditerranée entre l'Espagne et l'Italie, offrait de grands avantages à la France dans une guerre maritime contre l'Espagne. Toulon commande la route de Barcelone à Gênes, qui était la route des galères d'Espagne. Toulon permet de préndre l'offensive dans deux directions opposées, vers la mer Tyrrhénienne et vers la mer des Baléares. A partir du jour où Richelieu avait commencé à faire de Toulon le quartier général de la marine du Levant, la situation territoriale et militaire de la maison d'Autriche dans la Méditerranée occidentale fut gravement menacée.

Pour les possessions de l'Espagne en Italie, le danger était d'autant plus grand, que les diverses parties de ses domaines italiens manquaient de cohésion matérielle, sans compter que les habitants s'étaient toujours montrés d'un maniement difficile, et que beaucoup parmi eux étaient prêts à appuyer une intervention étrangère. A Naples en particulier, comme aussi à Palerme, la France entretenait un parti pour appuyer les prétentions, assez mal définies d'ailleurs, qu'elle avait sur le royaume de Naples depuis les expéditions de Charles VIII et de Louis XII. Accablée à ce moment sur terre et sur mer, l'Espagne ne semblait pas capable d'une résistance sérieuse. Il y avait là une occasion à saisir. Ce fut le mérite de Mazarin de le comprendre, quand il décida de porter la guerre maritime sur les côtes d'Italie.

Aussi bien, l'idée était en l'air. L'ambassadeur de France à Rome, le marquis de Fontenay-Mareuil, poussait beaucoup le premier ministre à mettre ce projet à exécution ; il lui en montrait les avantages et les facilités ; la Sicile et

Naples, disait-il[1], étaient « véritablement les meilleures Indes qu'ait le roi d'Espagne » ; les villes, jalouses les unes des autres et travaillées par l'influence de la France, se détacheraient d'elles-mêmes de la domination espagnole. On le voit : l'idée d'un établissement de la France à Naples ou en Sicile, que Louis XIV devait reprendre et que Du Quesne devait exécuter avec tant de gloire, était dès lors envisagée par les hommes d'État français.

L'attention de Mazarin fut ramenée vers les affaires italiennes par une circonstance inattendue, l'élection à la papauté, en 1644, sous le nom d'Innocent X, du cardinal Panfilio, qui était connu pour ses sympathies espagnoles. Le cardinal Grimaldi, ancien nonce du pape à Paris et ami personnel de Mazarin, jouait alors à Rome le rôle d'un agent secret de la France ; dans son désir de détruire l'influence espagnole dominante dans la péninsule, il fit passer à Mazarin, à la fin de l'année 1645, un mémoire pour lui conseiller de se saisir de trois régions : Spezia, dépendance de la république de Gênes, qui n'avait alors que les avantages naturels de sa situation, les présides et le royaume de Naples. Mazarin adopta en partie ces idées ; il se décida à conquérir les présides pour le compte de la France et à placer sur le trône de Naples un allié de la France, le prince Thomas de Savoie-Carignan ; le futur roi de Naples s'engageait à livrer Gaëte et un port sur l'Adriatique. Pour la politique maritime de Louis XIV, c'étaient des perspectives grandioses. Ses escadres étaient déjà maîtresses de Barcelone ; si elles le devenaient encore des présides et de Gaëte, elles allaient occuper dans la Méditerranée occidentale une posi-

1. En janvier 1643. CHÉRUEL, *Histoire de France pendant la minorité de Louis XIV*, t. I, p. 241.

tion formidable ; l'Espagne allait être obligée de signer la
paix sur-le-champ.

L'exécution de ce projet demandait beaucoup de célérité
et de décision. Mazarin était « tout feu » pour l'entreprise.
Il avait envoyé à Toulon son frère, Michel Mazarin,
archevêque d'Aix, en vue de hâter les préparatifs militaires.
Sa correspondance, à cette époque, offre les traces de ses
préoccupations maritimes. Il rédigeait un mémoire pour
d'Argenson, qui devait être l'intendant de l'expédition [1] ;
il écrivait au commandeur de Vinciguerra de pousser le
plus possible l'armement des galères [2] ; il adressait lettres
sur lettres au conseiller d'État d'Infreville, qui était à
présent intendant de la marine du Levant [3] ; il donnait
l'ordre au commandeur de Neuchèze [4], vice-amiral du
Ponant, d'amener sans retard à Toulon les vaisseaux des
gouvernements alliés des Provinces-Unies et de Portugal [5].
Mais toute l'activité de Mazarin et de ses collaborateurs se
heurta à ces difficultés qui reparaissaient avec chaque expédition. La France n'avait point encore de ports de guerre
au sens véritable ; ce n'étaient que des lieux de refuge et
de concentration provisoire, dans lesquels on réunissait, en
les prenant dans toutes les mers et même à l'étranger, les

1. René Le Voyer d'Argenson, intendant de l'armée, a laissé un récit de
ces événements, de mars à juin 1646 ; publié par CHÉRUEL, *Journal d'Olivier d'Ormesson*, t. II, p. 720-741.

2. MAZARIN, *Lettres*, édit. CHÉRUEL, t. II, p. 730, 732. Autres lettres au
chevalier Garnier, p. 729, 731, 733.

3. *Ibid.*, p. 725, 727, 729, 732, etc.

4. François de Neuchèze ou Nuchèze, né vers 1600, chevalier de Malte
en 1623, commandeur des Épaux et de Saint-Rémi au titre d'Aquitaine,
lieutenant général de la flotte du Ponant le 1er octobre 1652, vice-amiral
de France le 7 mai 1661, mort à Paris le 17 juillet 1667. Il avait acheté sa
charge de vice-amiral grâce à l'argent que lui avait donné Fouquet ; sur
ses relations avec le surintendant, voir CHÉRUEL, *Mémoires sur Nicolas
Fouquet*, t. I, p. 373-374, 398-399.

5. MAZARIN, *ibid.*, p. 731, 734, etc.

éléments disparates qui servaient à constituer, tant bien
que mal, ou mieux à improviser des escadres.

Mazarin avait fixé, pour la date de l'expédition, le mois
de février de l'année 1646 ; les préparatifs ne furent termi-
nés qu'en avril [1]. Les instructions furent modifiées à
cause de ce retard. Il ne s'agissait plus à présent d'occuper
tous les présides, mais seulement Orbetello, et de courir
ensuite à Naples. L'amiral appelé à conquérir l'Italie était
le duc de Brézé. Il était bien l'homme d'une telle entreprise ; avec ce chef audacieux, qui venait de faire ses
preuves pendant cinq ans sur les côtes d'Espagne, on pouvait tout oser et tout espérer. Malheureusement, Brézé ne
devait apparaître en Italie que pour y vaincre et y mourir, et sa mort devait marquer la fin de l'expédition.

L'armée navale apparcilla de Toulon le 26 avril 1646 ;
elle formait la force la plus considérable qui fût encore
sortie du port provençal. Elle comprenait seize galions,
vingt galères, huit brûlots, quatre flûtes, soixante-huit
barques ou tartanes, ces derniers bâtiments pour le transport des troupes et d'une partie du matériel [2]. Cinq mille

1. Colbert rapportait plus tard ce détail (lettre à d'Infreville, 20 février
1669) : « Je crois que vous vous souviendrez qu'en 1646, 1647 et 1648, les
capitaines des vaisseaux se chargèrent de la nourriture des officiers et soldats qu'ils passèrent pour l'attaque d'Orbetello et Porto Longone. »
P. CLÉMENT, Lettres de Colbert, t. III, 1re partie, p. 98-99.

2. Seize galions, commandés :
L'Amiral ou le Saint-Louis, sur lequel était le duc de Brézé, par Du
Creuzet et des Forgettes ; — le Soleil, par de Montigny ; — la Lune, sur
lequel était le comte du Daugnon, par Du Mé ; — le Saint-Thomas d'Aquin,
par Leschasserie ; — l'Admirante, par de Salenave ; — le Saint-Jacques
de Dunkerque, par Gabaret ; — le Cardinal, par de Linières ; — le Grand
Anglais, par Paul ; — la Vierge, par de La Lande ; — le Sourdis, par
Garnier ; — le Triomphe, par Du Ménillet; — le Triton, par de Lusseraye; — le Lion couronné, par de Gardanne ; — le Saint-Charles, par de
Fricambault ; — la Madeleine, par d'Almeras ; — la Duchesse, par Vieumarché.

fantassins et cinq cents cavaliers avaient été embarqués, avec tout le matériel nécessaire. Le prince Thomas, en sa qualité de futur roi de Naples, avait la direction générale de l'expédition ; le commandement effectif était exercé par le duc de Brézé, qui avait pour second le vice-amiral comte du Daugnon [1].

A la différence d'autres expéditions navales qui sont parties plus tard de Toulon ou de Brest, l'expédition que commandait le duc de Brézé n'avait pas à conquérir d'abord la sortie du port. Il n'y avait point alors d'escadre ennemie qui veillât sur les côtes de Provence. Dans les campagnes précédentes, les Français avaient conquis

Vingt galères, commandées :
La *Capitane*, sur laquelle était Vinciguerra (Vincheguerre), par d'Estoublon, capitaine ; — la *Baillibaude*, par Baillibaud ; — la *Valbelle*, par Valbelle ; — la *Princesse*, par La Brossardière ; — la *Montoulion*, par Montoulion ; — la *Pilière*, par La Pilière ; — la *Bayarde*, par Bayard ; — la *Manse*, par Manse ; — la *Mazarine*, par de Bendol ; — la *Allemagne*, par Louis Du Mas, baron de Castellane et d'Allemagne ; — la *Vins*, par Vins ; — la *Fortias*, par Fortias ; — la *Rouville*, par François, lieutenant ; — la *Chastellux*, par La Tour, lieutenant ; — la *Fiesque*, par Botte, lieutenant ; — la *Montréal*, par le chevalier de Montréal, lieutenant ; — la *Ducale*, par de Vilage, capitaine-lieutenant ; — la *Fronsac*, par de Bègue, lieutenant ; — la *Vincheguerre*, par Martin, lieutenant ; — la *Cardinale*, par de Pérussis, lieutenant.
Huit brûlots :
Le *Saint-Fernand*, capitaine Jamin ; — la *Marguerite de Ponant*, capitaine Thibault ; — la *Marie*, capitaine Montenay ; — la *Levrette*, capitaine La Borde ; — la *Lionne*, capitaine La Palue ; — les *Deux Aigles*, capitaine Payault ; — l'*Espérance*, capitaine Mariauchau ; — la *Mecque*, capitaine, Sauvaget.
Quatre flûtes :
L'*Espérance de Lubeck*, Chéron ; — le *Cancre d'Or*, Boyer ; — le *Porteur de bois*, Pascal ; — le *Saint-Jacques de Portugal*, servant d'hôpital, de Caux.
Soixante-huit barques et tartanes, chargées de vivres, de munitions de guerre, chevaux et équipages d'artillerie.
Mémoire de l'intendant d'Argenson, cité ci-dessus.
1. Louis Foucault de Saint-Germain-Beaupré, comte du Daugnon (ou du Dognon), né à Saint-Germain-Beaupré, dans la Marche (département de la Creuse, arrondissement de Guéret), en 1616, page de Richelieu, placé par celui-ci auprès de son neveu Brézé, lieutenant de Brézé pour le gouvernement de Brouage, vice-amiral, maréchal de France le 19 mars 1653, mort à Paris le 12 octobre 1659. JAL, *Dictionnaire critique* ; G. BERTHOMIER, *Louis Foucauld... comte du Dognon* ; 1890.

sur les Espagnols la liberté ou mieux l'empire de la mer.
Brézé pouvait à présent sortir à son heure et aller où il lui
plaisait.

Longeant les côtes de Provence et de Ligurie, la flotte
française mouilla à Vado, auprès de Savone, pour prendre
à bord le prince à qui Mazarin destinait la couronne de
Naples. Arrêté un moment par les vents à la hauteur de
Livourne, Brézé rallia ses transports à l'îlot de Pianosa,
entre l'île d'Elbe et Monte-Cristo ; de là, mettant le cap
sur le groupe méridional des présides, il débarqua, le 9 mai,
au petit port de Talamone. Il l'occupa sans difficultés,
ainsi que la tour des Salines, située un peu au sud ; il s'em-
para également de San-Stefano, qui forme le port septen-
trional du Monte-Argentario.

C'était un heureux début ; mais les présides avaient pour
réduit intérieur la place d'Orbetello, située à l'extrémité
d'une chaussée au milieu d'un lac ; un capitaine énergique,
Carlo della Gata, y commandait. Orbetello n'est accessible
que par deux étroites bandes de terre ; au nord, celle qui
part de San-Stefano ; au sud, celle qui part de Porto
Ercole ; ce port, défendu par le fort Saint-Philippe, était
la clef véritable de la position. Les instructions de Brézé
portaient de couper les communications entre Orbetello et Porto Ercole ; le comte du Daugnon fit écarter
ce projet, sous prétexte que le mouillage de Porto Ercole
était dangereux ; cependant la flotte espagnole devait y
mouiller quelques jours après. On se décida donc à scinder
l'opération : d'une part, le siège d'Orbetello, qui devait être
fait par les troupes de débarquement ; d'autre part, une
croisière autour du Monte-Argentario, pour s'opposer à un
débarquement éventuel des Espagnols.

On débarqua aussitôt le matériel d'artillerie ; on com-

mença les travaux d'approche. Le 15 mai, la place était
investie, mais on ne put rien faire de plus que d'arriver au
fossé des remparts. Le prince Thomas, qui dirigeait ces
opérations, montrait peu de capacité ; les troupes commençaient à souffrir de la malaria ; le siège n'avançait pas.

Ces retards impatientaient Mazarin. « C'est une étrange
affaire, disait-il, que de passer un fossé en Italie. » Il ordonnait à l'amiral de Neuchèze, qui amenait les renforts du
Ponant, de rallier au plus tôt la flotte de Brézé sans s'arrêter à Toulon ; il gourmandait d'Infreville sur sa lenteur à
envoyer des renforts. D'Infreville n'y pouvait rien ; les
arsenaux étaient vides, il fallait demander à la Hollande
tout le matériel naval dont on manquait. Mazarin décidait
que les affaires militaires seraient désormais réglées par un
conseil de quatre personnes, composé du prince Thomas,
du duc de Brézé, du cardinal Grimaldi et de l'intendant
d'Argenson. Cet ordre, qui avait pour but de faire prévaloir
l'avis de Brézé, était donné le 15 juin ; la veille même, une
grande bataille navale avait été livrée, et le duc de Brézé y
avait trouvé la mort.

Grâce aux lenteurs du siège d'Orbetello qui durait depuis
un mois, l'amiral espagnol don Francisco Diaz Pimienta [1]
avait eu le temps de réunir à Cagliari une escadre de
vingt-deux vaisseaux et de trente galères, et de se porter
au secours des assiégés. Le 14 juin, il était signalé dans les
parages du Monte-Argentario. Aussitôt Brézé, avec sa
décision et sa fougue ordinaires, courut à l'attaque du
vaisseau amiral pour l'enlever à l'abordage. Les Espagnols
connaissaient le héros de Carthagène ; pour éviter le choc,
ils se retirèrent au sud, mais en continuant à tirer sur les

---

1. Appelé Pimentel dans les documents français.

poursuivants ; leur feu d'artillerie était si meurtrier que quelques galères françaises reçurent jusqu'à deux cents boulets. Brézé, furieux de voir l'ennemi lui échapper, accéléra la chasse ; monté sur le tillac du *Saint-Louis*, il excitait ses équipages. C'est là, dans le plein exercice de son commandement, dans cette attitude héroïque, au milieu même de la victoire, qu'il trouva la mort : il fut coupé en deux par un boulet espagnol [1].

La mort de Brézé équivalait à un véritable désastre. La poursuite fut arrêtée sur-le-champ ; les Espagnols purent se retirer sans être inquiétés davantage. Pimienta, qui connaissait les ravages que ses canons avaient faits dans les rangs des Français, adressa à son gouvernement un rapport où il s'attribuait la victoire.

La conséquence la plus grave de la mort de l'amiral était qu'il n'y avait personne pour le remplacer. Le lieutenant de Brézé, le comte du Daugnon, à qui revenait le commandement, se conduisit d'une façon indigne. Sous prétexte de réparer ses avaries, il ramena directement la flotte en Provence ; puis, sans fournir d'explications, il

---

1. Le 14 juin 1646. Né en avril 1619, Brézé mourait à vingt-sept ans et deux mois. — Plusieurs documents sur la mort de Brézé, des archives de Chantilly, publiés par le duc d'Aumale, *Histoire des princes de Condé*, t. V, p. 488-505.

Un service solennel pour le repos de l'âme du duc de Brézé fut célébré, le 13 novembre 1646, à Notre-Dame de Paris. L'oraison funèbre fut prononcée par l'évêque d'Utique, coadjuteur de Montauban, Pierre de Bertier, « avec une éloquence qui ajouta grandement aux bons et pieux sentiments qu'un chacun avait du défunt ». *Gazette*, « Extraordinaire » du 15 novembre 1646. Il ne paraît pas que cette oraison funèbre ait été imprimée.

Saint-Simon termine ainsi la notice qu'il a consacrée au duc de Brézé (*Écrits inédits*, t. VIII, p. 383-385):

« On s'est étendu sur ses exploits à cause de sa jeunesse, de la douceur, de la modestie, de l'application, de la prévenante politesse, de la vertu et du mérite qui le firent généralement aimer, estimer et regretter, et qui se trouvent si rarement dans un fils de la fortune et dans un homme de cet âge élevé si haut. Il portait le nom de duc de Brézé. »

courut s'enfermer à Brouage, dont il avait le gouvernement. Mazarin ferma les yeux sur cette défection criminelle.

On devine le sort de l'armée de siège, abandonnée à elle-même, privée de ravitaillement et de secours. Les Espagnols, qui avaient à présent la liberté de débarquer, mirent à terre des troupes à Porto Ercole ; ils bombardèrent Talamone et San-Stefano. Bref, le 18 juillet, les Français durent lever le siège. Le prince Thomas se retira en Toscane avec quelques centaines d'hommes ; une partie des troupes put s'embarquer sur les bâtiments qui étaient encore à San-Stefano.

Si l'on recherche les causes de ce désastre, on les trouve d'abord dans l'incapacité du prince Thomas, dans l'insalubrité du climat, dans la défection du comte du Daugnon, qui aurait mérité un châtiment exemplaire ; mais la vraie cause fut la mort de Brézé. L'ambassadeur vénitien disait vrai, qui écrivait : « Le coup de canon qui a tué par hasard Brézé a ruiné l'entreprise. » La fortune fut cruelle pour cet amiral de vingt-sept ans. Si l'on se rappelle les qualités dont il avait fait preuve pendant sa courte carrière de six ans, si on lui fait crédit de celles que l'expérience n'aurait pas manqué de développer dans une nature si heureusement douée, on peut dire qu'il serait devenu l'égal des plus grands marins de la France ; Brézé était du tempérament des Du Quesne et des Suffren.

Il fallait venger au plus tôt l'échec d'Orbetello. Mazarin n'hésita pas ; il fit commencer à Toulon, sans retard et dans le plus grand secret, les préparatifs d'une expédition nouvelle, en y employant les bâtiments que Neuchèze avait amenés de Hollande et de Portugal. Cette nouvelle escadre prit la mer à Toulon, trois mois à peine après la mort de

Brézé [1] ; elle était forte d'une trentaine de vaisseaux. Ces résultats sont à l'éloge de l'administration de la marine ; la France venait à peine, en effet, de s'élancer à la conquête de la mer, et elle avait à soutenir en même temps sur le continent la guerre la plus rude.

Le maréchal de La Meilleraye avait le commandement en chef de l'expédition. Rien d'ailleurs ne le désignait à cette haute fonction ; car, pour vaillant soldat qu'il fût, il était complètement étranger à la marine [2]. Les galères étaient sous les ordres du commandeur de Souvré [3].

L'escadre relâcha à Oneglia en Ligurie, pour prendre un corps de quatre mille cinq cents hommes que commandait du Plessis-Praslin. Cette fois l'objectif des Français était la prise des deux présides du nord, Porto Longone et Piombino ; c'étaient par elles-mêmes des positions de valeur, qui pouvaient être une base excellente d'opérations pour des expéditions futures. La Meilleraye et du Plessis-Praslin arrivèrent dans les eaux de l'île d'Elbe avant les galères, qu'un coup de vent violent avait retenues à la sortie de Toulon. Cette dispersion de leurs forces aurait pu leur coûter cher avec un ennemi vigilant, mais les Espagnols ne songèrent pas à leur barrer le chemin. Dès que les galères eurent rallié les vaisseaux, le corps expéditionnaire se porta sur Piombino ; en sept jours [4], ce préside fut occupé. La

---

1. Le 17 septembre 1646.
2. Charles de La Porte, maréchal de La Meilleraye, cousin germain de Richelieu, était alors grand maître de l'artillerie. Pour le décider à accepter ce nouveau commandement, il fallut lui promettre de donner à son fils la survivance de ses charges. Celui-ci devait être, sous le nom de duc de Mazarin, le richissime, fantasque et malheureux époux d'Hortense Mancini, nièce du cardinal.
3. Jacques de Souvré, né en 1600, commandeur de l'ordre de Malte, puis grand prieur de France en 1667, mort à Paris le 22 mai 1670 ; frère de Mme de Lansac, première gouvernante de Louis XIV, et de Mme de Sablé.
4. Du 4 au 11 octobre 1646.

prise de Porto Longone offrit plus de difficultés ; cependant trois semaines plus tard[1], cette place tombait aussi au pouvoir des Français[2].

Mazarin fut très satisfait de ces rapides succès, qui coïncidaient avec la prise de Dunkerque[3] et qui avaient à ses yeux une importance plus grande ; mais, pour tirer parti de l'occupation des deux places italiennes, il fallait garder l'empire de la mer. Bientôt allaient arriver les tristes années de la Fronde. Mazarin, en exil, ne pouvait veiller à la garde de Piombino et de Porto Longone ; qui songeait alors à ces deux garnisons françaises perdues sur les côtes de l'Italie ? D'Infreville s'efforçait de ravitailler ces places ; mais il était impossible, en ces années de détresse, de mettre sur mer une escadre. Melchior de La Tour de Noaillac, qui commandait à Porto Longone, y fut abandonné, comme Vaubois le fut plus tard à Malte. Après deux mois de résistance[4], il dut capituler. Piombino et Porto Longone avaient appartenu pendant quatre ans à la France, et la France n'en avait rien fait. Ce n'est pas la seule fois, dans l'histoire navale de notre pays, où l'œuvre des marins a été paralysée par les erreurs de la politique.

1. Le 29 octobre 1646.
2. *Médailles sur les principaux évenements du règne de Louis le Grand,* 1702 ; planche 22, médaille sur la prise de Piombino et de Porto Longone. « L'Italie y est représentée à l'antique, et la victoire lui montre deux couronnes murales. Légende : FIRMATA SOCIORUM FIDES. Exergue : PLUMBINO ET PORTULONGO CAPTIS MDCXLVI.
3. Dunkerque avait été pris le 1er octobre 1646.
4. 18 juin-15 août 1650.

CHAPITRE XII

CAMPAGNES DES CÔTES NAPOLITAINES
1647-1654

Campagne de 1647. — Le chevalier Paul devant Naples. — Révolution
à Naples. — Le duc de Guise. — Règlement maritime de 1647. —
Expédition du duc de Richelieu. — Combats devant Castellamare,
décembre 1647. — Retour de l'expédition. — Seconde campagne
devant Naples du chevalier Paul, 1654. — Mauvais esprit des commandants. — Perte de l'Italie. — Saisie par Ruyter de deux vaisseaux français, 1657.

Après l'occupation des deux présides du nord en 1646,
Mazarin avait songé à reprendre le projet napolitain, brusquement interrompu par la mort de Brézé. Le chevalier Paul
fut chargé d'aller faire une sorte de reconnaissance militaire. A la tête d'une division de six vaisseaux et de deux
brûlots[1], monté lui-même sur le *Grand Anglais*, il croisa

---

1. Du 14 octobre 1646.

Escadre que doit commander le chevalier Paul.

État des vaisseaux que le roi veut être présentement mis en mer.

NOMS DES CAPITAINES	DES VAISSEAUX	LEUR PORT	OFFICIERS	MATELOTS
M. de Leschasserie...	Le *Saint-Thomas*	800	45	235
M. Paul..............	Le *Grand Anglais*	600	45	205
M. de Saint-Tropez..	La *Fortune*	500	40	165
M. de Lusseraye.....	Le *Triton*	500	40	155
M. de La Ferrière...	Le *Dauphin*	500	35	155
M. de Rhodes.......	Le *Faucon*	500	35	155
BRÛLOTS				
Jamin	Le *Saint-Fernand*		5	26
La Borde...........	La *Levrette*		5	26
			250	1122

Pour trois mois de solde.................. 65.034 livres
Pour quatre mois de nourriture... .... 48.240 livres

Total   113.274 livres

A. M., B⁴ 2.

sur les côtes napolitaines. Du 3 au 8 avril 1647, il soutint
une suite de combats heureux contre une escadre de onze
galères. « Ç'a été une action très vigoureuse et qui a donné
telle réputation aux armes du roi en ces quartiers-là, que,
quand on se résoudra d'y aller mieux accompagné, on y
fera apparemment une partie de ce qu'on voudra [1]. »

La France pouvait à ce moment escompter une grande
victoire. Le duc de Richelieu venait, en effet, d'arriver sur
les côtes de Toscane avec l'escadre de galères, qu'il amenait de Tarragone, et à son arrivée la flotte espagnole avait
cherché un refuge dans les eaux neutres de Savone ; mais
Richelieu n'avait pas le tempérament de Brézé. Loin de
songer à poursuivre l'escadre ennemie, il revint à Porto
Longone et il n'en bougea plus, au grand dépit de Mazarin.
« Le duc de Richelieu, disait-il [2], trop sage et trop considéré avec ses conseillers, a perdu la plus belle occasion qu'il
pût jamais désirer de rendre glorieuse et mémorable pour
toujours sa première sortie en mer et d'acquérir au service
du roi un mérite infini en combattant et en détruisant ces
galères, comme vraisemblablement il y aurait réussi. » La
victoire est souvent l'art de saisir les occasions ; Richelieu
venait de laisser échapper l'occasion d'accabler de nouveau
la marine espagnole.

Cependant, à Naples, les événements se précipitaient. En
trois mois deux révolutions y éclataient, la première, en
juillet, avec le pêcheur Tomaso Aniello (Masaniello), la
seconde, en octobre, avec l'armurier Gennaro Anèse. Celui-

---

1. Lettre de Henri Arnauld, abbé de Saint-Nicolas, agent de Mazarin en
Italie, du 22 avril 1647. Chéruel, *Histoire de France pendant la minorité
de Louis XIV*, t. II, p. 363.
2. Lettre au cardinal Grimaldi, du 26 juillet 1647. Chéruel, *Histoire de
France pendant la minorité de Louis XIV*, t. II, p. 377, et *Lettres de Mazarin*, t. II, p. 930.

ci proclamait la république et sollicitait de l'ambassadeur de France à Rome l'appui d'une flotte française. Mazarin, qui suivait tous ces événements avec beaucoup d'attention, jugea le moment favorable pour reprendre le projet de l'année précédente. A ce moment même survint la tentative inopinée du duc de Guise.

Henri de Lorraine, duc de Guise, petit-fils du Balafré, se trouvait alors à Rome. « Autrefois archevêque, déjà bigame », bien qu'il n'eût que trente et quelques années, il était venu solliciter du Saint-Siège l'annulation de son second mariage ; il voulait épouser une demoiselle d'honneur de la reine, pour laquelle il avait une violente passion, mademoiselle de Pons. Quand il multipliait les démarches matrimoniales, il apprit les événements de Naples : tout de suite, ce fut pour son esprit d'aventure une autre carrière à courir. Il se rappela qu'il descendait par les femmes de la maison d'Anjou ; l'occasion lui parut excellente de faire valoir ses prétentions à la couronne de Naples. Quel cadeau de noces à offrir à mademoiselle de Pons ! Le duc de Guise n'était pas le candidat que Mazarin aurait choisi. Le cardinal se défiait, non sans raison, de son caractère fantasque ; cependant, en le surveillant, il pouvait tirer parti de son audace. Bref, il se décida à le soutenir ; mais il s'engagea mal dans cette affaire, presque à contre-cœur. Ce fut une des causes qui la firent échouer, malgré des débuts assez heureux.

Guise s'embarqua avec quelques compagnons à Fiumicino, aux embouchures du Tibre ; il traversa la flotte espagnole et débarqua à Naples, le 15 novembre 1647, au milieu des délires d'enthousiasme des Napolitains. Si à ce moment des secours militaires avaient pu lui parvenir, le succès de sa cause était près d'être assuré ; c'en était fait peut-être de la domination espagnole.

Mazarin avait fait préparer une nouvelle escadre au port
de Toulon ; il avait remis en vigueur les règlements sur
l'enrôlement des gens de mer [1] ; il avait fait acheter quatre
navires de guerre en Suède, que Du Quesne, employé pendant quelque temps au service de la reine Christine, avec
le titre de chef d'escadre, amenait à Toulon dans les derniers jours d'octobre [2]. L'ensemble de ces forces était sous
les ordres du jeune duc de Richelieu. Celui-ci avait reçu,
à la mort de son grand-oncle le cardinal, la charge de général des galères et de lieutenant général ès mers du Levant,
bien qu'il eût à peine treize ans [3]. Un règlement du roi,
paru le 22 juillet 1647, qui avait amené des créations ou

1. « Sa Majesté ayant jugé à propos... de mettre promptement en mer
une puissante armée navale, il est nécessaire d'en dresser l'équipage et de
faire levée de bon nombre de mariniers, canonniers, soldats et matelots...
Sa Majesté, par l'avis de la reine régente sa mère, a ordonné et ordonne...
de faire très exacte perquisition et recherche des mariniers, canonniers,
soldats et matelots, et de les faire enrôler sur les registres des capitaines
ou leurs lieutenants qui feront lesdites levées, en les payant raisonnable-
ment, suivant l'état de Sa Majesté : laquelle fait très expresses inhibitions
et défenses aux gens de guerre et de marine qui se seront enrôlés et qui
auront reçu l'argent desdits capitaines de les quitter, s'ils n'ont leur congé
par écrit, ou de leurs lieutenants qui les auront enrôlés, à peine de la vie.
Enjoint Sadite Majesté à tous gouverneurs,... consuls et échevins desdites
villes maritimes et autres situées sur les rivières de Dordogne, Garonne,
Vienne, Gironde, Loire, Seine, Somme, Saône, le Rhône et autres
rivières et passages par où lesdits gens de guerre et de marine peuvent
passer, de faire trouver des barques et bateaux auxdits capitaines préféra-
blement à tous autres, en les payant au prix courant entre les marchands,
pour passer lesdits équipages aux lieux où il leur sera ordonné... » Paris,
21 février 1647. A. M., A¹ 4.
2. « Inventaire général de tout ce qui a été acheté en Suède ès mois de
mars, avril et mai 1647 pour le service du roi en la marine.
« Premièrement, quatre navires de guerre achetés en l'amirauté de Suède,
savoir : *Jupiter,* 775 tonneaux ; *Lion de Smaland,* 690 ; *Regina,* 560 ; le
Chasseur, environ 400... A Stockholm, le 8 juin 1647. » Achats faits par le
sieur Chanut, résident de France à Stockholm pour être conduits en France
par Du Quesne, chef d'escadre. A. M:,B⁴ 2, fol. 6-15.
3. Armand Jean de Vignerot du Plessis, duc de Richelieu, né en 1629,
fils de François de Vignerot du Pont de Courlay, mort à Paris le 10 mai
1715. Il eut pour fils le célèbre maréchal duc de Richelieu, qui prit Mahon
et conquit le Hanovre.

des mutations dans le corps des officiers généraux de la marine [1], avait confirmé au duc de Richelieu le commandement général de l'armée navale, en lui donnant comme conseiller Henri d'Estampes, bailli de Valençay, et en plaçant la division des vaisseaux sous l'autorité de Philippe des Gouttes, grand prieur d'Auvergne. Vingt-neuf vaisseaux et cinq brûlots [2] composaient la puissante escadre du duc de Richelieu.

1. « Règlement sur les rangs, honneurs, fonctions et commandements qui appartiennent aux officiers de la marine.

« Toute l'armée navale étant assemblée et celui qui doit la commander en qualité de général y étant arrivé, M. le duc de Richelieu demeurera lieutenant général de ladite armée, comme aussi M. le grand prieur d'Auvergne, ledit sieur duc pour commander les galères, et ledit sieur grand prieur les vaisseaux, sous l'autorité dudit général.

« Et, au défaut dudit général,... le duc de Richelieu reprendra le commandement de l'armée et, sous lui, le grand prieur d'Auvergne celui des vaisseaux...

« Le sieur Du Mé, chef d'escadre de Guienne, commandant le vaisseau la *Lune*, sera vice-amiral en l'absence du commandeur de Montigny, et le sieur de Linières sera contre-amiral...

« Sa Majesté a jugé nécessaire pour le bien de son service d'augmenter le nombre des chefs d'escadre de deux,

l'un de Catalogne, en la personne du s[r] de Montade,

et l'autre de Dunkerque, en celle du s[r] Du Quesne, pour faire avec les quatre ci-devant établis le nombre de six escadres, occupées

celle de Bretagne par le s[r] de Launay-Razilly,

celle de Normandie par le s[r] commandeur de Montigny,

celle de Guienne par le s[r] Du Mé,

et celle de Provence par le s[r] chevalier Garnier,... lesquels [six] auront séance et voix délibérative dans le conseil de guerre, chacun selon son ancienneté, comme aura aussi le s[r] Du Cruzet, major de l'armée navale...

« Sa Majesté veut en outre que le s[r] bailli de Valençay, sur qui elle se repose avec entière confiance de tout le soin de la marine en Provence, soit appelé en tous les conseils de l'armée navale et y prenne séance après le lieutenant général et y ait voix,... comme y étant de la part du roi...

« Fait à Amiens, le 22e jour de juillet 1647. »

A. M., A⁴ 4 et B⁴ 2.

2. « État des vaisseaux de guerre, brûlots,... dont l'armée navale est présentement composée.

« Premièrement, vaisseaux de guerre, commandés :

L'*Amiral*, à bord duquel se trouvaient le duc de Richelieu et le grand prieur d'Auvergne, par Du Creuzet et des Forgettes ; — la *Lune*, par Du Mé, vice-amiral ; — le *Mazarin*, par de Montade, contre-amiral — le *Grand Saint-Louis*, par Garnier, chef d'escadre ; — le *Jupiter*, par Abraham Du

A la cour, on suivait avec la plus grande impatience les événements qui allaient se passer dans l'Italie du sud, témoin ces lignes de Lionne à Fontenay-Mareuil[1] : « L'arrivée de notre armée navale et de ce qu'elle fera sera la crise de la maladie qui sauvera l'infirme ou l'achèvera. Vous pouvez croire que ce n'est pas sans beaucoup d'impatience qué nous attendons les premiers avis qui doivent venir de ce côté-là. Nous calculons les heures et les moments de l'arrivée du courrier. » Les nouvelles si impatiemment attendues finirent par arriver ; elles ne répondaient pas aux espérances que l'expédition avait fait concevoir.

L'escadre française arrivait dans les eaux de Naples le 18 décembre, après avoir occupé Ischia[2]. Les circonstances

Quesne, chef d'escadre ; — le *Cardinal*, par le lieutenant de M. de Linières; — le *Triomphe*, par Du Menillet ; — le *Grand Anglais*, par Paul ; — le *Dunkerquois*, par Gabaret (Mathurin) ; — le *Soleil*, par de Leschasserie ; — la *Vierge*, par de La Lande ; — le *Dragon*, par Du Parcq ; — le *Lion couronné*, par de Gardanne ; — le *Tigre*, par de Vieumarché ; — le *Cygne*, par d'Almeras ; — l'*Admirante*, par de Salenave ; — le *Triton*, par de Fricambault ; — le *Saint-Thomas*, par de La Ferrière ; — le *Faucon*, par de Heauville ; — le *Léopard*, par de Mesgrigny ; — le *Sourdis*, par Ciret ; — le *Saint-Paul*, par Montcrespin ; — le *Postillon*, par le lieutenant de M. de Fontenay ; — l'*Eminent*, par de Bassompierre ; — le *Chasseur*, par Banos ; — la *Régine*, par Jacob Du Quesne le Jeune (frère d'Abraham).

« Nombre : 26 vaisseaux de guerre et 3 portugais, faisant en tout 29, lesquels ont des victuailles pour tout le mois de janvier.

« Brûlots, commandés :

le *Saint-Fernand*, par le capitaine Payault ; — l'*Elbeuf*, ci-devant vaisseau de guerre par le sr Montenay , — la *Comtesse*, par le capitaine Gargot ; — la *Coquette*, par le capitaine Mariauchau ; — la *Baleine*, par le capitaine Sauvaget.

« Nombre des brûlots, cinq.

« Noter qu'il y a encore deux flûtes nommées l'*Espérance de Lubeck* et le *Cancre doré*, armées pour servir au besoin. »

De plus, il y avait dans le port de Toulon, en état de désarmement, 9 vaisseaux de guerre, 7 brûlots, 1 bâtiment hôpital.

A. M., B⁴ 2, fol. 32.

1. Le 16 décembre 1647. CHÉRUEL, *Histoire de France pendant la minorité de Louis XIV*, t. II, p. 454.

2. « Journal de ce qui s'est fait et passé par l'armée navale du roi commandée par Mgr le duc de Richelieu au voyage de Naples. » A. M., B⁴ 2, fol. 50-56. Cf. comte de MODÈNE, *Histoire des révolutions de la ville et du royaume de Naples*, édition de 1826 ; t. I, p. 133-161.

étaient favorables; la flotte espagnole, qui n'avait pas songé à lui disputer les approches de la côte, était dispersée, à Gaëte, à Naples, à Castellamare ; à l'intérieur de Naples même, la révolution triomphait. Il n'y avait qu'à agir vite et à frapper droit au but. Dans ces mêmes parages où un siècle et demi plus tard Latouche-Tréville devait montrer tant de décision, Richelieu hésita, laissa passer le temps ; il ne se décida qu'à une fausse attaque, une démonstration vers Castellamare.

On avait appris la présence à cet endroit de cinq vaisseaux et de cinq galères d'Espagne. La division du vice-amiral Du Mé, composée de la *Lune*, du *Triomphe*, du *Triton*, du *Cardinal*[1], du *Tigre* et du brûlot l'*Elbeuf*, fut détachée, le 21 décembre, dans cette partie du golfe de Naples. L'affaire fut assez chaude. Trois vaisseaux ennemis, de quarante, trente-huit et vingt-cinq pièces de canon, furent brûlés; le quatrième fut coulé à fond ; le cinquième, qui portait du blé, fut pris[2]. Les cinq galères avaient pu fuir et se mettre à l'abri derrière le môle de Naples.

Le lendemain 22, nouveau combat. Richelieu, qui avait le vent pour lui, approcha les ennemis et coula trois de leurs bâtiments; le vent tourna, les Français durent sortir du golfe, sans que leurs brûlots aient pu prendre part à l'action.

En somme, succès stérile, comme tous ceux qui ne frappent pas l'ennemi à la tête ou au cœur. C'est à Naples même qu'il fallait frapper. Richelieu se borna à croiser le

---

1. Le commandant du *Triton* était à cette date de Villemoulin ; celui du *Cardinal*, Du Cluseau.
2. Cf. une lettre de Fontenay-Mareuil, du 28 décembre 1647 : CHÉRUEL, *Lettres de Mazarin*, t II, p. 559, note.

long des côtes, en consumant inutilement ses vivres.
Au mois de janvier arrivèrent des gros temps ; le *Cygne*,
du commandant d'Almeras[1], qui avait des voies d'eau, finit
par couler ; on put du moins sauver l'équipage. Le décou-
ragement ne tarda pas à se mettre dans l'escadre, où l'on
n'avait plus de vivres, disait-on, que pour quelques jours ;
on décida de renoncer à l'expédition. Le retour fut ordonné ;
il se fit en désordre ; on ne songea même pas à profiter de
l'escale de Porto Longone, qui était alors occupée par les
Français. L'escadre ne se rallia que le 12 janvier dans les
eaux de Gênes, d'où elle regagna Toulon. Ces allées et
venues ne constituaient point une expédition militaire ;
c'était au plus, « le voyage de Naples », suivant la curieuse
expression de la relation officielle.

Mazarin chercha à atténuer le mauvais effet de cette
retraite.

« Je ne m'étonne pas, écrivait-il[2], que les Espagnols
s'efforcent de tirer des arguments à leur avantage de ce que
notre armée navale est rentrée à Toulon ; mais je m'éton-
nerais que des hommes expérimentés et sans passion ne
comprissent pas que, de même que c'est chose insolite que
les flottes prennent la mer au milieu de l'hiver, il n'y a
rien d'étrange à ce que la nôtre, partie de Provence au
milieu de décembre, battue par une violente tempête pendant le voyage, après avoir affronté une mer orageuse pendant plusieurs jours dans le golfe de Naples, sans port où

---

1. Guillaume d'Almeras, originaire de Montpellier, capitaine de vaisseau
en 1644, chef d'escadre en 1662, lieutenant général en 1673, tué devant
Syracuse, dans l'escadre de Du Quesne, le 22 avril 1676.
2. Lettre au cardinal des Ursins, du 15 février 1648 : CHÉRUEL, *Histoire
de France pendant la minorité de Louis XIV*, t. III, p. 41. — Mazarin
employait encore les mêmes arguments et à peu près les mêmes expressions
dans une lettre, du 19 février 1648, à un chef napolitain, Lorenzo Tonti.
Lettres de Mazarin, t. III, p. 38.

elle pût se réfugier, après avoir livré plusieurs combats à la flotte espagnole supérieure en nombre de vaisseaux, assistée de galères et défendue par des forteresses, ait fini par se retirer sur une côte où elle pût se radouber et se pourvoir des choses nécessaires. »

C'est là un raisonnement de diplomate, ce n'est pas un raisonnement de soldat. Richelieu n'avait pas eu la décision nécessaire ; c'est pour cela que l'expédition avait manqué. On invoquait la tempête et la difficulté du ravitaillement ; mais on n'aurait eu à compter ni avec l'inclémence du temps, ni avec le défaut des vivres, si la flotte française, au lieu de courir les aventures à Castellamare ou de divers côtés du golfe, avait marché, dès le premier jour, là où elle devait à tout prix pénétrer, à l'intérieur même du port de Naples. Frappez à la tête ! disait César à ses légionnaires ; c'est la règle suprême pour tout soldat. Richelieu ne l'avait pas appliquée.

La retraite de l'escadre de Richelieu fit perdre à la politique française ses dernières chances de succès ; quelques mois plus tard, en avril 1648, le duc de Guise était fait prisonnier, et les Espagnols rentraient à Naples.

En 1654, après la Fronde, Mazarin revint à son idée de conquérir le royaume de Naples ; ce qui paraîtra singulier, c'est qu'il ait encore pris le duc de Guise pour chef de l'expédition projetée. Le chevalier Paul quittait Toulon, le 5 octobre, avec vingt-trois vaisseaux, six galères, et une flotte de transports. Divers incidents de navigation conduisirent les Français dans les eaux de la Sardaigne, de la Sicile, de Malte, enfin dans le golfe de Naples ; Guise débarquait à Castellamare le 14 novembre, après que le chevalier Paul eut écarté de la côte une division de treize

galères espagnoles. Mais les Français ne purent rester à
terre qu'une dizaine de jours, Guise se rembarquait dès le
24 novembre. Une épidémie décimait les équipages ; Naples
était à l'abri d'une surprise ; un vaisseau de l'escadre venait
de se perdre à l'embouchure du Garigliano. Il n'y avait
plus qu'à rentrer à Toulon ; le chevalier Paul y était de
retour au mois de janvier.

Mazarin avait des raisons d'être mécontent. D'après lui,
les capitaines de vaisseau avaient apporté des retards de
tout genre au moment du départ de Toulon ; il écrivait au
chevalier Paul [1] : « Ils ont ruiné l'entreprise de Naples par
le refus de mettre à la voile et de profiter du beau temps,
sous des prétextes tout à fait déraisonnables. » A leur retour,
ils avaient causé un vrai scandale. Ils réclamaient qu'on leur
remboursât quatre-vingt-dix mille livres, « pour avoir, dit
ironiquement le ministre, fait mourir de faim et de misère
tant d'officiers et de soldats des troupes qui étaient embarquées sur leurs navires ». Ils s'étaient rendus « à mains
armées au logis du sieur Colbert [2], pour le contraindre à
satisfaire à leurs injustes prétentions, avec injures et mena-
ces de le jeter à la mer ». Le ministre ordonnait de punir
ces commandants d'une manière exemplaire [3].

Dans sa correspondance officielle, Mazarin affectait de ne
prêter à ces événements qu'une importance secondaire ; il
écrivait à l'ambassadeur de France en Angleterre [4] : « Cette

---

1. Le 15 janvier 1655. CHÉRUEL, *Histoire de France pendant le ministère
de Mazarin*, t. II, p. 193.
2. Charles Colbert (Colbert de Croissy), alors intendant de la marine à
Toulon.
3. Sur cette affaire, lettres, du 8 et du 16 janvier 1655, à l'évêque
d'Orange, Hyacinthe Serroni, et au chevalier Paul. *Lettres de Mazarin*,
t. VI, p. 420 et 673.
4. Le 2 janvier 1655. CHÉRUEL, *Histoire de France sous le ministère
de Mazarin*, t. II, p. 197.

entreprise ne se peut appeler disgrâce. » Ce n'était point, en effet, un désastre militaire ; mais l'échec n'était pas moins définitif : l'Italie était et demeurait perdue pour les Français.

Aux campagnes maritimes des Français sur les côtes de l'Italie se rattache un épisode, de l'année 1657, qui faillit brouiller la France et les Provinces-Unies.

Deux vaisseaux français, commandés par le chevalier de La Lande, revenaient à Toulon, après avoir débarqué des troupes à Viareggio, quand ils furent capturés par le Hollandais Ruyter, à titre prétendu de représailles pour des actes de piraterie commis par les Français ; le commandant La Lande et son lieutenant avaient été eux-mêmes arrêtés ; trois cent cinquante de leurs matelots avaient été abandonnés sur la côte de Catalogne, « après avoir été pillés et dépouillés ». Louis XIV et Mazarin protestèrent avec une extrême énergie. « Le roi, disait Mazarin, est résolu de ne rien relâcher et portera cette affaire aux dernières extrémités, plutôt que de souffrir l'injure que ledit Ruyter lui a faite. » L'affaire finit par s'arranger. De Thou, ambassadeur de France en Hollande, obtint la restitution des vaisseaux qui avaient été saisis « contre les lois de la mer [1] ».

1. *Journal du voyage de deux jeunes Hollandais à Paris en 1656-1658* (publié par Faugère, nouvelle édition chez Champion par Marillier, 1899), au mois d'avril et de mai 1657 ; Jal, *Abraham Du Quesne*, t. I, p. 215-216 ; Chéruel, *Histoire de France sous le ministère de Mazarin*, t. III, p. 58-62.

CHAPITRE XIII

Le chevalier Paul. — Ses croisières dans l'Archipel. — Il est anobli.
— Le salut sur mer. — Nombreuses prises. — Campagne de 1660
chez les Barbaresques : devant Tripoli, Tunis, Alger. — Mémoires
sur un plan de campagne contre les Barbaresques : la guerre de
course, l'attaque des ports. — Les marins provençaux. — Bizerte.
— Projets de débarquement. — Croisière de 1661.

Au cours des campagnes maritimes qui eurent lieu sous
le ministère de Mazarin, on voit revenir fréquemment le
nom du chevalier Paul. Ce fut une existence peu commune
que celle de ce vaillant marin, à l'audace extraordinaire [1].
Les aventures abondent au cours de son existence agitée ;
sa naissance même est entourée de circonstances extraordinaires, qui ont comme un caractère de légende. On raconte
qu'au mois de décembre 1597, une blanchisseuse de Marseille se rendait au château d'If dans une barque de
pêcheurs, lorsque éclata une violente bourrasque ; au milieu
des vagues en furie, elle éprouva les premières douleurs de
l'enfantement ; avant la fin de la traversée, elle avait mis
au monde un enfant : le fils de la blanchisseuse devait être
le chevalier Paul.

L'enfant né entre le ciel et l'eau, au milieu d'un coup de
mistral, ne pouvait avoir qu'une vocation maritime. Recueilli

---

1. H. Oddo, *Le Chevalier Paul* ; Paris, 1896.

par le gouverneur du château, Paul de Fortia de Piles, qui voulut être son parrain et qui lui donna son prénom, le jeune Paul fut élevé au château d'If ; il y grandit jusqu'à l'âge de douze ans. A voir passer sans cesse devant ses yeux les navires qui parcouraient la rade de Marseille, l'amour de la vie maritime s'éveilla de bonne heure en lui. A douze ans, il alla se cacher dans la cale d'un navire en partance ; il ne révéla sa présence que lorsque le bâtiment fut au large de Marseille, et il resta à bord comme simple mousse. Trois ans plus tard, il s'engageait sur les galères de l'ordre de Malte. Un duel dans lequel il avait tué un de ses supérieurs faillit lui coûter la vie à lui-même. Gracié par l'influence de son parrain, qui avait fait agir des chevaliers de Malte d'origine marseillaise, son engagement fut annulé. Embarqué sur un brigantin armé en course, il se fit vite remarquer par sa bravoure et son sang-froid ; le capitaine ayant été tué dans un combat, l'équipage le choisit pour le remplacer.

Le capitaine Paul devint la terreur des Turcs. Il s'était établi au fond de l'Archipel, sur le rocher de Mosconici, dans les eaux de Mételin, l'antique Lesbos ; il y avait fortifié une ancienne tour ; de ce repaire il fondait sur les bâtiments turcs qui passaient dans son horizon. Un jour, cinq galères turques étaient en vue ; il partit les attaquer avec son seul brigantin. Une fut coulée, trois mises en fuite, la cinquième ramenée à Mosconici. Les Turcs terrifiés avaient appelé sa citadelle la Tour du *capitan Paulo*, nom qu'elle a, paraît-il, conservé jusqu'à nos jours.

L'ordre de Malte, pour récompenser tant d'audace, le nomma, en 1637, chevalier de grâce, seule dignité à laquelle pouvait prétendre un roturier ; dès lors, il fut connu sous le nom de chevalier Paul. Il avait environ quarante ans ;

depuis vingt-huit ans, il parcourait la Méditerranée en tous sens et par tous les temps. On comprend quelle connaissance toute pratique de la vie maritime il avait pu acquérir au milieu de ses courses aventureuses.

Le chevalier, dont les exploits étaient parvenus sans doute aux oreilles de Richelieu, entra, en 1638, au service de la France ; il y resta durant trente ans, jusqu'à l'année 1668, date de sa mort. Il servit tour à tour sous les ordres de Sourdis, de Brézé, de Vendôme, de Beaufort ; on le trouve à la bataille de Gattari ; il fait les campagnes de Catalogne, de Naples ; entre temps, il conduit des croisières contre les Barbaresques.

Ses services furent remarqués par Mazarin. Le cardinal, au mois de novembre 1649, lui fit décerner des lettres de noblesse, qui rappelaient ses principaux faits d'armes.

« Louis, par la grâce de Dieu, roi de France et de Navarre... Voulant répandre nos grâces sur les personnes qui, s'étant élevées au-dessus de leur condition par leurs mérites, se sont aussi rendues recommandables à notre État par leurs services, nous croyons ne pouvoir le faire plus justement qu'en la personne de notre cher et bien amé le sieur Jean Paul de Saumur [1], chevalier sergent d'armes de l'ordre de Saint-Jean de Jérusalem et chef d'escadre de nos armées navales en la résidence de Provence, lequel, entre plusieurs preuves mémorables qu'il a données de sa valeur et de son affection singulière au bien de notre service, depuis qu'il a été employé dans nosdites armées, étant allé dans le golfe de Naples avec une escadre de guerre dont nous lui donnâmes le commandement en l'année MDCXLVII, remporta un noble avantage sur les vaisseaux des ennemis de cet

---

1. On ignore la raison de cette appellation.

Etat, et à la vue de la ville de Naples et de toute l'Italie ;
et, non content d'avoir augmenté par un si fameux exploit
la réputation de nos armes, il excita aussi, par sa courtoisie
et sa libéralité envers les Napolitains qu'il fit prisonniers
de guerre en cette occasion, une si forte estime pour le nom
français dans les esprits de ces peuples-là, que c'est véritablement à lui qu'est due la meilleure partie du mérite des
révolutions qui sont arrivées depuis parmi eux et des bons
sentiments qu'ensuite ils ont témoigné d'avoir pour cette
couronne. »

Le même document le loue encore d'avoir embarqué sur
la côte de Gênes, pour les rapatrier en Provence, les troupes
françaises qui venaient de quitter la Lombardie, et d'avoir
ravitaillé en hommes et en vivres les garnisons de Piombino et de Porto Longone.

A présent qu'il était noble[1], le chevalier Paul pouvait
entrer dans la hiérarchie régulière de l'ordre de Malte ; il
fut créé chevalier de justice. En reconnaissance, il fit cadeau
à la « Religion » d'un vaisseau de quatre cent mille livres,
destiné à combattre les infidèles[2]. En 1654, il fut nommé
lieutenant général des armées navales dans les guerres du

---

1. Écusson bandé d'argent et de gueules de six pièces, au chef d'or
chargé de trois fleurs de lis d'azur, orné d'une couronne comtale.

2. Le chevalier Paul fit partie de la cavalcade offerte aux Parisiens en
1651, pour la proclamation de la majorité de Louis XIV. Il eut les honneurs de tout un paragraphe dans la *Célèbre Cavalcade faite pour la majorité du roi* (Mme De Motteville, *Mémoires*, édit. Riaux, t. III, p. 432) :
« Le chevalier Paul, fameux en nos combats de mer, bien qu'il n'eût
jamais monté à cheval, pour faire voir son zèle au service du roi, voulut
paraître en cette cérémonie, étant vêtu en broderie d'or et d'argent et de
pierreries, avec sa croix de chevalier estimée dix mille écus, et un bau-
drier couvert de figures de relief en broderie d'or et d'argent du prix de
huit cents livres, monté sur un cheval bai clair, difficile à gouverner, dont
la housse était de velours semé de perles ; ayant en suite de la cavalcade
splendidement traité à dîner plusieurs seigneurs de la cour, où l'assurance
avec laquelle ce chevalier avait, en la présence du roi, manié un cheval,
n'en ayant jamais monté, fit diminuer celle du roi Atabalippa, que les

Levant ; il fit en cette qualité l'expédition de Naples. En
1659, son ordre lui donna le titre de commandeur du prieuré
de Saint-Gilles.

Le chevalier Paul n'était pas un tacticien formé dans les
académies, sa science de la mer n'avait rien de livresque,
il appartenait à la vraie école, l'école des « flottes en vie ».
« Ce Paul, si longtemps redouté[1] », était avant tout un
audacieux qui excellait dans la guerre de course, c'était
encore un brave qui avait une légitime fierté de commander
les vaisseaux du roi Très Chrétien. Il avait, a-t-on dit, le
coup de canon facile. Un épisode peut le prouver.

Au début de l'année 1649, le chevalier était en croisière
sur les côtes de l'île de Malte. Il rencontra un vaisseau
anglais, armé de trente-cinq canons, qui allait de Smyrne
à Livourne et Toulon, avec un chargement de quatre cents
balles de soie ; il lui intima « d'abattre sa bannière pour
saluer celle de France ». L'Anglais refusa. Paul lui envoya
une bordée qui le fit sauter ; trois ou quatre personnes seulement, sur cent quarante environ, parvinrent à échapper
à cette exécution sommaire. Le fils de l'ambassadeur
d'Angleterre, qui était à bord, périt dans l'explosion[2]. Le
gouvernement de Londres n'oublia pas la chose ; il devait
en tirer une vengeance éclatante, en 1652, dans les eaux de
Dunkerque sur l'escadre de Du Ménillet[3].

Mazarin avait compris que cette facilité à faire parler la
poudre était dangereuse à une époque où le gouvernement
de Louis XIV aurait peut-être besoin un jour de l'alliance

Espagnols exaltèrent tant pour ne s'en être point fui à la première rencontre
d'un cheval, dans la bataille qu'ils lui donnèrent au Nouveau-Monde, n'en
ayant aussi jamais vu. »

1. ESMÉNARD, *La Navigation*, chant VII.
2. *Gazette*, du 13 février 1649.
3. Voir ci-dessous, p. 195.

anglaise. Aussi fit-il adresser ces instructions au bouillant chef d'escadre[1] : « Ordre au sieur chevalier Paul, chef d'escadre des vaisseaux de sa Majesté qui sont en Provence, de ne point se brouiller avec les Anglais [qui naviguent en Méditerranée], soit qu'ils commandent les vaisseaux du roi d'Angleterre[2] ou autres, de se conduire néanmoins de telle sorte pour les saluts de la mer qu'il ne souffre que lesdits Anglais emportent aucun avantage sur lui, mais de conserver, autant que l'occasion le permettra, les prérogatives qui sont dues aux navires du roi, ainsi qu'il est accoutumé. » Instructions singulièrement obscures et vagues, dans lesquelles un marin comme Paul pouvait aisément trouver matière à un *casus belli.*

Le nombre des prises que ce coureur de la Méditerranée fit pendant sa longue carrière est considérable ; cela se traduisait, pour l'ancien mousse devenu commandeur et lieutenant général, en espèces sonnantes ; une seule prise, dans sa croisière de 1649, lui avait rapporté plus de trois cent mille écus. Il avait, aux portes de Toulon, une maison de campagne, une « cassine », que Chapelle et Bachaumont déclarent un petit palais enchanté. En l'honneur de leur hôte, les joyeux compagnons alignèrent quelques rimes :

C'est ce Paul, dont l'expérience
Gourmande la mer et le vent,
Dont le bonheur et la vaillance
Rendent formidable la France
A tous les peuples du Levant.

La paix des Pyrénées venait d'être signée avec l'Espagne, la France venait de recouvrer la liberté de ses mouvements :

1. En date du 3 mars 1650. A. M., A¹ 5.
2. *Sic*, plus d'un an après la proclamation de la république anglaise.

aussitôt l'attention du gouvernement se tourna vers les pays barbaresques. C'étaient toujours les mêmes injures à venger : bâtiments de commerce pillés, passagers et matelots emmenés en esclavage. La guerre de course des Français ne cessait de répondre à la guerre de course des Barbaresques ; les commandants Fricambault[1] et Valbelle[2] avaient des commandements de ce genre.

Le chevalier de Valbelle venait d'être récemment, en 1655, le héros d'un combat très brillant ; c'est un épisode des mauvais rapports qui existaient alors en Méditerranée entre les marines de France et d'Angleterre. Le vaisseau de trente canons que commandait Valbelle avait été attaqué, dans les eaux de Majorque, par une division de quatre vaisseaux anglais. Mis hors de combat après une résistance énergique, le chevalier fit échouer son vaisseau entièrement démâté. Le commandant anglais, touché de tant de valeur, lui envoya une barque. Valbelle et son équipage avaient pu ainsi rentrer en Provence[3].

En 1660, le commandant Paul fut chargé de procéder contre les Barbaresques à une démonstration plus efficace,

---

1. « Mgr le duc de Vandosme, pair, grand maître, chef et surintendant général de la navigation et du commerce de France, ayant... fait choix de la personne du sieur de Fricambault, pour commander l'un des vaisseaux de Sa Majesté destinés pour l'armement que Sadite Majesté veut être fait en ses mers du Levant, Son Altesse lui a accordé le vaisseau nommé le *Soleil*, en l'état qu'il est au port de Toulon, avec ses canons, armes et artillerie, poudre et boulets nécessaires... » Fait à Anet, 23 octobre 1656. Bibliothèque nationale, Mss français, 5581, fol. 7.

2. « Narration de la campagne ou voyage de course de Jean Bourneuf, Parisien, en Levant, contre les Turcs, sous le commandement du chevallier Valbel, faite en l'année 1660, contenant tout ce qui s'est passé de plus mémorable depuis son embarquement à Marseille jusques à leur naufrage en Cycille avec son heureux retour en France, après avoir demeuré près de deux ans sur la mer. » Bibliothèque nationale, Mss français, 14282. Récit plein d'aventures, qui donne une impression vivante des conditions si pénibles de ce genre de navigation.

3. Brun, *Guerres maritimes de la France, Port de Toulon*, t. I, p. 38.

avec une division navale. Quinze bâtiments, « soit de guerre
ou à feu », vaisseaux ou brûlots, composaient son escadre ;
la *Reine* était le vaisseau amiral [1].

Celui que les Turcs avaient baptisé le *capitan Paulo* eût
convenu à merveille pour faire la guerre aux Barbaresques ;
mais ses instructions lui disaient de négocier le rachat des
captifs, puis de conclure un traité : toujours le même jeu
illusoire, qui, loin d'extirper le mal, ne faisait que l'entretenir. Il fut donc obligé de se borner à ce rôle de négocia-
teur, pour lequel il était peu fait ; il eut du moins l'occasion
de noter des choses intéressantes, qui donnent une valeur
toute particulière à la relation de sa croisière.

La division française était arrivée dans les eaux de Tripoli de Barbarie [2]. Elle trouva l'entrée du port complètement
bouchée ; un grand vaisseau avait été coulé par le travers ;
des chaînes avaient été tendues ; les bâtiments des corsaires,
tous dégréés et séparés les uns des autres, pour ne donner
aucune prise aux brûlots, s'ils avaient pu les approcher,
étaient mouillés au fond du port. On ne pouvait pénétrer
à Tripoli ; on ne pouvait, à cause de la distance et de la
nature des fonds, prendre une position favorable à un bombardement. Sans penser à faire parler la poudre, le chevalier Paul entama des pourparlers ; il fit parvenir au pacha
la lettre suivante [3] :

« Seigneur, Je suis envoyé, de la part du grand empereur le roi de France mon souverain, vers Votre Grandeur
pour faire la paix avec vous et rétablir le commerce entre
les sujets de Sa Majesté et les vôtres, ainsi qu'il est établi

1. Nombreux documents sur cette croisière de 1660 : A. M., B⁴ 2.
2. Milieu de juillet 1660.
3. « Lettre escrite par Monsieur le chevalier Paul au bacha de Tripolly
en arrivant devant son port. » A. M., B⁴ 2, fol. 75.

entre le roi mon maître et le Grand Seigneur, empereur des monsolliments[1], votre souverain. Et, pour la rendre ferme et durable, il faut me rendre tous les Français qui sont esclaves dans votre ville. Et réciproquement, je vous ferai rendre tous ceux de vos sujets qui sont en France. J'attends, seigneur, votre réponse et vos ôtages avec impatience. Et je vous prie que ce soit promptement et favorablement, de peur que je sois obligé de vous déclarer la guerre. Ce que je ne ferai point tant que vous inclinerez à la paix, et, lorsqu'elle sera faite, vous connaîtrez toujours et en toutes sortes de rencontres, que je veux être très passionnément, seigneur, Votre, etc.

« Du bord du navire l'*Amiral de France*, mouillé à la rade de Tripolly. Juillet 1660. »

Le gouverneur turc, Osman pacha, répondit au chevalier en se servant de la langue italienne [2] :

« Signore, In rispota dell' amorevolissima sua, le dico che senza il solito riscatto non darò i desiderati schiavi. In quanto la pace, tutti i vasselli francesi che capitano nelli miei porti godono listessi privilegi delle scale di Levante. In quanto agli corsalli, io non posso impedire il loro antico corso e listesso popolo non intende annularlo. Sep[ma] [3]. Primo, spargemo il proprio sangue. V. Exmo [4]. OSMAN Bassa [5]. »

---

1. *Sic*, pour musulmans.
2. A. M., B⁴ 2, fol. 81.
3. « S[igillo] e p[ropria] ma[nu] », d'après la lecture de M. Viard, archiviste aux Archives nationales. Cela voudrait dire : « Cachet de ma propre main », précédant les cinq derniers mots, qui constituent une manière de post-scriptum autographe.
4. « Vostro Excellentissimo. » Il se donne à lui-même son titre.
5. « Seigneur, En réponse à votre très affable, je vous dis que sans la rançon ordinaire, je ne donnerai pas les esclaves demandés. Quant à la paix, tous les vaisseaux français qui arrivent dans mes ports jouissent des mêmes privilèges que dans les échelles du Levant. Quant aux corsaires, je ne puis

Nouvelle lettre du commandant français :

« Je sais la considération que le roi mon souverain fait de l'amitié de votre empereur, et ainsi je ne veux rien oublier de ce qui pourra éviter une rupture si considérable... Faites-moi concevoir en quoi consiste ce rachat et le nombre des Français qui ont été pris navigant sur la foi publique de la commission du roi mon maître. S'il y a de vos sujets en notre pouvoir, on pourra échanger homme pour homme... J'attends votre réponse et des ôtages pour ce traité, comme je vous en offre afin d'établir une paix à l'avenir. Je serai bien aise d'aller au devant de tout ce qui pourra éviter les extrémités d'une guerre et m'assure que vous y contribuerez aussi tout ce qui dépendra de vous [1]. »

Avec de pareilles dispositions, il n'y avait plus qu'à négocier, c'est-à-dire à marchander. Le pacha de Tripoli parlait des conditions qu'il faisait aux Anglais pour le rachat des captifs. « Nous lui aurions réparti que nous ne suivions pas les exemples des Anglais et qu'il n'y avait nulle comparaison à faire d'un si puissant monarque que le roi de France à une république. » Les Français se convainquaient de plus en plus qu'il n'y avait rien de glorieux à faire à Tripoli pour les armes du roi : « ce ne serait que de la poudre brûlée inutilement, ne voulant pas mettre la gloire des armes dans le compromis d'une confusion toute apparente. » Il y avait cent quatre-vingt-six esclaves ; le pacha demandait deux cents piastres par tête ; Paul en offrait cent ; on transigea à cent cinquante. Un

---

pas empêcher leur course ancienne, et le même peuple n'entend pas le supprimer. Cachet de ma propre main. D'abord, nous verserons notre propre sang. Votre Excellentissime. »

1. A. M., B⁴ 2, fol. 76.

traité fut signé : le pacha recommandait à ses capitaines de
ne jamais molester les Français en mer, « à peine de sa
disgrâce et d'autres sévères châtiments » ; ils devaient
même, « en cas de nécessité, les aider et les secourir ».
Personne n'était dupe de ces formules, Paul moins que
personne : « ce traité n'était proprement qu'un prétexte
pour nous tirer d'ici avec honneur. » Le conseil de guerre
décida à l'unanimité de quitter les eaux de Tripoli et de
continuer à faire route « pour le plus grand bien du service
du roi ».

Quelques jours plus tard [1], la division française jetait
l'ancre en rade de la Goulette [2]. Le même jeu des négociations recommença ; mais il ne paraît pas qu'on ait rien
obtenu, car le dey se retranchait derrière un traité qu'il
venait de passer avec un agent du duc de Mercœur.

Le commandeur Paul écrivait à Mazarin [3] :

« Je m'estime, monseigneur, le plus malheureux des
hommes de n'avoir pu faire jusqu'ici quelque chose de
considérable pour la satisfaction de Votre Éminence. » Sa
division est composée en partie de vaisseaux qui doivent
passer en Ponant ; les commandants de ces vaisseaux
parlent de partir tout de suite, ils disent que leurs vivres
s'épuisent. « Je suis obligé de dire à Votre Éminence qu'il
est très fâcheux que tous ces accidents arrivent et que tous
les jours ils fassent des discours entre eux, qu'ils ne tendent
qu'à se détacher et séparer de moi au plus tôt... Ceci n'est

1. Le 7 août 1660.
2. Les « Observations de divers ports », du sieur de Cogollin, capitaine
d'un des navires de Sa Majesté (ci-dessus, p. 145, n. 1), renferment des plans
détaillés de Sarcelle [Cherchell] en Barbarie, de la baie d'Alger, de la rade
de Bizerte avec ses mouillages, de la rade de Portefarine, de la rade de la
Goulette, de Tripoly de Barbarie.
3. Lettre du 14 août 1660, avec signature autographe. A la rade de la
Goulette.

pas qu'ils manquent de cœur, d'affection et de zèle pour le service de Votre Éminence ; mais, quand on est destiné pour deux différents emplois et que l'on se doit séparer, comme en cette rencontre ici, chacun désire que ce soit le plus tôt, et celui qui doit commander est bien aise de se voir à la tête de son corps... C'est bien fâcheux que le peu de réputation que j'ai acquise dans le service soit ternie aujourd'hui par les accidents qui arrivent ; et, comme toute la France a su que Votre Éminence m'avait honoré d'un si bel emploi, voyant que je n'aurai rien fait et n'en sachant pas les causes, en parleront différentement. Je supplie très humblement Votre Éminence d'avoir la bonté de ne souffrir pas qu'une fidèle créature soit perdue de réputation à cette rencontre. »

Tout son désir est de faire « en Alger » quelque action d'éclat. « J'espère, avec l'aide de Dieu, qu'à grands coups de canon contre leur ville, je ferai réussir toutes choses au contentement de Votre Éminence. Car c'est par le grand feu, en les harcelant de temps en temps, de jour et de nuit, tantôt par le canon et tantôt par les brûlots, que l'on pourra mettre Alger à la raison, et aussi en leur manifestant que l'on ne bougera point de leur rade jusqu'à ce qu'ils aient satisfait aux volontés du roi... Ç'a toujours été mon sentiment, car avec les Turcs il ne faut point en user avec douceur. Et pour cet effet, il me faudrait des vaisseaux expressément destinés pour cela, afin de pouvoir séjourner longtemps dans leur rade pour leur faire continuellement du mal. »

La division fit un arrêt d'une semaine devant Alger [1]. Paul envoya un parlementaire à l'entrée du port. Celui-ci fit « faire trois appels différents par le trompette qui lui

1. Du 31 août au 6 septembre.

avait été donné ; il ne lui a été fait aucune réponse ni n'a
paru personne pour lui répondre ». On décida de rester en
rade pour combattre ; mais les vivres s'épuisaient, le peu
qui en restait était avarié [1] ; les vents étaient obstinément
contraires. L'avis du conseil de guerre fut qu'il fallait se
remettre à la mer [2]. La croisière était finie ; la division
navale rentra désarmer à Toulon.

Très mécontent de cette campagne qui n'avait été qu'une
vaine parade, Paul s'empressa d'adresser à Mazarin un plan
de campagne contre les Barbaresques [3]. Deux moyens
pouvaient être employés, la guerre de course, l'attaque des
ports.

Pour la course, il faut avoir huit vaisseaux de guerre et
quatre brûlots, dont on formera deux escadres. « Comme il
est important d'avoir de bons équipages, composés d'hommes
résolus et propres à aborder les vaisseaux corsaires, on est
d'avis de ne se servir des Provençaux — c'est un Provençal
qui parle — que le moins qu'il se pourra, et, partant, qu'il
sera nécessaire de faire une levée de mille matelots ponantais, entre lesquels il faut observer qu'il y ait deux cents
canonniers. On pourra peut-être trouver étrange que
nous demandions un si grand nombre de matelots ponantais,
vu que la côte de Provence en est fort peuplée. Mais à cela
nous pourrions répondre que notre demande est fondée sur
l'expérience que les matelots provençaux sont fort timides

1. Du 6 septembre 1660, certificat du sieur de Fontaine, commissaire
ordinaire de la marine à la suite de l'escadre du commandeur Paul. Il a
« trouvé une grande partie des viandes salées hors de service et morues
corrompues, de sorte que nous avons été contraints de les faire jeter à la
mer, pour éviter la puantheur (sic) qui infectait les fonds de cale des vaisseaux ». A. M., B⁴ 2, fol. 101.
2. « Fait à bord de l'*Amiral* en la rade d'Alger... et ont tous signé :
Gabaret, d'Almeras, des Ardents, Treslebois, Du Fresne, Du Vivier, le
chevalier de Saint-Pouange, Seiron, Châteauneuf. »
3. De Toulon, 2 novembre 1660. A. M., B⁴ 2, fol. 69-72.

au feu, et ne sont en façon du monde à faire la course, particulièrement contre les Turcs qu'ils craignent naturellement. Et même on n'a point vu que, pendant les dernières guerres, aucun corsaire français ait réussi avec les Provençaux. »

« Quant au second moyen dont on se peut servir pour abattre l'orgueil des Barbares (*sic*), ce serait d'attaquer à force ouverte leurs ports et forteresses, par le moyen de l'artillerie des vaisseaux. » Trois places, la Goulette, Port Farine et Tripoli pourraient être occupées ; à Alger, on pourrait « battre la ville en ruine » et « réduire leurs maisons en poudre ». Il faudrait renforcer la division précédente de six grands vaisseaux, la *Reine*, le *Brézé*, le *César*, le *Mazarin*, l'*Anna*, le *Dragon*, « à cause de la quantité et grosseur de leur artillerie » ; les faire commander « par des gens obéissants et braves au dernier point, et qui eussent plus envie de bien faire que de bien dire » ; y joindre quatre galères, pour le service de la remorque. Le rendez-vous général se ferait dans les eaux des Baléares ; on en partirait, le 10 ou 12 avril, « tous ensemble, pour aller droit attaquer Alger ».

Quelques semaines plus tard, le brave commandeur, qui, malgré ses soixante-trois ans, avait toujours la fougue de la jeunesse, adressait à la cour un nouveau mémoire, « pour ruiner et détruire (*sic*) » Alger, Tunis et Tripoli [1].

« On ne doit plus penser qu'à chercher les moyens pour abattre ces si insolents et pour les détruire. L'intérêt de notre religion doit nous y obliger, puisque ce sont les plus grands ennemis de la foi, faisant abjurer Jésus-Christ par la crainte des tourments à tant de jeunes gens qu'ils prennent

---

1. A. M., B⁴ 2, fol. 109-118. De l'année 1661.

tous les jours, l'intérêt du négoce qu'ils divertissent et qu'ils empêchent par leurs pirateries, et l'intérêt de tant de misérables esclaves français qui gémissent, chargés de fers, sous la tyrannie de ces cruels et qui n'ont autre espérance de liberté qu'aux armes de Sa Majesté. »

Paul revenait sur les deux moyens à employer : la guerre de course, avec vingt ou vingt-cinq navires de guerre, six d'un fort échantillon, les autres, frégates légères, bonnes à la voile, toujours bien espalmées [1], portant des vivres pour deux mois au plus ; ou la destruction des nids des pirates.

Alger est de bombardement facile. « Il n'y aurait pas un coup de canon qui fût perdu. Il faudrait deux vaisseaux bien accommodés pour y loger à chacun deux mortiers à bombes. » C'est la première idée des galiotes à bombes que Renau d'Éliçagaray devait construire pour l'armée navale de Du Quesne. Avec les maisons couvertes de terrasses, « il n'y a point de bombes qui ne fît très grand fracas et mortalité ». Six galères seraient nécessaires, soit pour le mouillage devant le port, soit pour la remorque au large. Alger bombardé, on coulerait à l'entrée du môle trois ou quatre vieux bâtiments maçonnés par dedans, « de façon qu'ils se trouveraient pris dans leur maison sans qu'ils pussent ouvrir la porte ». On ferait de même à Tripoli et à Tunis. A Port Farine et à la Goulette, on pourrait débarquer « quatre ou cinq mille bons hommes pour pétarder et donner l'escale », tandis que les vaisseaux canonneraient les forts; « ceux desdits forts n'oseraient montrer le nez [2] ».

Pour la première fois dans l'histoire des croisières chez les Barbaresques, Bizerte était indiqué comme une

1. La carène toujours bien enduite de suif et de goudron.
2. « Montrer le nays. » (Sic).

position intéressante. C'est la station des galères tuni-
siennes. On coulera deux ou trois vieux bâtiments maçonnés, « à l'embouchure de la rivière », où il n'y a que sept à
huit pieds d'eau.

Il faudrait avoir un commissaire en Sardaigne pour assurer le ravitaillement de l'escadre en biscuits, viande,
légumes. On aurait ainsi « des nouvelles victuailles, par
conséquent meilleures, et qui n'engendreraient aucune
maladie, comme font ordinairement les vieilles qui
s'échauffent et se corrompent, par le long temps qu'elles
sont embarquées, entre la chaleur et l'humidité, surtout en
été ».

Le commerce contribuera aux frais de l'armement, en
versant une prime de dix-huit mille livres pour tout navire
turc pris, brûlé ou coulé à fond, « dont messieurs du Ponant
paieraient la moitié et ceux de la Méditerranée l'autre ». Marseille, « la capitale que le roi a en la côte de la mer Méditerranée pour le négoce », assurera ce service en Provence ;
pour le négoce du Ponant, une ville sera désignée.

A retourner sous toutes ses faces le problème barbaresque, la perspicacité militaire du commandeur avait fini
par découvrir la vraie solution, celle que Napoléon devait
faire préparer en 1808 et que le ministère Polignac devait
exécuter en 1830, c'est-à-dire le débarquement et l'occupation du pays. Voici ce qu'il disait à la fin de son
mémoire :

« Le second moyen le plus assuré pour couper la racine
de cette abominable canaille, saper les fondements de
leurs pirateries et les ensevelir entièrement, serait d'attaquer ces villes barbaresques par terre avec une armée de
vingt à vingt-cinq mille hommes[1]. Et quoique Alger soit

1. Ces chiffres sont en surcharge autographe, de la main de Paul, à la
place de : dix-huit à vingt mille.

une ville bien peuplée, que les habitants soient fort aguerris, ce n'est pourtant qu'à la mer, mais nullement à terre. » Les Mores se soulèveraient contre Alger [1]; la tyrannie des Turcs aurait vécu. La même exécution peut être faite à Tunis : « ce n'est qu'une ville de marchands juifs et trafiquants principalement, fort vaste et du tout faible à l'attaque, où l'on ferait une grande quantité d'esclaves. »

Le succès demande avant tout « des personnes d'expérience, au fait de la marine principalement, afin de pouvoir se servir à propos des vents, vu qu'il y a plusieurs vents qui sont propres pour vous y mener, qui ne sont pas bons pour lesdites exécutions;... et des gens savants au métier, qui aient été sur les lieux ou les avenues, et observé avec ponctualité tous les aboutissants nécessaires pour l'occasion projetée. » Ainsi toutes choses pourront réussir à la gloire des armes du roi.

Le 9 mars 1661, le commandeur Paul était à l'ancre en rade de Cagliari, pavillon sur la *Française*. Il informait le cardinal, par l'intermédiaire de l'intendant La Guette [2], que sur les trois vaisseaux de sa division, le bâtiment de Gabaret[3] avait disparu dans une direction inconnue, au milieu d'un temps très sombre, la nuit du 16 février précédent, au large du cap de Port Farine. Il n'en avait plus eu de nouvelles. Il ne croyait pas cependant que Gabaret eût péri avec son vaisseau, « puisqu'il est un des bons hommes de mer que le roi ait dans ses armées navales ; et ainsi, il aura sans doute

1. « Mêmement le roi du Couque (?), son voisin. »
2. Lettre du 9 mars 1661. A. M., B⁴ 2, fol. 119.
Louis Testard de La Guette, intendant général de la marine du Levant, à Toulon, en 1659 ; révoqué en 1664, à l'âge de cinquante-cinq ans.
3. Jean Gabaret dit le Petit Gabaret, fils aîné de Mathurin Gabaret dit Gabaret le Gaucher, lieutenant général, mort à Rochefort le 26 mars 1697.

bien conduit la barque ». Pour lui, il venait de vendre une barque algérienne pour trois mille trois cents livres ; il avait gardé à son bord quinze Turcs faits prisonniers. « Mon navire va fort bien ; vrai est qu'il coule bas d'eau et qu'il faut que l'on soit perpétuellement à la pompe, quoique l'on ait fait pour son radoub à Toulon tout ce qui se pouvait faire. »

Dans une dépêche postérieure, Paul faisait savoir qu'il avait retrouvé Gabaret ; celui-ci était allé faire réparer son bâtiment à Malte. On lui avait dit qu'il y avait en mer beaucoup de corsaires turcs. « Voici une belle moisson, si j'avais bon nombre d'ouvriers, c'est-à-dire de vaisseaux. »

Ces dépêches du brave commandant n'arrivèrent jamais sous les yeux de Mazarin ; le cardinal était mort le 9 mars.

CHAPITRE XIV

SUR LES CÔTES DE FLANDRE
1644-1658

Les places maritimes de la Flandre. — Concours de la marine hollandaise pour les sièges de Gravelines, Mardick, Dunkerque, 1644-1646. — Campagne de 1652 : blocus de Dunkerque par les Espagnols. — Sortie de Brest de l'escadre de Vendôme. — Combat devant la Rochelle, 9 août 1652. — La division navale de Du Ménillet devant Dunkerque, 14 septembre 1652. — Elle est chassée et prise par l'escadre anglaise de Blake. — Perte de Dunkerque. — Traités entre Louis XIV et Cromwell. — Reprise de Dunkerque, 1658.

Le pas de Calais et la mer du Nord furent, à l'époque où Mazarin était premier ministre, le théâtre de terribles batailles navales ; Hollandais et Anglais se disputaient avec une sauvage énergie l'empire de la mer. La France n'avait ni ports ni escadres dans ces parages ; aussi resta-t-elle en dehors de ce duel de géants. Mais que le gouvernement le voulût ou non, la question maritime devait se présenter à lui. Les armées de Louis XIV avaient entrepris la conquête de la Flandre ; comment y réussir, comment la garder, sans forces navales pour occuper les ports et faire la police des côtes ? L'intervention de la marine s'imposait. A défaut de la marine française, ce fut la marine des alliés de la France, Hollandais d'abord, Anglais ensuite. La France fût ainsi obligée de subir une collaboration onéreuse et même à un moment humiliante.

Le duc d'Orléans avait ouvert la campagne de 1644 par

le siège de Gravelines. Malgré sa médiocre importance militaire, la place ne pouvait être prise que si elle était coupée de ses communications avec la mer. Le stathouder des Provinces-Unies fournit à Mazarin trente vaisseaux de guerre, sous les ordres de Tromp, et une division de bâtiments légers. Ces forces de mer interceptèrent la communication entre Dunkerque et la place assiégée. Alors Gravelines ne tarda pas à ouvrir ses portes aux Français [1].

Pour la campagne de 1646, il fallut encore solliciter le concours des Hollandais. Le duc d'Orléans avait commencé le siège de Mardick ; il y faisait tuer une bonne partie de son monde sans résultat. Les vaisseaux hollandais arrivèrent le 16 août, ils empêchèrent aussitôt les communications avec Dunkerque ; neuf jours plus tard, Mardick se rendait au roi de France.

Ce fut ensuite le siège de Dunkerque, conduit par le duc d'Enghien. L'investissement par mer était encore la condition du succès. La France pouvait bien employer une quinzaine de bâtiments empruntés à Calais, à Boulogne, à Dieppe ; mais ce n'était point là une force militaire digne de ce nom. Seule, l'escadre de guerre de la Hollande pouvait assurer la prise de la ville ; mais les Provinces-Unies, inquiètes de l'extension de la France sur la mer du Nord, se firent longtemps prier. Enfin Tromp arriva avec dix vaisseaux ; sa surveillance empêcha des bateaux plats partis de Nieuport de s'introduire dans le port de Dunkerque. Isolée du côté de la mer, vivement pressée du côté de la terre, la grande citadelle de la Flandre maritime se rendit [2]. Presque à la même date, les marins français occupaient en Italie Piombino et Porto Longone.

1. Le 28 juillet 1644.
2. Le 11 octobre 1646.

En dédiant, quelques mois plus tard, au prince de **Condé** sa tragédie de *Rodogune* [1], Corneille exaltait la prise de Dunkerque. « Je ne conçois rien qui réponde à la dignité de ce grand ouvrage, qui nous vient d'assurer l'Océan par la prise de cette fameuse retraite de corsaires. Tous nos havres en étaient comme assiégés ; il n'en pouvait échapper un vaisseau qu'à la merci de leurs brigandages... Et maintenant, par la conquête d'une seule ville, je vois, d'un côté, nos mers libres, nos côtes affranchies, notre commerce rétabli, la racine de nos maux coupée ; d'un autre côté, la Flandre ouverte, l'embouchure de ses rivières captive, la porte de son secours fermée, la source de son abondance en notre pouvoir. » De même, la médaille qui rappelle ce fait d'armes porte cette légende : *Vires hostium navales accisæ*, « La puissance maritime des ennemis affaiblie [2] ».

Ce n'étaient point là des hyperboles de poète, ni des flatteries officielles : c'était la vérité même, à condition toutefois que Dunkerque prît, sous le pavillon de France, le caractère d'une station navale. On n'en fit rien. Le résultat, c'est que la prise de possession de Dunkerque n'était qu'apparente : six ans plus tard, cette place avait cessé d'être française.

Les Anglais convoitaient cette position stratégique, qui aurait été entre leurs mains un autre Calais. Le gouvernement républicain de Londres entretenait devant Dunkerque

1. *Rodogune* fut jouée en 1644. L'épître au prince de Condé fut mise en tête de l'édition parue au début de 1647. Le duc d'Enghien était devenu le prince de Condé, depuis la mort de son père, le 26 décembre 1646.
2. Sur cette médaille on voit la France assise et un matelot à genoux qui lui présente un gouvernail ; en exergue : DUNKERCA EXPUGNATA MDCXLVI. *Médailles sur les principaux événements du règne de Louis le Grand*, 1702 ; planche 21.

des bâtiments de guerre, prêts à saisir le moindre prétexte pour s'en emparer. Un agent de Mazarin rapportait qu'il lui avait été impossible, au mois de juin 1651, de pénétrer par mer dans cette place. « Il y avait, disait-il, à la rade douze ou quinze vaisseaux anglais parlementaires [du parlement], qui prenaient tout ce qui voulait entrer dans ce port, sous prétexte de la retraite qu'on donnait aux royalistes anglais[1]. » Démasquant de bonne heure son jeu, Cromwell faisait proposer à Mazarin, dès le début de l'année 1652, de lui fournir des secours en hommes et en vaisseaux pour faire la guerre à l'Espagne ; le prix de ce concours fort intéressé devait être la remise de Dunkerque. Mazarin était prêt à « se consoler de la perte de Dunkerque »[2] ; mais la guerre maritime qui éclata alors entre l'Angleterre et les Provinces-Unies, arrêta pour le moment ces pourparlers.

Au mois de mai 1652, au cours des malheurs de la Fronde, les Espagnols reprenaient Gravelines ; quelques semaines plus tard, ils commençaient le blocus de Dunkerque. Jamais la situation intérieure du royaume n'avait été plus critique : Turenne, à la tête de l'armée royale, livrait bataille à Condé, sous les murs de Paris, sans parvenir à entrer dans la capitale. Dans ces conditions, que faire pour Dunkerque ? Mazarin, cependant, ne désespéra pas ; malgré le peu de ressources dont il disposait, il s'efforça de secourir par mer le port flamand. Le duc de Vendôme, à titre de grand maître de la navigation, reçut l'ordre de partir de Brest avec l'escadre et de profiter de l'absence des Anglais pour débloquer Dunkerque. Les instructions qui

---

1. CHÉRUEL, *Histoire de France pendant la minorité de Louis XIV*, t. IV, p. 355.
2. CHÉRUEL, *Histoire de France sous le ministère de Mazarin*, t. I, p. 180.

lui furent adressées sont un douloureux témoignage de la misère maritime de la France à cette époque [1].

« J'avais dû espérer, vu la facilité que j'ai apportée à toutes choses et l'excessive dépense que j'ai bien voulu porter, nonobstant le mauvais état de mes affaires, que la flotte que j'ai fait équiper aurait été en mer dès la fin de mars, et je ne sais à quoi attribuer son retardement et que deux mois entiers se soient écoulés au delà du terme que vous aviez pris. Je ne veux pas croire qu'il ait tenu à vous, puisque, pour en faciliter l'armement, vous vous êtes mis en de grandes avances. Mais pourtant la chose ne délaisse d'être, et l'on souffre le dommage qui ne saurait être réparé, puisque le temps et les occasions se sont écoulés de prendre divers avantages sur l'ennemi. Lequel du moins en a profité, ayant fait subsister ses vaisseaux dans mes côtes, aux dépens des marchands trafiquant dans mes rivières et de mes pauvres sujets [2]. J'ai vu perdre Gravelines, sans que l'on se soit mis en état de le secourir, et l'on ne l'aurait su faire quand bien la place aurait été défendue tout le temps que l'on l'aurait dû espérer, puisqu'il est passé, et que l'armée n'était pas encore ces derniers jours en état de faire voile. Présentement ou jamais, j'ai sujet de me promettre qu'elle ne tardera pas de se faire voir, et Dunkerque se trouvant privé, près de deux mois, des choses nécessaires pour se pouvoir défendre, soit qu'il soit attaqué de force ou par un blocus. Il est de mon service de s'en avantager et

---

1. De Melun, 19 juin 1652. Signature autographe : Louis. A. M., B⁴ 2, fol. 65.

2. A titre d'exemple de ces brigandages maritimes commis dans les eaux mêmes de la France, voir PARFOURU, « Capture d'un corsaire espagnol, près de Perros-Guirec, par des habitants de Lannion, 28 août 1648 » : *Bulletin de la Société d'études historiques et géographiques de Bretagne*, 1898. Tout l'équipage du corsaire était espagnol, sauf le pilote, qui était un Breton de Brest.

combattre, ou du moins donner chasse aux vaisseaux espagnols et à ceux du Daugnon qui tiennent la mer.

« Je désire donc que, dès l'instant que cette lettre vous aura été rendue, vous fassiez serper [1], et, dressant la manœuvre de la flotte droit où celle des ennemis se fait voir, vous les nécessitiez à combattre ou à se retirer... Si ces choses me succèdent comme je l'espère, mon argent aura utilement été employé, et je ne serai pas hors d'état, si Dunkerque a besoin de rafraîchissements ou de soldats, d'y en faire porter par quelques des vaisseaux qui seraient assez inutiles, puisque la flotte, diminuée de ce nombre, ne lairra d'être assez puissante pour faire réussir ce que j'aurai entrepris.

« Je vous prie, tout autant que vous aimez la prospérité de mes affaires, ma gloire et la vôtre, d'user de diligence, et vous ne sauriez me donner de marques plus essentielles de votre affection qu'embrassant avec chaleur et exécutant avec promptitude ce qui est de mes intentions. »

Vendôme appareilla de la rade de Brest, le 29 juillet 1652, avec douze vaisseaux et vingt bâtiments inférieurs [2]. Il se dirigea d'abord vers les côtes du Poitou et de l'Aunis, pour y embarquer des troupes et pour nettoyer ces parages des flottes espagnoles, soutenues par les navires du comte

1. Serper, lever l'ancre. Le mot s'employait plus spécialement pour les galères.
2. Le *César*, vaisseau amiral, Truchet des Forgettes ; — l'*Anna*, Guinant ; — le *Triton*, commandeur de Verdille ; — le *Don de Dieu*, chevalier de La Carte ; — la *Duchesse*, Louis de La Roche-Saint-André ; — le *Croissant*, Villedot ; — le *Neptune*, La Grandière, major de l'armée ; — la *Sainte-Anne*, Du Clos ; — la *Vierge*, Du Ménillet, vice-amiral de l'armée ; — le *Jupiter*, de Kerven ; — le *Berger*, de Boismorand ; — le *Beaufort*, des Ardents ; — la *Sainte-Anne*, galère, Thiballier de Thurelle ; — un flibot, Job Forant ; — quatre galiotes et quatorze brûlots. JAL, *Abraham Du Quesne*, t. I, p. 197.

du Daugnon. Chemin faisant, il rallia trois vaisseaux [1]. Après avoir pris des troupes aux Sables-d'Olonne, il s'engagea dans le pertuis breton et vint mouiller dans les eaux de la Rochelle. Les ennemis s'étaient retirés aussitôt, mais en restant au mouillage de l'île de Ré ; leurs forces comprenaient trois escadres, les escadres espagnoles de Dunkerque, d'Espagne, de Naples, et la division des vaisseaux du comte du Daugnon.

Vendôme prit à bord du *César* quelques officiers d'élite, comme le chevalier Carteret et le capitaine Abraham Du Quesne ; il alla à la recherche de l'ennemi. La rencontre eut lieu le 9 août, dans les eaux de l'île de Ré. Debout sur la poupe du *César*, Vendôme dirigeait l'attaque. La bataille s'ouvrit par une canonnade de deux heures, puis les brûlots remplirent leur office ; de même, à la bataille de Tsou-Shima, — *si parva licet componere magnis*, — les torpilleurs achevèrent l'œuvre que l'amiral Togo avait commencée avec ses grosses pièces d'artillerie. La *Natividad*, un des forts bâtiments de l'escadre espagnole, fut la proie des flammes ; un autre, la *Concordia*, vaisseau de l'amiral de Naples, fut démâté et pris. Les ennemis renoncèrent à la partie. Vendôme alla s'assurer de leur départ en établissant son mouillage à l'île d'Yeu, puis il revint jeter l'ancre à la Rochelle

La bataille navale de l'île de Ré était un succès, mais un succès à peu près sans signification ; l'histoire militaire de terre ou de mer abonde en opérations de ce genre, qui n'ont avec l'objet véritable de la guerre qu'un rapport bien éloigné. Ici il s'agissait de débloquer Dunkerque ; il est bien évident que le coup décisif devait être frappé dans les

---

1. Le *Sourdis*, de Casenac ; — l'*Elbeuf*, de Pasdejeu ; — le *Fort*, de La Messelière.

parages de la Flandre et non dans les parages de l'Aunis.
De plus, l'opération qui venait d'être exécutée si loin du
centre stratégique eut cette conséquence fâcheuse, cependant facile à prévoir, qu'elle épuisa rapidement les ressources d'une escadre qui en avait déjà fort peu. En douze
jours à peine de navigation, l'escadre de Vendôme était au
bout de ses vivres ; il lui fallut refaire ses approvision-
nements, quand son rôle eût été de reprendre la mer sans
retard pour voler au secours de Dunkerque. Quatre-vingt
mille livres avaient été destinées à la réapprovisionner ;
mais la somme annoncée n'arriva pas. « Une armée navale
ne pouvant subsister sans vivres », comme Vendôme l'écrivait tristement à Le Tellier, l'escadre ne put pas sortir de
la Rochelle. Sa démonstration sur les côtes de l'Aunis
n'avait eu d'autre effet que de l'immobiliser.

Alors on improvisa à Paris un nouveau plan pour sauver
Dunkerque ; quoi qu'on fît, du moment où l'on renonçait,
sous le coup de la misère financière, à la guerre d'escadre,
ce qu'on ferait serait vain. Pour délivrer et conserver Dunkerque, la maîtrise de la mer était nécessaire, et une victoire navale pouvait seule donner cette maîtrise. Du Quesne,
qui s'était signalé dans la journée du 9 août, et le gentilhomme de la chambre du roi Gentillot reçurent la mission
de faire armer tous les petits bâtiments que l'on pourrait
trouver dans les ports de Picardie et de Normandie ; on for-
merait un convoi de vivres et de munitions pour la place
assiégée ; les vaisseaux ennemis, retenus au large par leur
tirant d'eau, ne pourraient l'empêcher de passer. Le commandeur de Neuchèze, lieutenant du duc de Vendôme, se
rendit à Calais à cet effet. Le Tellier lui écrivait de se retirer au plus tôt, dès qu'il aurait secouru Dunkerque, de
crainte que la flotte anglaise « ne lui fît quelque insulte » :

conseil de prudence qui s'expliquait par la faiblesse des moyens maritimes de la France et que les événements n'allaient que trop justifier.

Gentillot était arrivé à Calais et à Boulogne avec toutes les barques disponibles, en tout dix-sept ; Du Quesne, de son côté, réunissait quelques bâtiments à Dieppe. Il fallait se hâter ; la reddition de Dunkerque n'était plus qu'une question de quelques jours : d'Estrades, qui défendait la place, avait promis de la rendre le 16 septembre, s'il ne recevait pas de secours avant cette date.

Quelques vaisseaux, huit en tout [1], qui avaient repris la mer à la Rochelle, étaient arrivés à Calais. Du Ménillet en prit le commandement avec quelques brûlots, et il se dirigea sur Dunkerque. C'était le 14 septembre ; il y avait deux jours encore avant la date fatale, le moment était décisif. L'escadre française, commandée par Du Ménillet, s'avançait au devant de l'escadre espagnole du marquis de Leyde, forte de cinq vaisseaux et d'une dizaine de petits bâtiments.

La bataille allait s'engager. Tout à coup arriva, toutes voiles dehors, une escadre anglaise de quinze navires, sous le commandement de Blake. Que venait-elle faire sur ce champ de bataille qui lui était tout-à-fait étranger ? Les Français n'eurent pas à se le demander longtemps : sans hésitation, d'un seul mouvement, vent arrière, l'escadre de Blake fondait sur eux. Les instructions du commandant Du Ménillet lui disaient d'éviter tout rapport avec les Anglais ; il s'y conforma avec un empressement excessif. Il fit signal de prendre chasse ; sa division se couvrit de voiles et gagna

1. Le *Triton*, Du Ménillet ; — le *Berger*, Boismorand ; — le *Don de Dieu*, La Carte ; — le *Croissant*, Villedot ; — le *Saint-Louis*, de Gorris ; — la *Duchesse*, La Roche ; — le *Fort*, Verger ; — le *Chasseur*, Verdille.

les côtes de Zélande. Blake poursuivit les fuyards, les atteignit, et, à l'exception d'un seul vaisseau qui lui échappa, le *Berger*, il prit sept vaisseaux et trois brûlots. Avec ces dépouilles opimes, il rentra ensuite au port de Douvres. S'il est vrai que depuis dix jours il guettait sa proie [1], il ne l'avait certes pas laissée s'échapper.

Quelle était la raison de cette « insolence injurieuse à la couronne » [2]? Aux réclamations de Vendôme, le conseil d'État d'Angleterre répondit que le général avait exercé, par ordre, de légitimes représailles. Le parlement voulait « maintenir amitié et correspondance » aussi bien avec le roi de France qu'avec ses autres voisins. « Mais, trouvant que, depuis quelques années, les personnes, vaisseaux et biens des marchands anglais trafiquant ès mers Méditerranées, ont été pillés et pris non seulement par les sujets de France, mais par les navires propres du roi, et qu'on ne peut obtenir satisfaction par aucune adresse qui ait été faite en la cour de France, il a autorisé ledit général pour tâcher d'avoir réparation de ces dommages sur les navires et biens de la nation française [3]. » Les Anglais firent une enquête minutieuse pour savoir s'il n'y avait pas, parmi les prisonniers, des chevaliers de Malte ayant pris de leurs navires en Méditerranée. C'était leur réponse à la canonnade du chevalier Paul.

Le rapport du commandant Du Ménillet sur cette triste affaire [4] est lui-même une triste chose ; on aurait voulu y

1. Lettre de Gentillot à Servien. Calais, 17 septembre 1652. Guizot, *Histoire de la république d'Angleterre et de Cromwell*, t. I, p. 480.
2. De Retz, *Mémoires*, édit. des grands écrivains ; t. IV, p. 308 : « Cromwell prit, sans déclaration de guerre et avec une insolence injurieuse à la couronne, sous je ne sais quel prétexte de représaille, une grande partie des vaisseaux du roi. »
3. Réponse du 12 décembre 1652. Guizot, *ibid.*, p. 484.
4. Jal, *Abraham Du Quesne*, t. I, p. 203.

sentir un peu l'odeur de la poudre, on n'y entend guère
que des plaintes.

« Le malheureux succès de notre voyage met au jour
le sacrifice qu'on a bien voulu faire des vaisseaux du roi
que nous commandions et de nos personnes, puisqu'on nous
a envoyés par deçà sans avoir parole de l'Angleterre de ne
pas se mêler de nos affaires avec les Espagnols, aussi bien
que l'on nous a donné ordre de ne pas nous ingérer du dif-
férend des Anglais et des Hollandais ni de faire aucune
action qui tende à cela, même de fuir devant eux plutôt
que de combattre. Leur force et l'excellence de leurs bateaux
vous sont trop connus pour vous en faire ici la description ; pour quoi nous croyons que c'est assez de vous dire
qu'obéissant à votre ordre, nous fûmes environnés, sur les
huit heures du soir, de toute cette force et, suivant ledit
ordre, contraints de demander à parler au général.

« Mais avec ces gens-là nulle raison. Ils commencèrent
à nous traiter comme ennemis, et nous n'avons pu voir le
général Blake qu'avant-hier au soir, auquel ayant fait voir
notre ordre et représenté cette affaire être le propre fait du
roi, nous dit cela être tout à fait considérable, mais qu'il
ne pouvait qu'avertir le parlement de tout et nous en faire
avoir réponse dans peu de jours ; cependant qu'il nous
recommanderait au maire de cette ville, qui aurait soin de
nous. Ensuite de quoi, nous avons été mis hier à terre et
ledit maire nous a mis, les capitaines à des hôtelleries
à deux scelins par jour, promettant à nos officiers de les
faire nourrir à un scelin, et commencèrent hier à faire
donner un peu de pain à nos gens.

« Ils font aussi entrer nos vaisseaux dans ce havre, dont
nous croyons qu'il sera presque impossible d'en relever
deux ou trois, qui sont vieux et ont touché fort rudement

en entrant ; ils ont pris déjà quelques pièces de fonte, beaucoup de poudre, munitions, câbles et cordage, tout pillé
les vivres et dépouillé nous et nos gens de toutes choses,
de quoi nous vous supplions avertir la cour et nous assister
de vos avis, faveur et crédit pour nous subvenir en cette
extrême nécessité... »

Dunkerque n'avait pu être secouru ; Dunkerque ouvrit
ses portes aux Espagnols le 16 septembre.

Pour l'humiliation sans nom infligée par les Anglais au
pavillon du roi, il fallut la dévorer en silence. L'affaire
n'eut pas d'autre suite. Mazarin avait raison de faire remonter la responsabilité de ces malheurs et de ces hontes à la
guerre civile où s'entredéchiraient alors les Français. « Nos
malheureuses divisions sont cause de tout... Comme j'ai cru
très facile de faire de continuels progrès sur les Espagnols,
lorsque les Français faisaient leur devoir, aussi je crois
impossible d'empêcher la suite de nos malheurs, si les
Français continuent d'être contre la France[1]. » Tristes
paroles qui n'étaient que trop vraies, et qui devaient se véri-
fier encore, un siècle et demi environ plus tard, pour le malheur du pays et de la marine ; mais Mazarin oubliait de
signaler la lourde part de responsabilité qu'il avait encourue
lui-même, en ne prêtant plus à la marine qu'une attention
secondaire.

Cependant la guerre civile avait pris fin. La question se
posait de nouveau, de reprendre les places de la Flandre
maritime, Gravelines, Mardick, Dunkerque ; faute d'une
marine suffisante, elle se posait toujours avec cette même

---

1. Lettre à d'Estrades, le défenseur de Dunkerque. CHÉRUEL, *Histoire de
France sous le ministère de Mazarin*, t. I, p. 276.

humiliation pour le gouvernement de Louis XIV, mendier et payer le concours de l'étranger. Mazarin était bien obligé de pratiquer le pardon des injures. Tout en faisant réclamer la restitution des vaisseaux enlevés par Blake, sans aucun espoir de succès, il finit par proposer à Cromwell, devenu protecteur, la conquête à frais communs de Dunkerque. Un premier traité fut conclu à Westminster, le 3 novembre 1655 ; il ne concernait pas encore la Flandre maritime, mais il mettait un terme aux pirateries réciproques des deux pays ; car le Havre, Saint-Malo et toute la côte de la Manche étaient ruinés, depuis que la marine anglaise donnait la chasse aux corsaires français, qui étaient alors la terreur du commerce anglais, hollandais, hambourgeois, portugais, génois [1]. Le même traité renfermait aussi une clause qui causa l'indignation des ennemis de Mazarin : c'était « la renonciation de ce droit si illustre, de cette marque si glorieuse de *nos* anciennes victoires, de cette coutume inviolable qui forçait les Anglais de laisser leurs canons, comme un monument éternel de leur défaite, à l'entrée de la rivière de Bordeaux [2]. »

Deux ans plus tard, le 23 mars 1657, le traité de Paris constituait une alliance offensive et défensive : les deux puissances devaient faire ensemble les sièges de Gravelines et de Dunkerque ; Gravelines serait pour la France, Dunkerque pour l'Angleterre [3]. Il y eut encore un traité, le 28

---

1. Voir un mémoire anonyme de 1655 : CHÉRUEL, *Histoire de France sous le ministère de Mazarin*, t. II, p. 354-356.

2. DE RETZ, *Très humble... remontrance au roi*. Voir la note suivante. — L'article XI⁸ du traité du 3 novembre 1655 portait en effet : Naves mercatoriæ hujus reipublicæ in transitu suo non cogentur tormenta, arma vel apparatum suum bellicum ad castellum Blaye exponere.

3. Le rapprochement, scandaleux pour plus d'un contemporain et si dommageable aux intérêts maritimes de la France, entre Louis XIV et Cromwell, qui était le meurtrier de l'oncle du roi de France, inspira au

mars 1658. Peu après commençait l'investissement de Dunkerque, sur terre par l'armée de Turenne, sur mer par
une escadre anglaise d'une vingtaine de voiles. « L'escadre
anglaise, qui croisait dans la rade, transporta par mer tout
ce qui était nécessaire. » Cette remarque de Napoléon[1]
justifie encore cette assertion que Dunkerque ne pouvait
être qu'un don de la puissance navale ; car la belle victoire
que Turenne remporta aux Dunes, le 14 juin, avait pour
condition première l'occupation de la mer par les Anglais.
Dunkerque fut pris et livré à l'Angleterre.

Au prix de quel danger, plus grave que le mal lui-même,
le péril espagnol venait d'être écarté ! Mais la fortune sou-
riait alors à la France. Quatre ans plus tard il se trouvait
un roi d'Angleterre pour vendre à Louis XIV la précieuse
acquisition du protecteur.

cardinal de Retz un écrit plein d'éloquence et d'indignation patriotique:
*Très humble et très importante remontrance au roi sur la remise des
places maritimes de Flandres entre les mains des Anglais,* 1657. (DE RETZ,
OEuvres, t. V, p. 275-327.)
  1. *Précis des guerres du maréchal de Turenne.*

CHAPITRE XV

Divisions navales devant Bordeaux, 1649-1650. — Défection du comte
du Daugnon. — Un navire blindé à la Rochelle, 1651. — Reprise
de la Rochelle et de Brouage. — Les Espagnols en Gironde. —
L'escadre de Vendôme à Blaye et à Pauillac, 1653.

La Fronde qui désola Paris, les bords de la Loire, plusieurs provinces, eut aussi ses chapitres d'histoire maritime
dans les révoltes de Bordeaux et de la Rochelle.

La cour avait quitté Paris, le 4 juillet 1650, pour aller
pacifier la Guienne, où des germes de révolte commençaient à se faire jour ; cette seule décision amena presque
aussitôt la rébellion ouverte de Bordeaux. Contre la ville
rebelle, le gouvernement pouvait tirer du secours des deux
places de Blaye et de Brouage. Le gouverneur de Blaye,
le duc Claude de Saint-Simon, après avoir failli se déclarer
pour les princes, était resté fidèle à la cause royale sans
équivoque ; son gouvernement commandait les communications de Bordeaux avec la mer, aussi sa fidélité était
précieuse. Celle du gouverneur de Brouage ne l'était pas
moins. Brouage, en effet, était le port d'attache d'une
division navale qui pouvait fermer l'embouchure de la
Gironde aux Espagnols, prêts à faire alliance avec
les frondeurs de Bordeaux. Le gouverneur de Brouage
était un personnage déjà fort suspect ; c'est ce comte
du Daugnon qui, après la bataille d'Orbetello et la mort du

duc de Brézé, avait brusquement ramené l'escadre en France et avait couru s'enfermer à Brouage comme dans une place de sûreté. Pour le moment, il feignit de rester fidèle à la cour ; il avait su déjà se faire payer sa fidélité douteuse par la cession en règle des gouvernements d'Aunis et de Saintonge, qu'il occupait en fait depuis quatre ans [1].

Une division navale de quatre bâtiments [2], sous les ordres du comte du Daugnon, avait déjà, au mois de décembre 1649, dispersé, en aval de Bordeaux, la flottille avec laquelle les rebelles avaient essayé de barrer la rivière. Au mois d'août 1650, pour fermer l'embouchure de la Gironde, Mazarin fit venir des forces plus importantes, six vaisseaux qui furent envoyés de Dunkerque, d'autres encore qui furent pris à Brouage ; ils formaient trois divisions, commandées par Du Quesne, Gabaret, du Daugnon. Le 5 octobre, quand la cour fit son entrée à Bordeaux par le fleuve, ce fut sur la Garonne un défilé de « quarante galères ou galiotes, bien armées, et vingt-trois grands vaisseaux ou brûlots, sans compter les petites barques ou bâtiments, que la cour avait pris à loyer pour le transport des valets et des équipages [3]. » Mlle de Montpensier estimait que Mazarin faisait trop l'important avec ce déploiement de forces maritimes. « Pour moi, dit-elle [4], quoique je ne me connaisse guère en armement naval, je ne

---

1. G. Berthomier, *Louis Foucauld de Saint-Germain Beaupré comte du Dognon* (1890), a réuni les textes qui se rapportent aux intrigues du comte du Daugnon pendant la Fronde.

2. La *Lune*, de Salenove ; — le *Berger*, Abraham Du Quesne ; — le *Jules*, chevalier de La Lande ; — le *Léopard*, Nicolas Gargot.
   Sur le commandant du *Léopard*, voir *Mémoires de la vie et des adventures de Nicolas Gargot*, qui est un vrai roman d'aventures, aux épisodes les plus variés; la conduite du comte du Daugnon y est présentée sous les plus noires couleurs. (A. Hallays, *Journal des Débats*, 7 et 14 octobre 1910.)

3. Mazarin à Le Tellier. Chéruel, *Histoire de France pendant la minorité de Louis XIV*, t. IV, p. 163.

4. *Mémoires*, édit. Chéruel, t. 1, p. 275.

trouvai pas celui-là beau, et je ne jugeai cette promenade propre à rien qu'à donner une nouvelle matière aux ennemis de M. le cardinal, de se moquer de le voir triompher de si peu de chose. »

Le succès de la cause royale dans le Bordelais n'avait pas duré longtemps. Les intrigues criminelles du prince de Condé permirent à une escadre espagnole, qu'il avait fait appeler, d'occuper, au mois de novembre 1651, le port de Talmont, sur la Gironde, et le port de Bourg-en-Guienne, sur la Dordogne ; pas un bâtiment de l'armée royale ne s'était présenté pour barrer le chemin aux Espagnols. C'est que, à cette date, le comte du Daugnon, ouvertement rebelle, avait entrepris de faire de la Rochelle le siège de son gouvernement personnel. Ayant ses vaisseaux à lui, maître de Brouage et de la Rochelle, il défiait sans crainte l'autorité du roi. Cependant le baron d'Estissac était arrivé à réoccuper la Rochelle, à l'exception de la tour Saint-Nicolas, à l'entrée du port ; cent soixante hommes y tenaient toujours garnison. Leur commandant, Besse, avait mis la main sur les barques et bâtiments de charge de la Charente ; il attendait ainsi l'arrivée de l'escadre espagnole. Le comte d'Harcourt vint pour enlever aux rebelles cette dernière position. Un siège dans les règles pouvait être long. D'Harcourt imagina de faire construire un bâtiment léger, muni d'un pont qui avait la forme d'une carène renversée, et couvert de plaques de cuivre pour le mettre à l'abri du feu [1]. A la marée montante, ce bâtiment put arriver jusqu'au pied des remparts ; les mineurs qu'il portait commencèrent à saper la muraille. La garnison parla aussitôt de traiter. Le 27

---

1. Levi navigio constrato in modum carinæ inversæ atque laminis æneis contecto, ut ne igni obnoxium esset. J. DE LA BARDE [LABARDÆUS], *De rebus gallicis historiarum libri decem*, 1671 ; p. 658.

novembre, d'Harcourt était maître de la tour Saint-Nicolas. L'emploi de ce navire blindé est une date intéressante dans l'histoire des constructions navales.

Du Daugnon avait conservé son escadre et Brouage. Il fallut négocier avec lui. En mars 1653, il consentit à rendre la place au roi, moyennant un don de cinquante mille écus, le titre de duc et pair, le bâton de maréchal de France[1], et une amnistie complète pour ses partisans. « C'était la mode alors, suivant le mot de Saint-Simon[2], de faire la loi à la cour ; » mais la mode aurait vite passé, si la cour avait pu disposer d'une force navale capable de rappeler à leur devoir des rebelles sans pudeur.

Brouage occupé, Bordeaux, où dominait depuis plusieurs mois la faction démocratique des Ormistes, ne devait pas tarder à faire sa soumission. Le duc de Vendôme, à la tête de l'escadre royale, était entré dans la Gironde, où il avait occupé quelques châteaux. Établi au bec d'Ambez, il s'était emparé, le 26 mai, de Lormont, aux portes de Bordeaux ; le 5 juillet, il avait fait capituler la garnison espagnole qui était, depuis plus d'un an et demi, établie à Bourg-en-Guienne. Enfin, le 3 août, il faisait son entrée dans Bordeaux. Les Espagnols firent mine de reparaître avec une division navale à l'entrée de la Gironde. Vendôme vint mouiller devant Blaye avec quatre-vingt voiles, « tant gros navires, frégates, galères, brûlots, que petits bâtiments à rames », puis il descendit la rivière jusqu'à Pauillac[3]. Les Espagnols avaient disparu.

---

1. Du Daugnon prit alors le titre de maréchal de Foucault.
2. *Mémoires*, édition Boislisle, t. XX, p. 315.
3. Le 1er et le 2 novembre 1653. Lettre citée par Chéruel, *Histoire de France sous le ministère de Mazarin*, t. II, p. 58.

Si la France avait eu, dans ces années de guerre civile et de guerre étrangère, une marine en harmonie avec son rôle, des dangers ou des hontes comme la présence des Espagnols en Gironde, la trahison scélérate du comte du Daugnon, l'établissement des Anglais à Dunkerque, n'auraient point été choses possibles. Mazarin, par inintelligence politique ou par manque de ressources, ne songeait guère à ce moment à développer la marine ou à l'empêcher de mourir. Pendant les premières années de son ministère, la marine avait continué à aller du vigoureux élan que lui avait imprimé la volonté de Richelieu ; puis cette poussée s'était vite ralentie, arrêtée presque, avec une administration qui ne songeait à se servir de la marine que de loin en loin, dans des cas isolés, même désespérés ; alors seulement on se rappelait qu'elle existait, et vite, vaille que vaille, on armait, un peu au hasard, quelques bâtiments. Plus peut-être que tout autre organe de la vie d'un État, la marine ne peut exister et prospérer sans la persévérance de l'attention chez ceux qui la dirigent ou qui dirigent la politique du pays, sans la continuité ininterrompue de leur volonté et de leurs efforts.

Du moins, en dépit de circonstances peu favorables, les marins des premières années du règne de Louis XIV méritent d'être replacés dans la pleine lumière de l'histoire. Trop longtemps les noms de Rocroi, de Fribourg, de Nordlingen et de Lens ont rejeté dans l'ombre les noms de Barcelone, de Carthagène, d'Orbetello et de Naples. La reconnaissance du pays doit mettre sur le même rang les soldats de Condé et de Turenne, les marins de Brézé et du chevalier Paul.

CHAPITRE XVI

Raisons de cette étude. — Cromwell et l'impérialisme anglais. — Nécessité pour la république anglaise d'être puissante sur mer. — Les forces navales de l'Angleterre. — Les commandants en chef des escadres républicaines. — Campagnes de Blake contre le prince Robert sur les côtes d'Irlande, de Portugal, d'Espagne, 1649-1650. — La question de la Flandre maritime. — Acquisition de Dunkerque par Cromwell.

A l'époque où les escadres du jeune Louis XIV achevaient de ruiner la marine espagnole et de lui enlever l'empire de la Méditerranée occidentale, les mers septentrionales, Manche et mer du Nord, étaient le théâtre d'un terrible duel entre deux marines de guerre.

L'une de ces marines, la marine des Provinces-Unies, s'était déjà fait connaître par la part glorieuse qu'elle avait prise, lors de la guerre d'indépendance, à la lutte contre l'Espagne; quelques années plus tard, grâce à Ruyter, elle allait jeter l'éclat le plus brillant. Cet éclat ne devait point durer; la seconde moitié du XVIIe siècle vit à la fois l'apogée et la décadence de la marine hollandaise.

L'autre marine est la marine anglaise. Elle préludait alors à cette période de développement et de gloire qui n'a été interrompue ou obscurcie qu'à quelques moments de son histoire, lorsqu'elle a rencontré devant elle la marine de la France.

Quelques années à peine après le duel qui avait mis aux

prises les marins de Blake et de Tromp, la marine française, jusqu'alors confinée dans le golfe de Gascogne ou dans la Méditerranée, allait intervenir dans les querelles maritimes des États du Nord ; elle allait prétendre à conquérir ou à disputer sur les côtes de ses provinces septentrionales l'empire de la mer.

Aussi l'intérêt est double, au point de vue de l'histoire maritime, à résumer les grands faits des guerres navales d'Angleterre et de Hollande au milieu du XVIIe siècle. D'une part, c'est exposer une histoire où les grands événements abondent et qui a amené dans la tactique des changements importants ; d'autre part, c'est faire connaître les conditions dans lesquelles se trouvait ce théâtre maritime à l'époque où la France se présenta à son tour pour y jouer un rôle.

L'impérialisme est le mot du jour pour désigner l'esprit de conquête qui caractérise la politique contemporaine de l'Angleterre. Le mot est de création récente ; il remonte au titre d'impératrice des Indes que Beaconsfield fit prendre en 1876 par la reine Victoria, titre sonore et magique qui a suscité chez un peuple de marchands l'amour de la gloire militaire. Mais combien la chose est plus ancienne en Angleterre que le mot ! Le fondateur de l'impérialisme, c'est le membre du Long Parlement, devenu lord protecteur de la république, à qui l'Angleterre a pardonné à peu près son hypocrisie et sa tyrannie, en échange de la grandeur de sa politique étrangère et de l'énergie avec laquelle il lança son pays à la conquête des mers. On prêtait au terrible vainqueur de Drogheda le projet de descendre en France avec son armée ; on prétend qu'il aurait dit que s'il avait eu dix ans de moins, il n'y aurait point eu de roi dans l'Europe qu'il n'aurait fait trembler. Du moins, cette parole qu'il prononça en 1655 à propos d'un fait de guerre maritime [1], est justement célèbre : « Je rendrai le nom d'Anglais aussi grand que l'a jamais été celui de Romain. » Cette expression, d'une concision aussi pleine d'audace que d'orgueil, c'est la formule parfaite de l'impérialisme; elle fait penser à la mission guerrière que Virgile rappelait à ses compatriotes :

> Tu regere imperio populos, Romane, memento.

La conquête du monde, que l'imagination d'Olivier Cromwell entrevoyait comme la destinée de son pays, avait pour condition première la conquête de la mer.

Il ne s'agissait pas, au lendemain même de la mort de Charles Iᵉʳ, de se lancer dans les aventures de la politique mondiale, — cela d'ailleurs viendra, et très vite, dès l'année 1655 ; — mais ne fût-ce que pour assurer le triomphe de la république naissante, il était nécessaire de la rendre puissante sur les mers qui l'environnaient. La famille et les partisans du roi mort sur l'échafaud s'étaient retirés sur le continent, en Hollande et en France, dans l'intention d'y lever des forces et de repasser bientôt en Angleterre ; le meilleur moyen de prévenir leurs projets de descente, c'était de leur interdire la mer du Nord et la Manche.

Aussi l'un des premiers soins du gouvernement républicain avait été de mettre en état et d'augmenter les forces navales du pays. Au cours de la révolution de 1648, onze vaisseaux s'étaient soulevés contre le parlement et s'étaient réfugiés en Hollande. Le prince palatin Robert, l'aventureux général des troupes de Charles Iᵉʳ, s'était mis à la tête de

---

1. Guizot, *Histoire de la république d'Angleterre et de Cromwell*, t. II, p. 193.

cette escadre ; il avait commencé la guerre de course.
Comme il était d'une audace à toute épreuve et qu'il excellait aux coups de main, ce n'était point un adversaire à
négliger, pour nouveau qu'il fût dans ses fonctions d'amiral. Au mois de février 1649, au moment même de la mort
du roi, le parlement faisait armer en guerre trente bâtiments marchands ; pour la campagne de l'année suivante,
il put disposer de soixante-cinq bâtiments et de huit mille
cent cinquante marins. A la défense même des côtes d'Angleterre il affecta, dans l'hiver de 1650 à 1651, trente-
neuf bâtiments, montés par quatre mille cent quatre-vingt-
dix hommes [1]. Quelle différence entre ces effectifs et les
effectifs de la marine française à la même époque !

Pour commander les escadres républicaines, il fallut
improviser des commandants en chef, car la guerre civile
avait désorganisé les états-majors ; la plupart des nouveaux
chefs furent pris parmi les officiers de l'armée de terre,
comme Blake, Monk, Dean, Penn et tant d'autres. Ces
colonels, qu'un décret transformait en commandants, en
chefs d'escadre, en amiraux, n'avaient pour la plupart
aucune expérience de leur nouveau métier ; ils y apportaient
des manières de parler qui n'avaient rien de la vie maritime. L'Angleterre s'amusa à répéter le mot de l'un d'eux,
Monk, qui, pour ordonner de prendre les amures à bâbord,
avait commandé à son équipage : « Par le flanc gauche !
Marche ! » Mais ces commandants improvisés avaient un
courage à toute épreuve, un dévouement sans limite à la
cause de la république, qui se confondait pour eux avec
la cause de la patrie ; secondés par des officiers mariniers,

---

1. Guizot, *Histoire de la république d'Angleterre et de Cromwell*, t. I,
p. 213.

notamment par des *masters* ou pilotes, qui étaient rompus depuis longtemps à la vie de la mer, ils firent pour la plupart très bonne figure dans leurs fonctions nouvelles.

L'un d'eux, Robert Blake, fut un homme de mer de premier ordre [1] ; il eut au suprême degré ces deux qualités, activité et audace, qui sont indispensables au chef d'escadre. Colonel de l'armée parlementaire, Cromwell le fit nommer en 1649, à cinquante et un ans, « général en mer » ; il devait mourir à bord de son navire, en 1657, après avoir combattu, huit années durant, sur toutes les mers de l'Europe. Le début de sa carrière de marin peut faire apprécier son esprit d'offensive ; ce fut une campagne qui dura un an environ, de la fin de l'année 1649 à la fin de l'année 1650.

Le prince Robert croisait avec la flotte royaliste sur les côtes de l'Irlande, pour entretenir la guerre civile qui était maîtresse de cette île ; les ennemis du gouvernement de Londres inauguraient à l'égard de l'Irlande la politique qui devait faire de l'île-sœur, depuis Châteaurenault jusqu'à Hoche, le théâtre préféré des Français pour leurs descentes dans les îles Britanniques. Blake se mit à la poursuite du prince Robert, il l'enferma dans le port de Kinsale. Robert parvint à s'échapper, tout en perdant trois bâtiments [2]. Il venait d'imaginer de transporter la guerre à grande distance, en continuant à tenir la mer, prêt à fondre en Irlande ou en Angleterre à la première occasion. A cet effet, il alla s'établir sur les côtes de Portugal. Il avait compté sans Blake, qui n'hésita pas à lui donner la chasse partout où il pourrait l'atteindre. Les deux adversaires

---

1. Dixon, *The life of Robert Blake, admiral and general at sea.*
2. Octobre 1649.

étaient dignes l'un de l'autre par leur audace et leur habileté manœuvrière.

Pendant de longues semaines, les deux escadres croisèrent aux embouchures du Tage, mettant en singulier embarras le gouvernement de Jean IV de Bragance. Blake réclamait qu'on lui livrât les pirates qui avaient pris une partie de la flotte anglaise. Il essaya de forcer les passes du Tage pour pénétrer jusqu'à Lisbonne. Moins heureux que devait l'être au même endroit, en 1831, l'amiral Roussin, il fut tenu en respect par les forts de l'embouchure. Alors il s'établit en croisière; il infligea ainsi au commerce portugais des pertes sensibles, jusqu'à détruire ou capturer un convoi de vingt-trois voiles qui arrivaient du Brésil ; renforcé par une division de huit vaisseaux de l'amiral Popham, il maintint un blocus rigoureux. Cependant Robert, qui excellait aux surprises, lui échappa de nouveau comme à Kinsale, et passa dans la Méditerranée, avec la pensée qu'il s'y trouverait en sûreté. Blake l'y poursuivit encore et le bloqua dans les eaux de Malaga [1]. Le gouvernement espagnol, sollicité par les deux ennemis de prendre parti, ne songea qu'à gagner du temps ; Philippe IV, pas plus que Jean IV, n'avait des escadres capables de faire respecter la neutralité des eaux espagnoles. Blake finit par détruire, en vue de Malaga, la majeure partie de l'escadre de Robert. Celui-ci, qui n'avait plus que deux vaisseaux, réussit à échapper, une troisième fois encore, à son terrible adversaire, et il alla s'établir en croisière sur la côte d'Afrique. Blake fut alors rappelé en Angleterre [2]. La république n'avait plus rien à craindre de l'Irlande et de la flotte royaliste ; mais elle avait à se préoccuper d'un danger maritime qui s'annonçait comme beaucoup plus grave.

1. CORBETT, *England in the Mediterranean*, 1904 ; t. I, ch. XVI-XVII.
2. Novembre 1650.

Que serait-il arrivé si, au cours de cette campagne de Blake et de Robert le long des côtes de Portugal et d'Espagne, dans ces parages où venaient de s'illustrer Sourdis et Brézé, les marines de France et d'Angleterre s'étaient rencontrées ? En cette année 1650, au milieu des désordres de la Fronde, la France semblait renoncer à ses destinées maritimes, glorieusement entr'ouvertes par Richelieu. Il ne semble pas que personne dans l'entourage de Mazarin se soit préoccupé de ce duel maritime qui avait son dénouement non loin de l'endroit où Brézé avait remporté, sept ans plus tôt, sa belle victoire de Carthagène ; mais combien ces événements mettaient en évidence la nécessité pour la France d'avoir de puissantes escadres sur la Méditerranée, même si elle bornait son ambition à faire respecter la liberté de cette mer et à interdire aux étrangers d'y vider leurs querelles !

Si la France savait encore s'intéresser aux questions maritimes, elle put se rendre compte que de puissantes escadres ne lui étaient pas moins nécessaires pour la sécurité de ses provinces septentrionales.

Les Anglais n'avaient pas vu sans un vif sentiment d'inquiétude et de jalousie la France s'emparer de Dunkerque. Si, à cette date même, la guerre civile n'avait pas paralysé leurs forces, ils n'auraient point, vraisemblablement, laissé s'accomplir, sans essayer de l'empêcher, un événement qui pouvait avoir, pour la possession de la mer du Nord, pour la navigation du pas de Calais et la sécurité même des côtes britanniques, les plus graves conséquences. Qu'une puissance à bout de forces comme l'Espagne, qui était en train de perdre les derniers restes de son ancienne grandeur maritime, restât en possession du vieux port des

Flandres, dont les corsaires avaient déjà leur réputation légendaire : l'inconvénient n'était pas grand. Mais qu'une puissance jeune et vigoureuse comme la France, qui avait forcé à la retraite les escadres de Charles Ier, qui venait de saisir tout à coup l'empire de la Méditerranée, apparût à présent sur les côtes de Flandre et transformât le nid de corsaires en un port de guerre : c'était le danger à demeure aux portes mêmes de l'Angleterre.

C'est en 1646, dans cette année où la marine française eut la douleur de perdre le duc de Brézé, mais où elle acquit Porto Longone et Piombino, que Mazarin mit la main sur Dunkerque. La ville avait été assiégée du côté de la terre par le duc d'Enghien ; elle avait été bloquée du côté de la mer par dix vaisseaux de guerre hollandais, sous les ordres de Tromp, auxquels s'étaient joints une quinzaine de petits bâtiments français de Dieppe, Boulogne et Calais. Quelques bâtiments espagnols, partis de Nieuport, avaient fait une tentative infructueuse pour sauver la ville ; elle avait capitulé le 1er octobre [1].

Dès que la mort de Charles Ier eut assuré en Angleterre le triomphe de la révolution, la marine républicaine prétendit faire à son gré la police des mers voisines. Il y avait alors une sorte de guerre économique entre la France et l'Angleterre. A une déclaration de Louis XIV, du 24 octobre 1648, qui interdisait l'entrée en France des soieries et des lainages anglais, le parlement avait riposté, le 23 août 1649, par une déclaration qui interdisait l'entrée en Angleterre des étoffes et des vins de France. « Les hommes s'accoutumaient à tout, disait-on à Londres ; se passant bien de roi, contre la créance que l'on en avait eue, ils pourraient bien aussi se passer des vins de France. »

1. Voir ci-dessus le chapitre xiv.

Pour soutenir cette guerre économique, la France n'avait qu'à tirer parti de Dunkerque ; la première condition était d'y créer un port dans lequel une escadre pourrait se mettre à l'abri. La Fronde ne permit pas même de concevoir ces projets. La marine anglaise mit à profit cette inertie pour molester le commerce maritime des sujets de Louis XIV. Sous prétexte d'exercer le droit de visite à propos des marchandises interdites, elle commit divers actes de violence ; elle alla jusqu'à capturer six navires français, qu'elle refusa de rendre, malgré toutes les réclamations venues de Paris. Elle savait bien qu'elle n'avait rien à craindre d'une puissance qui n'entretenait pas dans la mer du Nord un seul vaisseau de guerre avec la mission de protéger ses bâtiments de pêche et de commerce.

Dès lors, ce fut chez Cromwell une idée fixe, qu'il devait réaliser pendant le protectorat, de donner Dunkerque à sa patrie. Au mois de février 1652, il avait proposé au comte d'Estrades, gouverneur de la place, le marché suivant, en vue de l'acquisition de Dunkerque : à lui, d'Estrades, deux millions ; à son maître le roi de France, le concours de cinquante vaisseaux et de quinze mille hommes pour faire la guerre à l'Espagne. Le brave d'Estrades avait répondu à l'envoyé de Cromwell que, si les troubles et la guerre civile qui étaient en France ne l'obligeaient pas d'informer le cardinal, il l'aurait fait jeter dans la mer pour l'avoir cru capable de trahir son roi. Pour le moment, le projet de Cromwell n'eut pas de suite immédiate ; la guerre qui éclata sur ces entrefaites entre les marines d'Angleterre et de Hollande porta l'attention du futur protecteur dans une autre direction. Cependant elle ne se détourna pas tout à fait de la question flamande, qui avait bien des points de contact avec la question hollandaise ; de l'une et de l'autre, en effet, dépendait l'empire de la mer du Nord.

On a déjà vu comment l'Angleterre, qui montait bonne garde devant Dunkerque, — témoin le traitement que l'escadre de Blake infligea, en 1652, à la division navale de Du Ménillet, — finit par s'emparer de Dunkerque, en obligeant la France à subir son alliance[1]. « La cour et l'armée, écrivait l'ambassadeur anglais, sont au désespoir de se dessaisir de ce qu'ils appellent un si bon morceau. » Certes, le protecteur comptait tirer du « bon morceau » un parti merveilleux ; mais, deux mois à peine après l'acquisition de Dunkerque, il avait cessé de vivre.

1. Voir ci-dessus le chapitre xiv.

CHAPITRE XVII

LA PREMIÈRE GUERRE MARITIME ENTRE L'ANGLETERRE
ET LA HOLLANDE

La rivalité maritime de l'Angleterre et des Provinces-Unies. — L'acte de navigation. — Forces navales des deux États. — Rôle de la marine en Hollande ; les « rouliers des mers ». — Campagnes de 1652 et de 1653 : Blake et Monk, Tromp et Ruyter. — Bataille des Dunes, 12 mai 1652. — Poursuite de Blake par Tromp. — Ruyter devant Plymouth. — Corneille de With devant Goodwin, 8 octobre 1652. — Tromp devant Goodwin, 30 novembre 1652. — Bataille de Portland, février 1653. — Bataille de Nieuport, juin 1653. — Bataille de Kattvyck, 10 août 1653. — Blake dans la Méditerranée et à Ténériffe, 1654-1657. — Penn à la Jamaïque, 1655. — Bataille du Sund entre Hollandais et Suédois, 1658. — Conséquences de ces campagnes pour la tactique navale et pour l'histoire générale.

Entre les deux États maritimes qui se faisaient vis-à-vis sur les côtes de la mer du Nord, l'Angleterre et les Provinces-Unies, les causes d'inimitié étaient profondes ; l'empire de la mer était pour chacun d'eux la condition de son développement ou même de son existence. Aussi cette concurrence pour l'hégémonie navale devait amener, dans la seconde moitié du xviie siècle, trois grandes guerres navales entre Londres et Amsterdam, l'une à l'époque de la république, les deux autres sous le règne de Charles II.

La parole avait été d'abord à la plume. Grotius avait défendu les droits de ses compatriotes, dans son célèbre traité de l'année 1609 : *Mare liberum*. L'Anglais Selden avait riposté, en 1625, par son livre au titre menaçant :

Mare clausum, où il justifiait les prétentions de l'Angleterre à l'empire des mers. Liberté de la mer, servitude de
la mer : n'est-ce pas un peu toute l'histoire des rapports
des puissances maritimes avec l'Angleterre dans les trois
derniers siècles ?

La parole était rapidement passée au canon. Le procès
et la mort de Charles Ier avaient provoqué une émotion
profonde aux Provinces-Unies. Pour protestants qu'ils
étaient, les Hollandais entendirent répudier toute solidarité
avec les protestants régicides de Londres ; ils exprimèrent
solennellement leurs sentiments d'horreur auprès du jeune
roi Charles II, qui s'était réfugié à la Haye. Avant la catas-
trophe finale, les ports de la république avaient donné
asile, dès le mois de juin 1648, à la partie de la flotte
royale qui avait émigré sous le commandement du prince
Robert ; c'est en s'appuyant sur les ports de la Hollande
que le nouvel amiral anglais avait commencé la guerre de
course avec laquelle il avait fait subir à la marine du parlement d'importants dommages. Un incident tragique, sur-
venu à la Haye trois mois après la mort du roi, avait failli
amener la guerre ; l'un des juges de Charles Ier, Isaac
Dorislaüs, accrédité auprès du gouvernement des Provinces-
Unies, avait été assassiné comme représentant et complice
des régicides ; les meurtriers étaient connus ; malgré les
réclamations venues de Londres, ils ne furent pas arrêtés.
Le stathouder Guillaume II d'Orange avait ardemment
pris en mains la cause de son jeune beau-frère Charles
Stuart ; il faisait prévaloir dans les conseils du gouvernement les dispositions belliqueuses ; il excitait dans les
classes inférieures de la nation, notamment chez les
pêcheurs de Zélande, le sentiment patriotique à l'égard
d'un peuple depuis longtemps jalousé. La mort inattendue

de ce prince ambitieux [1] avait retardé pour quelque temps la guerre entre les deux républiques.

A l'égard de l'Angleterre, les bourgeois républicains de la Haye n'avaient pas d'autres sentiments que les orangistes. Jean de Witt, lui aussi, parlait de « l'humeur insupportable de la nation anglaise, de sa continuelle jalousie de la prospérité des Hollandais ». Chaque jour, les menus incidents de la vie maritime amenaient des conflits, ici pour la question des saluts, l'Angleterre demandant que son pavillon fût salué le premier, autre part pour le droit de pêche, notamment pour les pêcheries que les Hollandais fréquentaient depuis longtemps dans les eaux de l'Écosse, autre part encore pour le droit de visite que les Anglais réclamaient comme une conséquence de l'acte de navigation.

Cet acte célèbre, dont on peut dire qu'il fut la Grande Charte maritime de l'Angleterre, avait été voté par le parlement [2], au moment même où la victoire de Cromwell à Worcester ruinait le parti royaliste, comme si le triomphe de la république devait avoir pour conséquence la suprématie maritime. Il réservait exclusivement au pavillon anglais le cabotage dans les eaux anglaises et le commerce de l'Angleterre avec les diverses colonies ; les produits des pêches étrangères ne pouvaient être introduits en Angleterre ; les divers produits des États européens ne pouvaient être importés que sous pavillon anglais ou sous pavillon du pays producteur. C'était décréter la ruine à bref délai de la marine hollandaise ; elle avait, en effet, jusqu'alors comme le monopole du cabotage, de la pêche et du commerce maritime dans les eaux anglaises ; on éva-

1. Novembre 1650.
2. Le 9 octobre 1651.

luait à quatre-vingt-dix pour cent la part du pavillon hollandais dans l'ensemble du trafic maritime de l'Angleterre.

Il y avait eu déjà bien des motifs de rupture au cours de cette même année 1651. Le parlement anglais avait fait saisir, sous un prétexte quelconque, neuf navires marchands d'Amsterdam armés pour le Portugal ; il déclarait que la croisière que l'amiral Tromp avait établie dans les eaux des Sorlingues était une menace permanente pour la république. Des négociations furent ouvertes pour arranger ces différends ; les États généraux envoyèrent trois commissaires à Londres [1]. Il fut impossible de s'entendre. Le peuple, de part et d'autre, voulait la guerre. Les Anglais, dans l'orgueil de leurs victoires répétées sur le prétendant, voulaient à présent saisir le « trident de Neptune » pour en faire le « sceptre du monde ». Les Hollandais entendaient conserver et fortifier leur hégémonie maritime ; ils se croyaient assurés de vaincre. Ne racontait-on pas que des marins de Zélande avaient aperçu, dans des visions patriotiques, de grandes armées navales qui s'entrechoquaient et la victoire qui se décidait pour le pavillon des Provinces-Unies ? Bref, la guerre était la conclusion nécessaire de l'exaltation qui régnait des deux côtés de la mer du Nord et qui s'expliquait elle-même par la concurrence maritime des deux républiques ; elle fut officiellement déclarée, le 7 juillet 1652, par la république d'Angleterre à la république des Provinces-Unies.

Le parlement de Londres avait entrepris, dès le lendemain de la mort du roi, de se faire respecter sur mer [2]. Les moyens matériels lui faisaient à peu près complètement

---

1. Décembre 1651.
2. Voir le chapitre précédent.

défaut : vaisseaux peu nombreux, équipages recrutés par le procédé barbare de la presse et mal entraînés, amiraux improvisés. Mais quelques hommes avaient senti, et Cromwell à leur tête, que l'Angleterre devait être puissante sur mer ; elle le fut, parce qu'elle le voulut avec une volonté persévérante. L'Angleterre comprit dès lors le rôle de la puissance maritime dans l'histoire, elle entendit jouer ce rôle, elle eut l'esprit de suite. Le résultat de cette vision juste et de cette volonté ferme, ce fut la maîtrise de la mer.

Elle put atteindre ce but, parce qu'elle eut la bonne fortune d'avoir, dès sa première grande guerre maritime, des chefs comme Blake, Dean, Monk, Penn, mais aussi parce qu'elle leur fournit les moyens matériels de la victoire. Pour la campagne de 1652, le parlement vota quarante mille livres sterling par mois, soit un million de francs, pour l'entretien de la flotte ; l'année suivante, il ajouta de nombreux crédits supplémentaires, suivant les circonstances ; il ne marchanda jamais les dépenses, il savait que c'était de l'argent placé à gros intérêts. Cromwell, qui soit à titre de membre du conseil d'État, soit à titre de protecteur, fut l'inspirateur et l'âme de la guerre navale, donna un vigoureux élan à la construction des navires et en fit une industrie nationale. L'Angleterre put avoir sur mer jusqu'à cent trente et un vaisseaux de guerre construits spécialement et aménagés pour ce service. Le *Souverain des mers*, au titre orgueilleux, qui devint après 1660 le *Royal Charles*, portait cent douze pièces de canon et avait six cents hommes d'équipage ; c'était la plus forte unité navale du temps. Les vaisseaux de soixante à quatre-vingt canons, avec des équipages de trois cents à cinq cents hommes, formaient la masse des escadres.

L'ensemble des marins finit par atteindre le chiffre de trente mille hommes. Un conseil de l'amirauté dirigeait tout cet ensemble; soustrait aux fluctuations de la politique, il a été de tout temps comme le cerveau permanent de la marine anglaise. Son rôle était d'inspirer et de surveiller, en laissant aux chefs d'escadre le soin de trouver et d'appliquer. L'heureuse influence de ce corps sur les destinées navales de l'Angleterre pourrait être invoquée comme une des meilleures preuves de l'excellence des deux principes : unité de doctrine, liberté d'action.

Que l'on remarque encore à l'avantage de l'Angleterre l'esprit de méthode, singulièrement servi d'ailleurs par les circonstances, avec lequel elle a marché à la conquête de la mer. Elle a eu la bonne fortune de commencer son évolution maritime à une époque où l'Espagne avait terminé la sienne et où ses dernières flottes expiraient sous les coups des marins français. Elle s'est prise corps à corps avec la marine hollandaise ; les coups ont été terribles, de part et d'autre, et les résultats parfois incertains jusqu'au jour où la révolution de 1688 est venue merveilleusement servir son ambition navale, en réduisant la Hollande à ne plus être qu'une chaloupe dans le sillage d'un vaisseau de guerre. Alors elle a entamé avec la France le duel qui fut une nouvelle guerre de Cent ans ; car il ne s'est terminé qu'en 1815 par le triomphe incontesté de la puissance qui était convaincue que la marine est un élément indispensable de prospérité et de grandeur, et qui avait agi en conséquence.

Cependant, en l'année 1652, quand commença le duel anglo-hollandais, on aurait été en droit de présager le succès des compatriotes de Jean de Witt sur les compatriotes de Cromwell. Le patriotisme, l'orgueil, l'ambition étaient aussi ardents chez les uns que chez les autres ; mais on trouvait chez les Hollandais des qualités professionnelles et des ressources qui faisaient défaut à leurs ennemis. La fortune maritime de ce petit peuple, de ces « gueux » devant lesquels l'Espagne avait été réduite à humilier son orgueil, est une des preuves les plus éloquentes de l'influence de la puissance navale sur la puissance politique. Car la Hollande a dû tout à la mer ; elle a transformé cet ennemi de tous les jours, qui mettait à chaque heure son existence en péril, en un serviteur et en un instrument. Elle eut une puissante marine de guerre, parce qu'elle avait commencé à avoir une puissante marine de commerce et de riches colonies. Elle avait ainsi réalisé les trois conditions indispensables à la maîtrise de la mer.

Les marins des Provinces-Unies, et spécialement de la Zélande, de la Hollande, de la Frise, furent avant tout des pêcheurs. La pêche de la morue et surtout du hareng fut pour eux et par suite pour les Pays-Bas un instrument de fortune ; la préparation et l'encaquement des harengs étaient l'industrie nationale par excellence. D'après le dicton populaire, la ville la plus riche des Provinces-Unies, Amsterdam, était bâtie sur des carcasses de harengs. La pêche maritime faisait vivre près du cinquième de la population et rapportait à la Hollande seule plus de huit millions.

Le développement extraordinaire du commerce maritime aux Pays-Bas était une preuve remarquable des aptitudes mercantiles des habitants. Les marins hollandais étaient allés demander aux étrangers les ressources de leur propre commerce ; suivant l'expression de William Temple, ils s'étaient faits « les rouliers des mers ». La marine marchande des Provinces-Unies s'était ainsi transformée en une gigantesque entreprise de transports, qui fit pour le compte des pays voisins, dépourvus de flottes commerciales, l'échange de toutes les marchandises nécessaires à la vie humaine. La république était devenue l'entrepôt général du commerce. « Ses habitants, disait un publiciste contemporain[1], pompaient, comme l'abeille, le suc de tous les pays. On a dit que la Norvège était leur forêt ; les rives du Rhin, de la Garonne, de la Dordogne, leurs vignobles ; l'Allemagne, l'Espagne et l'Irlande, leurs parcs à moutons ; la Prusse et la Pologne, leurs greniers ; l'Inde et l'Arabie, leurs jardins. » Pour la seule province de Hollande, la marine marchande comptait dix mille voiles, cent soixante-huit mille matelots, et faisait vivre deux cent soixante mille personnes.

Non contents de ce commerce de transit, les rouliers des mers, autrement habiles et entreprenants que les Espagnols, avaient su tirer de leur domaine colonial des richesses prodigieuses. En 1602, en pleine guerre contre l'Espagne, des armateurs d'Amsterdam avaient fondé la compagnie des Indes orientales, avec le monopole du commerce au delà du cap de Bonne-Espérance. En un demi-siècle, avec les dépouilles du Portugal, depuis le cap de Bonne-Espérance jusqu'au Japon, en passant par Ceylan, Java et l'archipel de la Sonde, la compagnie avait établi un empire colonial par lequel elle avait accaparé tout le commerce asiatique. La ville de Batavia, fondée en 1619 dans l'île opulente de Java, était devenue la capitale coloniale de la compagnie et le grand entrepôt commercial de l'Extrême-Orient. Toutes les marchandises de la Hollande

1. Le Hollandais Wicquefort, en 1658. A. LEFÈVRE-PONTALIS, *Jean de Witt*, t. I, p. 11.

et tous les produits indigènes venaient s'y accumuler. La compagnie y entretenait une flotte de cabotage, chargée du trafic « d'Inde en Inde », qui écoulait dans les divers ports de l'Asie les marchandises importées d'Europe et qui rapportait les marchandises indigènes à Batavia, où on les embarquait à destination de la Hollande. Une fois déchargées sur les quais de Rotterdam ou d'Amsterdam, la flotte de la compagnie qui était réservée au commerce d'Europe, les transportait dans les ports d'Angleterre, de France, d'Allemagne, etc. Ce système de centralisation commerciale, poursuivi avec un remarquable esprit d'ordre et d'économie, permit à la compagnie de réaliser des bénéfices extraordinaires. Au cours du xviiᵉ siècle, les dividendes des actionnaires ne furent jamais inférieurs à douze pour cent ; ils s'élevèrent même à soixante-trois pour cent.

Le succès de cette association mercantile avait amené, en 1621, l'établissement d'une autre société, la compagnie des Indes occidentales, avec le monopole du commerce sur les côtes occidentales de l'Afrique et sur les côtes orientales de l'Amérique. Sa fortune fut encore plus rapide, mais sans être aussi durable. En treize ans, elle arma huit cents navires, et elle fit subir à la marine hispano-portugaise pour près de deux cents millions de pertes. Elle avait entrepris de conquérir le Brésil, qu'elle posséda en effet pendant quelques années ; mais chassée de ce pays par les Portugais, elle s'établit en Guyane, à Curaçao dans les Antilles, et dans le port de Nouvelle-Amsterdam aux embouchures de l'Hudson, sur l'emplacement actuel de New-York.

Ces deux grandes compagnies avaient accaparé ainsi tout le commerce colonial et transformé Amsterdam en un gigantesque entrepôt de marchandises. Le rôle que Lisbonne avait joué au xviᵉ siècle était passé, au xviiᵉ, à la reine du

Zuyderzée. Le poivre de Calicut, le gingembre de Cananore,
la cannelle de Ceylan, les girofles des Moluques, les perles
de Java, les diamants du Cap, le sucre de la Guyane, les
oranges de Curaçao, en un mot, les épices, les denrées coloniales, les pierres précieuses, ne pouvaient plus s'acheter
que sur les bords de l'Amstel. Aussi le patriciat d'Amsterdam comptait des fortunes colossales. La banque d'Amsterdam, fondée en 1609, était connue dans le monde entier ;
elle faisait crédit à des souverains et traitait avec eux de
puissance à puissance. Depuis que le traité de Munster
avait accordé aux Hollandais, avec la reconnaissance de
leur liberté, la fermeture du port d'Anvers, la Venise du
Nord avait encore vu son activité commerciale hériter de
celle qui avait longtemps enrichi les quais de l'Escaut. Le
voyageur qui arrivait alors à Amsterdam, qui y voyait une
forêt de mâts alignés auprès de quais sans fin et d'entrepôts
gigantesques, éprouvait l'impression de force maritime et
de puissance commerciale que ressent le voyageur de nos
jours qui remonte la Tamise, de Woolwich au pont de
Londres.

Sans parler des sources de richesses que la république
trouvait dans ce développement extraordinaire de la vie
maritime, il faut remarquer que les marins hollandais
avaient sur tous les autres marins du temps la supériorité
que donne la pratique ininterrompue de la navigation ;
pêcheurs des côtes de Zélande qui connaissaient à merveille
tous les courants et tous les bas-fonds de la mer du Nord,
matelots et officiers qui naviguaient sur toutes les mers
dans les flottes des deux compagnies, tous étaient des
hommes de métier, qui avaient fait de la mer leur seconde
patrie. A une époque où Richelieu était obligé de confier
les flottes de guerre à un archevêque ou à un jeune mar-

quis de vingt ans, où le parlement d'Angleterre « bombardait » amiraux des colonels de l'armée de terre ou des officiers de cavalerie, la Hollande était seule à ne pas avoir des amiraux improvisés. C'étaient tous des officiers de carrière.

Martin Tromp, le premier de ce nom, l'amiral au balai légendaire, était le fils d'un capitaine de frégate ; il avait pris la mer à douze ans et chaque grade avait été pour lui la récompense d'une action d'éclat. A sa mort, en 1653, il comptait quarante-quatre ans de services ininterrompus à la mer. Ruyter, le plus glorieux des marins de la république, s'était embarqué comme mousse à onze ans ; à vingt-deux ans, il était pilote ; à vingt-huit ans, capitaine d'un corsaire ; puis peu après, capitaine d'un bâtiment de guerre[1]. Embarqué tour à tour sur des navires de commerce et sur des navires de guerre, ayant navigué sur toutes les mers et dans toutes les conditions, il avait acquis des qualités de pratique qui, jointes aux dons naturels du génie, firent de lui le Suffren ou le Nelson du xviie siècle.

Avant la rupture officielle du mois de juillet 1652, quand les escadres de Tromp et de Blake étaient dans la situation où les coups de canon partent tout seuls, une bataille navale avait été livrée dans ces parages des Dunes, aux approches de Douvres, qui ont vu tant de rencontres maritimes, car ils commandent à la fois la mer du Nord et la Manche.

Cette bataille, du 12 mai 1652, qui mit pour la première fois aux prises Blake et Tromp, eut le caractère de violence qu'eurent toutes les batailles de cette guerre de deux

1. Grinnel-Milne, *Life of lieut.-admiral de Ruyter*, Londres, 1896.

ans, très disputées et souvent indécises[1]. Tromp avait quarante-deux bâtiments, parmi lesquels il faut compter sans
doute beaucoup de ces bateaux plats qui servaient aux Hollandais pour la navigation des canaux; il croisait en vue
des côtes de Kent. Blake, à la tête de vingt-trois bâtiments,
se porta au devant de lui; il tira trois coups de canon pour
exiger le salut aux couleurs britanniques. Tromp, qui
avait son pavillon sur le *Brederode*, fit d'abord mine de se
retirer; puis, revenant à toutes voiles, il lâcha sa bordée
sur le *James*, vaisseau amiral des Anglais. « Ce n'est pas
poli à Tromp, dit Blake, de prendre mon vaisseau pour un
mauvais lieu et de casser ainsi mes vitres. » Il riposta;
l'action ainsi engagée dura quatre heures. Elle se réduisit
à une canonnade à peu près inoffensive, car les Hollandais
en furent pour la perte d'un bâtiment et les Anglais pour
des avaries. Tromp s'était retiré vers les côtes de la Hollande.

La guerre une fois déclarée[2], les deux ennemis avaient
réuni en quelques semaines de puissantes escadres : Blake
pouvait disposer de cent cinq bâtiments de guerre; Tromp,
de cent vingt, dont le moindre portait vingt-quatre pièces
de canon. Les armements français du temps auraient fait
bien petite figure à côté de ces forces énormes.

La campagne offrit d'abord le spectacle d'opérations à
grande distance entre adversaires qui prennent mutuelle-
ment l'offensive, mais sans parvenir à se rejoindre.

Blake, parti de Douvres, avait laissé dans la Manche la

---

1. Sur cette première guerre maritime entre l'Angleterre et la Hollande,
voir Guizot, *Histoire de la république d'Angleterre et de Cromwell*, 1854;
— Ant. Lefèvre-Pontalis, *Jean de Witt, grand pensionnaire de Hollande*,
1884; — commandant Chabaud-Arnault, « Les batailles navales au milieu
du xvii° siècle », *Revue maritime et coloniale*, t. LXXXV, 1885.
2. Le 7 juillet 1652.

division de son lieutenant Ascough ; il s'était porté lui-
même dans les eaux de l'Écosse, pour y détruire les barques
de pêche hollandaises qui s'y trouvaient malgré la défense
de l'acte de navigation. Tromp vit cette faute stratégique
d'un ennemi qui avait divisé ses forces, sous prétexte de
parer à tout, et qui s'occupait d'une opération de détail, au
lieu de chercher le corps à corps. Il prit la mer au Helder
et courut droit sur le pas de Calais avec soixante-dix-neuf
bâtiments et dix brûlots : cette offensive qu'il faut louer
devait lui permettre de surprendre et d'accabler Ascough
ou mieux encore, car c'eût été du coup la fin de la guerre,
de débarquer dans le Kent et de marcher sur Londres. Il y
eut, en effet, une vive panique dans tous les ports de la
région ; Ascough s'empressa de s'abriter au pied des falaises.
Un calme plat sauva l'Angleterre. Tromp fut arrêté par le
manque de vent à l'entrée du détroit ; puis un violent vent
d'ouest le rejeta au large, malgré tous ses efforts pour entrer
en Manche.

L'amiral hollandais changea de plan ; il se mit à la
recherche de Blake. Dans cette campagne comme dans la
campagne de 1653, chez les Hollandais comme chez les
Anglais, on ne sait ce qu'on doit le plus admirer, leur sou-
plesse manœuvrière ou leur infatigable ténacité. Tromp
découvrit Blake, le 5 août, entre les Orcades et les Shetland. L'amiral anglais se retrancha dans les Shetland, dont
la navigation est très difficile ; mais ce qui le sauva, ce fut
un coup de vent d'une extrême violence. Abrité dans les
canaux des Shetland, il eut peu à en souffrir ; Tromp, au
contraire, qui croisait au large, vit sa flotte dispersée ou
désemparée en l'espace d'une nuit. Au jour, il n'avait plus
sous la main que quarante-deux bâtiments, et pas un seul
de ces brûlots sans lesquels il ne pouvait entreprendre

l'opération qu'il méditait. Désespéré de voir deux fois sa proie lui échapper, à cause des conditions du temps, il mit le cap sur le Helder. L'amiral anglais, plus heureux que prévoyant, se donna un triomphe facile : il parcourut d'un air de bravade les côtes ennemies ; après y avoir ramassé quelques barques et quelques prisonniers, il regagna le mouillage de Yarmouth.

Tromp, découragé et décrié, alors que seul il avait eu une conception stratégique digne d'éloges, avait été remplacé par Ruyter. Le nouvel officier général, qui a donné tant de belles leçons de stratégie offensive et défensive, se porta hardiment dans la Manche avec trente bâtiments. Le 26 août, en vue de Plymouth, il découvrit l'escadre de Ascough. Il s'élança aussitôt sur elle avec tant d'impétuosité que son vaisseau le *Neptune*, suivi à peine de quelques bâtiments, se trouva isolé un moment au milieu des Anglais. Il parvint cependant à se tirer de ce mauvais pas ; reprenant l'offensive, il contraignit l'ennemi à chercher un refuge en rade de Plymouth. C'est sans doute un succès que de garder le champ de bataille ; mais la vraie victoire consiste dans la destruction des forces ennemies. Ruyter, malgré son audace, n'avait pas atteint ce résultat.

Blake vint prendre le commandement à la place de Ascough ; il exécuta alors sur l'escadre française de Du Ménillet l'opération de piraterie qui a été déjà rapportée. De son côté, la Hollande mit sur mer une nouvelle escadre, commandée par Corneille de With[1] ; jointe à l'escadre de Ruyter, elle comprenait soixante-quatre voiles. Blake, qui montait la garde dans les eaux du détroit avec soixante-huit voiles, apprit la présence de l'ennemi au nord-est de

---

1. Le vice-amiral Corneille Witte de With n'était pas parent du grand pensionnaire de Hollande Jean de Witt.

Douvres. Il donna l'ordre de marcher à sa rencontre ; il le découvrit[1] près des bancs de Goodwin[2]. Aussitôt il attaqua. Il avait dit à ses capitaines : « Dès que quelques-uns des nôtres nous auront rejoints, portez-vous droit au milieu des ennemis. »

L'offensive vigoureuse des Anglais eut le résultat qu'elle a presque toujours. Surpris par cette attaque, les amiraux hollandais, notamment Ruyter qui commandait l'avant-garde, firent une énergique résistance; mais deux navires hollandais coulèrent dès les premiers coups de canon, deux autres furent pris. Les canonniers anglais pointaient dans la coque ; les canonniers hollandais pointaient dans la mâture. Ce qui amena d'ailleurs la défaite ou plutôt la retraite des Hollandais, ce fut le manque de qualités nautiques de leur escadre et la lâcheté de quelques capitaines, qui ne songèrent qu'à leur propre salut. Des bâtiments marchands de la compagnie des Indes avaient été convertis en vaisseaux de guerre; c'étaient de lourdes machines, peu dangereuses à cause de leur lenteur et qui offraient à l'ennemi un excellent champ de tir. Indigné de la conduite de quelques-uns de ses officiers, de With les menaça d'un châtiment exemplaire. « Il y a, disait-il, assez de bois dans notre patrie pour faire des potences. » Bref, la bataille de Goodwin, après cinq heures de lutte, se termina à l'avantage des Anglais ; ils se bornèrent toutefois à suivre à distance leurs ennemis, qui rentrèrent dans leurs ports.

La Hollande s'adressa au seul homme qui semblait capable de vaincre les Anglais ; ses succès, même incomplets, leur avaient causé une douloureuse surprise. Tromp

---

1. Le 8 octobre 1652.
2. Les « sables de Goodwin », *Goodwin Sands*, forment des bancs mouvants, sur la côte de Kent, en face de Ramsgate, à l'entrée de la Tamise.

fut rappelé au service actif; un vigoureux effort fut fait pour réarmer une puissante escadre. Au bout de quelques jours, les Hollandais reprenaient la mer. La saison était peu favorable : c'était l'époque de ces brumeuses et froides journées d'automne, où la mer du Nord est si souvent battue par les tempêtes. Aussi Blake avait-il renvoyé dans les ports une partie de ses navires ; il n'en avait plus que trente-sept, avec lesquels il croisait vers le détroit. Tromp apparut tout à coup à la tête de soixante-treize voiles. Comment ne songea-t-il pas, avec une pareille supériorité de forces, à percer droit au cœur de l'Angleterre, à remonter la Tamise jusqu'à Londres, comme Ruyter devait le faire quelques années plus tard?

La rencontre des deux escadres se fit de nouveau dans les eaux de Goodwin[1]. Les rôles étaient exactement renversés par rapport à la journée du 8 octobre ; le résultat fut encore en harmonie avec les rôles. Tromp, qui avait pour lui le vent et le nombre, prit deux vaisseaux, il en mit plusieurs en dangereuse posture et il força Blake à se retirer. Celui-ci le fit avec ordre, il alla s'établir à l'entrée de la Tamise, en couvrant ainsi le point stratégique par excellence. Ce fut à la suite de cette affaire brillante, mais en partie stérile, que Tromp arbora à la tête de son grand mât un balai gigantesque ; avec ce symbole injurieux il se donna le plaisir de se promener plusieurs jours dans la Manche.

La campagne de 1652, qui avait été si disputée, se terminait donc en apparence à l'avantage des Hollandais; ils avaient forcé les escadres ennemies à se retirer dans les ports, ils parlaient à présent de mettre les îles Britanniques

---

1. Le 30 novembre 1652.

en état de blocus. En fait, ils n'avaient pas détruit les forces organisées de l'ennemi ; ils n'avaient point opéré de débarquement, c'est-à-dire qu'ils n'avaient atteint ni l'un ni l'autre des deux buts essentiels de toute opération navale.

Pour la campagne de 1653, le conseil d'État d'Angleterre fit un puissant effort. Il arma tous les vaisseaux disponibles, il garda sa confiance à Blake, qui avait parlé de se retirer, et, lui donnant deux collaborateurs, Monk [1] et Dean, il lui enjoignit de prendre la mer et d'aller chercher l'ennemi. Sorti de la Tamise avec soixante bâtiments, renforcé en route de vingt voiles, Blake alla s'établir en croisière dans la Manche ; il attendait Tromp, qui escortait un riche convoi à destination de la Hollande. La rencontre eut lieu [2] par le travers du cap de la Hague et de la pointe de Portland. Les conditions stratégiques étaient inégales : d'un côté, une escadre de guerre, libre de ses mouvements, prenant l'offensive ; de l'autre, une escadre de guerre, embarrassée de tous les *impedimenta* d'un convoi, préoccupée avant tout de défendre des richesses commerciales. Ce fut un peu le caractère de toute cette guerre. L'objectif des Anglais était à la fois la guerre d'escadre et la guerre de course ; l'objectif des Hollandais était autant la protection du commerce que la guerre d'escadre. Les deux ennemis commirent en partie la même faute. Les Anglais, trop préoccupés de détruire le commerce maritime de leurs ennemis, donnèrent surtout la chasse aux convois hollandais. Les Hollandais, trop préoccupés de protéger leur commerce maritime, source principale, sinon

1. Le 18 février 1653.
2. CORBETT, *Monk*, Londres, 1889 ; chap. vii : « General-at-sea. »

unique de leur richesse, n'eurent à peu près pas l'idée de
rien tenter contre les côtes anglaises. Le problème de la
maîtrise de la mer ne se présentait encore aux uns et aux
autres que d'une manière imparfaite.

La bataille du 18 février 1653 fut une action très confuse ; elle débuta par un duel d'une extrême violence
entre les deux vaisseaux amiraux, le *Triomphe* et le *Brederode*. Celui-ci, qui évoluait à merveille, ne lâchait ses bor-
dées qu'à coup sûr, tantôt sa bordée de bâbord, tantôt sa
bordée de tribord ; le *Triomphe* allait succomber, quand
il fut sauvé par l'arrivée du gros de l'escadre anglaise. Dans
la chaleur de l'action, Ruyter, qui se trouvait toujours où
la mêlée était la plus ardente, faillit perdre son vaisseau.
A l'approche de la nuit, la bataille cessa. Tromp, qui avait
à protéger un convoi de deux cent cinquante bâtiments de
commerce, fit voile vers le pas de Calais. Blake, libre de
ses mouvements, se mit à sa poursuite. Il y eut une seconde
bataille, puis encore, le surlendemain, une troisième.
Luttant toujours tout en se dérobant, Tromp parvint, le
quatrième jour, à gagner les eaux hollandaises. Il avait
perdu neuf vaisseaux de guerre et vingt-quatre navires marchands ; il pouvait s'estimer heureux de n'en avoir pas perdu
davantage, car dans cette bataille de Portland, comme dans
toutes les batailles similaires, la partie était vraiment belle
pour l'assaillant ; il n'avait qu'à pénétrer dans le convoi, il
était à peu près assuré d'y faire de grands ravages. Que
d'opérations de ce genre offre l'histoire maritime du xvii[e]
et du xviiie siècle, dans lesquelles un convoi attaqué est
presque toujours un convoi pris ou dispersé !

La joie fut grande à Londres, des remerciements officiels furent votés à l'escadre ; les Anglais prenaient les
apparences d'une victoire pour une victoire brillante. La
situation restait toujours aussi indécise.

Cromwell venait de dissoudre les débris du Long Parlement, quand Blake remporta une victoire qui parut la consécration de son coup d'État.

Le 2 juin (1653), Monk et Dean, qui croisaient par le travers du pas de Galais, entre Ramsgate et Nieuport, virent arriver l'escadre de Tromp. Dean fut tué dès le début de l'action ; le soir, les deux adversaires gardaient leurs positions et leurs forces, sans modifications sensibles. Le lendemain, Tromp était dans les parages de Nieuport, quand il fut assailli par derrière par l'arrivée inopinée de l'escadre de Blake, qui accourait au secours de la division de son lieutenant. Attaqué de deux côtés, courant le danger d'être jeté à la côte, Tromp ne vit d'autre salut que de faire sauter son vaisseau amiral, le *Brederode*, qui était sur le point d'être pris. Le désordre une fois calmé, il rallia son escadre, mais pour aller s'enfermer dans les ports de la Hollande. La retraite faillit se changer en désastre ; Blake et Monk, au cours de leur poursuite, ramenèrent onze bâtiments et treize cent cinquante prisonniers. « Pourquoi me tairais-je plus longtemps ? dit Corneille de With dans l'assemblée des États. C'est mon devoir de dire que les Anglais sont maintenant maîtres de nous et de la mer. »

La bataille de Nieuport venait, en effet, de changer le caractère de la guerre. Après avoir établi jusqu'alors le théâtre des opérations sur les côtes anglaises, mais sans avoir su profiter de cet avantage, les Hollandais voyaient à présent les opérations se transporter sur les côtes des Pays-Bas ; c'était à eux à courir à leur tour les dangers d'insultes continuelles et les dangers d'un débarquement.

La guerre allait se terminer sur les côtes mêmes de la Hollande. Pour dégager l'escadre de Corneille de With, qui était bloquée dans les eaux du Helder, Tromp était sorti des embouchures de la Meuse. Monk avait donné à ses capitaines cette consigne, qui est bonne à rappeler : « Vous n'êtes pas chargés de procurer des vaisseaux de plus à la république, mais de détruire ceux de l'ennemi. » La bataille entre lui et Tromp s'engagea à la hauteur de Kattwyck, sous les yeux des Hollandais accourus pour jouir de ce dramatique spectacle [1]. L'attaque de Tromp fut impétueuse ; il avait percé jusqu'au milieu de l'escadre ennemie, quand il tomba frappé d'une balle. « C'en est fait de moi, dit-il ; mais pour vous, ayez bon courage. » La journée de Kattwyck ou de Scheveningen ne coûta pas seulement aux Hollandais la vie de l'amiral qui passait pour le meilleur de la république ; elle leur coûta encore une vingtaine de bâtiments et un millier de prisonniers. Les vaincus se retirèrent dans le dédale des bras de la Meuse ; les vainqueurs regagnèrent la Tamise. La mer du Nord restait aux Anglais.

A Londres, Cromwell, franchissant le dernier pas qui le séparait de la dictature, prenait le pouvoir absolu avec le titre de protecteur. Fort de cette autorité suprême, il proposa ou plutôt il imposa aux Hollandais des négociations, qui aboutirent à la paix de Westminster [2]. Les Provinces-Unies devaient souscrire à l'acte de navigation, et accorder, sans parler d'autres conditions, le salut du pavillon dans les mers britanniques. C'était la première victoire de la théorie du *mare clausum* sur la théorie du *mare liberum*.

Vainqueur de la marine hollandaise, maître de la mer du Nord et de la Manche, Cromwell dirigea d'un autre côté son ambition maritime. Il convoitait de fonder la puissance

---

1. Le 10 août 1653.
2. Le 5 avril 1654.

de l'Angleterre sur les dépouilles de l'Espagne. Dunkerque était un fruit mûr qui devait tomber tôt ou tard dans ses mains ; mais dans la Méditerranée et au delà de l'Atlantique, il y avait bien des gages à saisir. A vrai dire, pour un ambitieux sans scrupule, l'occasion était tentante ; l'empire espagnol, si grand et si peu résistant, était, suivant l'expression de Sully, « un de ces États qui ont les bras et les jambes fortes et puissantes et le cœur infiniment faible et débile. » Comment l'Espagne pouvait-elle défendre des côtes si étendues et des colonies si éloignées, puisqu'elle n'avait plus d'escadres ?

Une flotte de vingt-cinq vaisseaux mit à la voile de Portsmouth [1] pour promener le pavillon anglais dans la Méditerranée [2]. L'inquiétude ne fut pas moins grande à Paris qu'à Madrid. L'Espagne était sans défense ; pour la France, elle songeait, à ce moment même, à une nouvelle tentative sur le royaume de Naples. C'était précisément ce que Cromwell voulait empêcher. Blake n'eut point à intervenir à Naples ; Guise avait déjà échoué avant son arrivée. Alors l'amiral que ses équipages appelaient le roi de la mer croisa dans les eaux de Livourne ; il exigea des réparations du grand-duc de Toscane, en compensation de dommages subis par des marchands anglais. Il apparut ensuite sur les côtes d'Afrique ; il vengea, au nom de l'Angleterre, les injures de la chrétienté par la terrible leçon qu'il donna aux pirates de Tunis dans les eaux de la Goulette et de Porto Farina [3]. Il continua sa croisière par Malte, Venise, Toulon, Marseille, Malaga, accueilli partout avec de grandes démonstrations de respect ; car sa

1. Octobre 1654.
2. CORBETT, *England in the Mediterranean*, 1904 ; t. I, chap. XVI-XVII.
3. Le 4 avril 1655.

mission bruyante avait frappé de terreur les riverains de la Méditerranée.

Tandis que Blake faisait la police des côtes d'Italie, de France, d'Espagne et d'Afrique, une autre escadre, sortie de Portsmouth, en décembre 1654, sous les ordres de l'amiral William Penn, traversait l'Atlantique à destination des Indes occidentales. Brusquement, elle se jeta sur Saint-Domingue, qui était le but de cette expédition ; elle y échoua. Mais la Jamaïque lui offrit une compensation ; le 9 mai 1655, le drapeau anglais fut arboré sur cette île. Les rapports furent rompus entre Londres et Madrid. L'Espagne, qui n'avait aucun moyen de tirer vengeance de cet acte de piraterie exécuté en pleine paix, devait se résigner à être victime d'autres attentats.

En septembre 1656, un lieutenant de Blake, le capitaine Stayner croisait avec une division de sept bâtiments à la hauteur de Cadix. La flotte des galions qui arrivait d'Amérique se présenta pour entrer dans le port. Stayner s'élança sur elle, coula quatre vaisseaux, en prit deux autres et fit un butin d'un million de livres sterling.

Quant à Blake, après avoir croisé pendant quelque temps dans les eaux du Portugal, il avait imaginé d'aller piller les Canaries. Le 20 avril 1657, il arrivait à l'improviste devant Santa-Cruz de Ténériffe ; il y découvrit six galions et dix bâtiments espagnols. Aussitôt il forçait l'entrée de la baie, malgré une estacade et les batteries de la côte ; il coulait ou incendiait les vaisseaux ennemis ; puis, sans avoir éprouvé lui-même aucun dommage, il ressortait de la baie.

Cet acte d'audace extraordinaire fut le dernier de la vie de Blake. Il mourait quatre mois plus tard, à bord de son vaisseau le *Saint-George*, le 17 août 1657, en vue de Plymouth. L'Angleterre perdait en lui l'homme qui était capable de réaliser le programme du protecteur : la mer aux Anglais.

Cromwell mourait lui-même, le 3 septembre 1658 ; son dernier succès maritime avait été l'annexion de Dunkerque.

Exclue pour le moment de la mer du Nord, la Hollande avait tourné d'un autre côté son activité guerrière. Elle avait pris parti pour le Danemark dans la guerre que cet État soutenait alors contre la Suède. Une escadre de trente-cinq voiles fut envoyée à Copenhague, sous les ordres de l'amiral d'Obdam de Wassenaar. Le 25 octobre (1658), à l'entrée du Sund, elle rencontra l'escadre suédoise de l'amiral Wrangel, qui lui barrait la route. Terrible mêlée, que l'étroitesse du champ de bataille rendit très confuse. Le *Brederode* de Corneille de With, qui était à l'avant-garde, coula avec tout son équipage ; un autre vaisseau eut le même sort. Wassenaar ne parvint à se dégager qu'après quatre heures de combat ; il reprit la marche en avant. Wrangel avait perdu lui-même huit vaisseaux ; il laissa le champ libre à son adversaire. Les Hollandais traversèrent tout le Sund et vinrent mouiller à Copenhague.

Ruyter, qui avait remplacé Wassenaar, compléta ce succès, l'année suivante (1659), par une descente dans l'île de Fionie, qui fut très brillamment exécutée.

On comprend la parole d'un Hollandais au roi de Suède, à propos du Sund : « J'en ai vu les clefs de bois dans le port d'Amsterdam. » A l'époque de Nelson et de Cathcart, ces « clefs de bois » devaient être dans le port de Londres.

Des leçons de diverse nature peuvent se déduire de ces opérations maritimes du milieu du XVIIe siècle.

Au point de vue de la tactique navale, elles marquent le commencement d'une évolution très importante. Les Anglais et les Hollandais tendaient de plus en plus à employer des vaisseaux spécialement construits en vue du combat. On avait compris la supériorité d'une attaque par le canon à une attaque par l'abordage, l'attaque par l'abordage ne pouvant être tentée qu'une fois et sur un seul bâtiment, l'attaque par le canon pouvant être répétée au contraire sur tous les bâtiments et jusqu'à épuisement des munitions. Il y avait donc intérêt à augmenter le plus possible le nombre des canons. On eut ainsi de véritables forteresses logées sur les flancs des vaisseaux, et non plus quelques pièces d'artillerie établies sur l'avant comme dans les galères de la Méditerranée.

D'autre part, on s'était rendu compté qu'il n'y avait pas intérêt à donner aux navires à voiles de trop grandes dimensions [1]. En effet, la force de propulsion nécessaire à un grand voilier est beaucoup plus considérable, sans que sa vitesse diffère sensiblement de la vitesse d'un voilier plus petit ; la mâture d'un grand voilier requiert des conditions de construction plus difficiles, des équipages plus nombreux et spécialement affectés à ce service. Alors, pour avoir un nombre de canons de plus en plus grand, on fut conduit à augmenter le nombre des bâtiments de combat. Ainsi naquirent ces « armées navales » énormes, comme on en vit déjà dans cette guerre, comme on en verra mieux

1. L'argument est exactement l'inverse pour les bâtiments à vapeur, auxquels il y a intérêt et économie à donner des dimensions de plus en plus grandes. Les cuirassés géants, du type *Dreadnought* et *Super-Dreadnought*, de même que les paquebots géants, du type *Lusitania* et *Olympic*, sont la solution véritable du problème des constructions navales pour la marine de guerre et pour la marine de commerce. Voir A. DURAND, « Sur la théorie de la similitude appliquée à la navigation », *L'Éducation mathématique*, n° du 1ᵉʳ décembre 1910.

encore en France sous le règne de Louis XIV, dans lesquelles les bâtiments de guerre se groupaient par soixante, quatre-vingt, cent unités et plus encore.

Autre chose. La galère attaquait droit de l'avant, comme un vaisseau qui aurait voulu, il y a quelques années encore, donner un coup d'éperon ; au contraire, les vaisseaux des Anglais et des Hollandais attaquaient ou se défendaient par le flanc. De là, la nécessité d'adopter un ordre de combat, de telle manière que les navires d'une même escadre pussent à la fois se servir de toutes leurs batteries ; l'ordre de combat, imposé par la nature du nouvel instrument de combat, ce fut la ligne de file [1]. Voilà pourquoi l'expression de vaisseaux de ligne, c'est-à-dire de vaisseaux placés en ligne, présentant tous le même bord à l'ennemi, devint bientôt synonyme de vaisseaux de guerre ; on la trouve employée pour la première fois à propos de la bataille de Nieuport, de 1653.

On comprit aussi l'avantage de procéder à des formations par groupes, en associant les brûlots aux bâtiments de combat pour former comme des divisions à l'intérieur des escadres. Cependant l'importance de jour en jour grandissante du canon, avec son champ d'action plus étendue et sa puissance de destruction comme illimitée, tendit à diminuer le rôle du brûlot, qui était fait surtout pour le corps à corps.

De même, l'abordage devint de plus en plus rare dans les grandes batailles. Les batailles navales prirent de plus en plus le caractère d'évolutions savantes, ayant avant tout pour objet de gagner l'avantage du vent en vue d'en-

---

1. Voir MAHAN, *Influence de la puissance maritime dans l'histoire*, traduction BOISSE, p. 131-134.

velopper l'ennemi ou de le mettre en fuite ; de plus, l'avantage du vent réduisait au minimum la manœuvre sur le pont et permettait d'employer dans les batteries la presque totalité des équipages. Mais l'abordage qui disparut à peu près des escadres, resta un procédé de combat dans la marine des corsaires ; là le rôle des unités, et non des masses, était prépondérant.

A côté de ces évolutions qui se préparaient dans la tactique et qui devaient créer la grande guerre navale, telle qu'allait la pratiquer le génie des Du Quesne et des Tourville, on peut constater le rôle de plus en plus important de la marine dans la puissance des États. L'Espagne tombait en ruines, parce qu'elle n'avait plus ni marine de commerce, ni marine de guerre ; la Hollande devait sa richesse et son existence à sa marine et à ses colonies ; l'Angleterre, en quelques années, venait de faire un pas prodigieux dans la voie de la suprématie maritime.

La parole de Richelieu trouvait, dans la prospérité ou dans la décadence des États voisins de la France, la plus éloquente démonstration : « La puissance en armes requiert non seulement que le roi soit fort sur la terre, mais aussi qu'il soit puissant sur la mer. » La France saurait-elle comprendre ces grandes leçons ? Saurait-elle en faire à elle-même l'application persévérante ? Heureusement, l'homme qui devait reprendre et enrichir les traditions de Richelieu, qui devait former la France à son rôle de grande puissance maritime, n'allait pas tarder à apparaître.

DEVISE
POVR MONSEIGNEVR LE CARDINAL
DE RICHELIEV

Generalissime, Grand-Maistre, Et Sur-intendance de la Marine.

PELAGI DECVS, ADDIDIT ARMIS.

Voir l'explication de cette estampe à la page 242.

ESTAMPES SUR RICHELIEU

GRAND MAITRE DE LA NAVIGATION ET COMMERCE

A la note 1 de la page 16, on a indiqué trois estampes qui se rapportent au titre de Richelieu, grand maître, chef et surintendant général de la navigation et commerce de France. Cette note demande une rectification et des additions.

Sur la foi d'une indication manuscrite du cabinet des estampes de la Bibliothèque nationale (série de l'histoire de France, à l'année 1627), nous avons indiqué comme se rapportant à Richelieu une estampe qui représente le cardinal en costume de chœur, le cordon et la croix du Saint-Esprit autour du cou, assis sur une sorte de char dont le dossier est formé d'une coquille gigantesque. Un examen plus attentif de cette composition, signée *Cl. Goyrand*, nous a montré que cette estampe se rapporte non point à Armand-Jean du Plessis de Richelieu, grand maître de la navigation, mais à son frère aîné Alphonse-Louis du Plessis de Richelieu, qui devint archevêque de Lyon en 1628 et qui fut créé cardinal en 1629, du titre de la Trinité *in monte Pincio*.

En effet, le fond de la composition représente l'abside à deux étages d'une grande église, flanquée de tours quadrangulaires, qui n'est autre que la primatiale Saint-Jean de Lyon. La colline, couronnée de tours, au pied de laquelle s'élève cette église, est le coteau de Fourvière. C'est donc sur la Saône, et non sur la mer, que flotte le char allégorique décrit ci-dessus, et le personnage ainsi promené sur les eaux est l'archevêque de Lyon. Dans cette estampe imaginée à la gloire du cardinal primat des Gaules, on ne peut méconnaître l'influence des grandes compositions que Rubens venait de faire sur la vie de Marie de Médicis.

Après cette estampe, la même série de la Bibliothèque nationale en contient une autre, non signée, et d'un intérêt artis-

tique secondaire. Armand-Jean du Plessis de Richelieu, grand
maître de la navigation, y est représenté assis sur sa chaire épis-
copale, dans une grande niche, entre des pilastres corinthiens
à cannelures ; au-dessus de la niche, l'écusson du cardinal est
soutenu par deux ancres placées en croix.

Enfin la même série du cabinet des estampes renferme les
deux estampes inédites, que nous avons fait reproduire pour ce
volume, l'une vis-à-vis du titre, l'autre à la fin du dernier chapitre.

L'estampe qui fait vis-à-vis au titre est signée : *Gr. Huret
invenit et sc.* Mariette, dans son *Abecedario,* dit de la manière
de Grégoire Huret [1] : « Elle est harmonieuse et sans raideur ;
elle fait de l'effet. » Ce sont les caractères mêmes de cette
estampe ; le dessin en est large, les draperies sont bien jetées, toute
la composition témoigne de beaucoup de goût. Neptune, debout
sur une grande coquille que tirent des génies marins, prend de
la main droite des coraux et des pierres précieuses que lui tend
une nymphe marine ; une autre nymphe à sa gauche fait le même
geste. Le dieu de la mer, le trident à la main gauche, passe
devant un vaisseau dont la poupe est formée par le blason de
Richelieu, avec la croix de commandeur du Saint-Esprit, la couronne ducale et le chapeau cardinalice. Sur le bord d'une voile
gonflée par le vent, on lit : NESCIT CUI DOMINO PAREAT UNDA MARIS :
pentamètre emprunté à Ovide (*Tristium,* I, ii, 26), dans la description de la tempête qui surprit le poète à son départ pour
l'exil.

Le sens allégorique de la belle composition de Grégoire Huret
est que Neptune est heureux de partager son empire avec le
cardinal de Richelieu ; il ramasse ce qu'il peut des richesses de
la mer pour les lui offrir.

La seconde estampe des collections de la Bibliothèque nationale reproduite à la fin du dernier chapitre est signée *Rabel
inven* [2]. C'est la « Devise pour monseigneur le cardinal de Riche-

---

1. Grégoire Huret, né à Lyon en 1610, mort à Paris en 1670.
2. Daniel Rabel, mort après 1630. Mariette en parle dans l'*Abecedario.*

lieu, généralissime, grand-maistre et sur-intendant de la marine ».
L'artiste a représenté les armoiries du cardinal-duc entre deux
ancres et au milieu d'attributs marins de toute nature. L'âme
ou la légende de la devise est le dernier vers du chant III de
la *Pharsale* : Brutus, qui vient de gagner la victoire navale
de Marseille, a ajouté le premier aux armes de César la gloire de
la mer, PELAGI DECUS ADDIDIT ARMIS.

L'auteur de la devise est « PIERRE DE MONTMAUR professeur du
ROY ». Nommé en 1623 professeur royal en langue grecque au
Collège de France, P. de Montmaur était au moins aussi connu
comme parasite que comme érudit faisant des mots ; quelques
« montmaurismes » ont été conservés. Le professeur de grec
malmené par Ménage et raillé par Boileau (*Satire* I), a fort peu
écrit ; on ne connaît guère de lui que des devises et des inscrip-
tions en vers grecs et latins.

L'absence du titre cardinalice de Richelieu sur cette devise,
comme sur son épitaphe de la Sorbonne, comme dans les documents de tout genre, pourrait étonner, si l'on ne se rappelait
pas que Richelieu offre l'exemple assez rare d'un cardinal qui
reçut le chapeau et qui n'eut pas de titre cardinalice [1]. La raison
de cette anomalie est que Richelieu ne fit jamais le voyage *ad
limina* [2]. Ce fut aussi le cas du cardinal Jules Mazarin.

1. D'après les listes de MAS LATRIE, *Trésor de chronologie*, col. 1224-1236,
il y eut, au cours du XVII⁰ siècle, de 1603 à 1699, trois cent soixante et une
nominations de cardinaux. Sans parler de cinq cardinaux qui « remirent
le chapeau », trente cardinaux furent promus sans avoir jamais reçu de
titre cardinalice.

2. Ad petitionem regis Galliarum Gregorius XV Armandum purpura
ornavit, mense septembris anno 1622, nunquam tamen Romam se contu-
lit, ideo titulum non obtinuit. CIACONIUS, *Historiæ pontificum romanorum
et S. R. E. cardinalium*, édition de 1677, t. IV, col. 486.

TABLE ALPHABÉTIQUE
DES NOMS DE PERSONNES

Astérisque : mention la plus importante. — Noms en italique : auteurs cités.

A

Aiguebonne, 130.
Allemagne (d'). Voir Mas (du).
Alméras (Guillaume d'), 125, 149, 162, *164, 180.
Amelot de Beaulieu, 101.
Andoins (d'), 72.
Anèse (Gennaro), 158.
Aniello (Tomaso). Voir Masaniello.
Anne d'Autriche, 122, 123.
Aplemont (d'). Voir Du Mé.
Ardents (Hector des), sieur de Fontenac, 94, 125, *141, 180, 191.
Ardier, 25.
Argencourt (d'), *54.
Argenson (René Le Voyer d'), 148, 150, 152.
Armand (Jean), dit Mustapha, 91.
Arnauld (Henri), abbé de Saint-Nicolas, 158.
Arnoux, 55.
Ascough, 227, 228.
Aubery. Voir Aubry.
Aubry, 94, 103.
Audouin, 72, 74.

Aumale (duc d'), 153.
Avenel. Voir Richelieu.
Avenel (d'), 58.

B

Bacciochi (Élisa), 144.
Bachaumont, 43, 173.
Baillibaud (Louis Du Drenel, sieur de), 130-132, 150.
Banault, 117.
Banos, 162.
Baptiste, 93.
Baronnie, 94.
Bassompierre (de), 162.
Baubric, 102.
Bayard, 150.
Bayard-Marsac, 133.
Beaufort (duc de), 124, 170.
Beaulieu (de), 38, 102.
Beaulieu. Voir Amelot.
Beaupré. Voir Daugnon.
Beauvau (Gabriel de), 82.
Beaconsfield, 206.
Bègue (de), 150.
Bendol (de), 150.
Berthomier, 150, 201.
Bertier (Pierre de), 153.

BESSE, 202.
BLAKE, 194, 198, 208-211, 214, 219, 225-228, 230-233, 235, 236.
Boileau, 243.
BOISJOLY, 93, 99, 100, 102.
BOISMORAND (de), 191, 194.
Boisse, 239.
BOSSUET, 136.
BOTTE, 150.
BOUC. Voir SÉGUIRAN.
Bourelly (général), 54.
BOURGARONNE, 94, 103.
BOURNEUF (Jean), 174.
BOYER, 6.
BOYER, 150.
BOYER (de), 43.
BRASDEFER. Voir LA ROCHE.
BRÉCHU (le). Voir THIRIOT.
BRÉZÉ (Armand de MAILLÉ, duc de), 20, 82, 84, *85, 105-107, 118, 119, *122, *128, 129-139, 142, 143, 149-153, *153, 154, 155, 157, 158, 170, 204, 211, 212.
BROCQ (de), 94, 102.
BRUEYS, 119.
BRUN, 94, 101.
Brun, 174.
BRUTUS, 243.
BUCKINGHAM (duc de), 70, 76, 77.
BUISSEAUX (de), 45.

C

CADET LA PERLE. Voir HARCOURT (d').
CAEN (de), 51, 93, *100, 101, 102.
CAHUZAC (de), 75.
CAMBOUT (du). Voir COISLIN.
CANGÉ (chevalier de), 38, 93, 95, 99, 100, 102, 117, *119.

CARIGNAN. Voir SAVOIE.
CARTERET, 192.
CASENAC. Voir CAZENAC.
CASTELLANE. Voir MAS (du).
CATHCART, 237.
CAUX (de), 150.
CAZENAC, 93, 99, 100, 102, 117, 192.
CÉSAR, 165, 243.
Chabaud-Arnault, 93, 226.
CHAMPLAIN (Samuel), 55.
CHANUT, 160.
Chapelle, 43, 173.
CHARLEMAGNE, 84.
CHARLES Ier, 70, 77, 207, 212, 216.
CHARLES II, 215, 216.
CHARLES VIII, 146.
CHASTELLUX, 93, *99, 100, 102, 117, 130.
CHATEAUNEUF, 180.
CHATEAURENAULT, 209.
CHÉRON, 94, 103, 150.
Chéruel, 123-125, 130-132, 137, 138, 141, 147, 148, 158, 162-164, 166, 167, 189, |197, 198, 201-203.
CHRISTINE, de Suède, 160.
Ciaconius, 243.
CIRET, 162.
CLAZERNEL, 94.
Clément (P.), 126, 129.
Clerc-Rampal, 57.
CLÉRISSE, 94.
COGOLIN, 145, 278.
COGOLLIN. Voir COGOLIN.
COISLIN (Charles du CAMBOUT, marquis de), *53.
COISLIN (François de), père du précédent, 53.
COLBERT (J.-B), 12, 34, 37, 55, 56, 125, 126, 141, 145, 149.

COLBERT de CROISSY (Charles), 141, 166.
COLBERT de TERRON, 140.
COLLO, 94, 102.
CONDÉ (Le prince de), père du suivant, 93, 95, 122, 188.
CONDÉ (Le grand), 85, 105, 122, 123, 128, 135, 139, 140, 187-189, 202, 204, 212.
CONFLANS (de), 93, 100, 102.
CONTENAN, 93.
CONTI (prince de), 141.
Corbett, 210, 231, 235.
CORMIS (P. de), 6.
Corneille (P.), 85, 188.
COUPPEAUVILLE (de), 93, 102.
COURLAY. Voir PONT.
CRISENOY, 57.
CROISET, 101.
CROISSY. Voir COLBERT.
CROMWELL, 127, 142, 189, 198, 207, 209, 213, 217, 219, 221, 233-235, 237.

D

Dan (Le père), 91.
DANIEL (Charles), 51, 93, 102.
DARRÉRAC (chevalier), 93, 117.
DAUGNON (Louis FOUCAULT de SAINT-GERMAIN BEAUPRÉ, comte du), 130, 149-151, 153, 154, 191, 192, 200-204.
DEAN, 208, 219, 231, 233.
DENBIGH (comte de), 76, 78.
Deschamps (L.), 6, 10, 46.
Desroches, 2.
Destrem, 57.
DIAZ. Voir PIMIENTA.
Dixon, 209.

DOGNON. Voir DAUGNON.
DORISLAÜS (Isaac), 216.
Drapeyron (L.), 28.
Ducéré, 71, 96.
DU CHALARD, 90.
DU CLOS, 191.
DU CLUSEAU, 163.
DU CREUZET, 149, 161.
DU DRENEL. Voir BAILLIBAUD.
DU FRESNE, 180.
DU MÉ d'APLEMONT (Jacques), 38, 93, *99, 100, 102, 149, 161, 163.
DU MÉNILLET, 93, 102, 149, 162, 172, 191, 194, 195, 214, 228.
DU PARCQ, 162.
DU PLESSIS-BESANÇON, 108.
DU QUESNE (Abraham), 84, *87, 93, 95, 100, 101, 104, 116, 117, 133, 147, 154, 160, 161, 164, 182, 192, 193, 201, 240.
DU QUESNE (Jacob), frère du précédent, 162.
Durand (A.), 238.
DU VIVIER, 180.

E

ELBEUF (Charles de LORRAINE, duc d'), 83.
ÉMERY. Voir PARTICELLI.
ENGHIEN (duc d'). Voir CONDÉ.
ÉPERNON (duc d'), 67, 84.
ERMENONVILLE. Voir VIC (de).
ESCOUBLEAU. Voir SOURDIS.
ESCROVILLE. Voir INFREVILLE (d').
Esménard, 172,
ESPINAY. Voir SAINT-LUC.
ESTAMPES de VALENÇAY (Léonor d'), 25, *26, 82.
ESTAMPES de VALENÇAY (Achille d'), frère du précédent, *26, 75.

ESTAMPES de VALENÇAY (Henri d'), neveu des précédents, *26, 161.
ESTISSAC (baron d'), 202.
ESTOUBLON (d'), 150.
ESTRADES (d'), 194, 197, 213.

F

FANSON. Voir THIBAULT.
Faugère, 167.
FÉRAU, 110.
FERDINAND Ier, grand-duc de Toscane, 14.
FONTAINE (de), 180.
FONTENAC. Voir ARDENTS (des).
FONTENAY (de), 162.
FONTENAY-MAREUIL (marquis de), 146, 162, 163.
FORANT (Job), 191.
FORBIN (Jean de), sieur de LA MARTHE, *82, 110, 113, 118.
FORGETTES (TRUCHET des), 149, 161, 191.
FORTIA (Paul de) de PILES, 169.
FORTIAS, 150.
FOUCAULT. Voir DAUGNON.
FOUQUET, 125, 148.
FOURBIN. Voir FORBIN.
FOURCHAULT, 94, 102.
Fournier (Le père), 2, 39, 46, 56, *57, 59, 112.
FRANÇOIS, 150.
FRANÇOIS Ier, 9, 11, 38.
FRICAMBAULT, 125, 149, 162, 174.
FRONSAC (duc de). Voir BRÉZÉ.

G

GABARET (Jean), fils du suivant, 94, *184, 185.

GABARET (Mathurin), dit Gabaret le Gaucher, 130, 133, 149, 162, 180, 184, 201.
GARDANNE (de), 149, 162.
GARGOT (Nicolas), 57, 162, *201.
GARNIER (de), 93, *100, 102, 117, 138, 148, 149, 161.
GASSIÉ, 39.
GATA (Carlo della), 151.
GAUDOUIN, 102.
Gazette, 153, 172.
GELIN (Roland), 103.
GENS (Régnier), 52.
GENTILLOT, 193, 195.
GONDI (Philippe-Emmanuel de), 19.
GONDI. Voir RETZ.
GORRIS (de), 52, 194.
GOUIN (Pierre), 92.
GOUTTES (commandeur Philippe des), 76, *80-81, 82, 93, 94, 99-101, 105, 106, 130, 132, 136, 140, 161.
GOYRAND (Cl.), 241.
GRÉGOIRE XV, 243.
GRIMALDI (cardinal), 147, 152, 158.
Grinnel-Milne, 225,
GROTIUS, 215.
GUILLAUME II, d'Orange, 216.
GUINANT, 191.
GUISE (Charles de LORRAINE, duc de), 15, 64-66, 80.
GUISE (Henri de LORRAINE, duc de), 159, 165, 235.
GUITON (Jean) *65, 66, 68, 69, 78, 93, 95, 102, 133.
Guizot, 195, 207, 208, 226.

H

Hallays (André), 54, 201.
Hanotaux, 1.
Harcourt (Henri de Lorraine, comte d'), dit Cadet la Perle, 83, 92, 110, 111, 202.
Havart. Voir Senantes.
Heauville (de), 162.
Henri IV, 2, 3, 9, 11, 12, 29, 55, 123.
Hicourt (de), 38.
Hilman (Robert), 94.
Hoche, 73, 84, 209.
Houdancourt. Voir La Mothe.
Huret (Grégoire), 242.

I

Ibaignette (d'), 71.
Infreville (Louis Le Roux, sieur d') et de Saint-Aubin d'Escroville, 34-40, 44, *51, 51-54, 56, 148, 149, 152, 156.
Innocent X, 147.
Isambert, 16, 49.

J

Jacques Ier, 2.
Jal, 2, 20, 39, 48, 92, 94, 104, 123, 125, 129, 141, 150, 167, 191, 195,
Jalesne, 101.
Jamin, 94, 101, 150, 157.
Jamin (Le vieux), 102.
Janssen de Wit (Régnier), 51.
Jardins (des), 103.
Jean IV, de Bragance, 106, 210.
Joinville (prince de), 90.

Joseph (Le père), 82.
Journal du voyage de deux jeunes Hollandais, 167.
Jurien de La Gravière, x, 63.

K

Kerven (de), 191.
Kerverho (de), 39.

L

La Barde (J. de) [Labardæus], 202.
La Borde, 150, 157.
La Brossardière, 150.
La Carte (chevalier de), 191, 194.
La Chesnaye, 38, 93, 99, 100, 102.
La Chesnaye, 102.
Lacour-Gayet (G.), 27.
La Ferrière (chevalier de), 140, 156, 162.
La Ferté (chevalier de), 130.
La Garde (baron de), 130.
La Grandière, 191.
La Guette (Louis Testard de), *184.
La Lande, 130, 133, 149, 162, 167, 201.
La Marthe. Voir Forbin.
Lamartine, 28.
La Meilleraye (Charles de La Porte, maréchal de), 155.
La Messelière (de), 192.
La Mothe-Houdancourt (maréchal de), 115, 128, 138, 140.
La Motte, 130.
Langlois, 102.
Lansac (Mme de), 155.
La Paillardière (de), 29.

La Palue, 150.

La Pilière, 150.

La Porte (commandeur Amador de), 20, *48, 86, 88.

La Porte (Suzanne de), 20, 48.

La Porte. Voir La Meilleraye.

La Ravardière. Voir La Touche.

La Renarde, 130.

La Rochalart, 101, 132, 133.

La Roche, 194.

La Roche-Brasdefer, 133.

La Roche-Saint-André (Louis de), 191.

La Roncière (Ch. de), 48, 63, 80, 86.

La Roullerie, 93, 102.

La Tireville, 102.

La Touche (Daniel de), seigneur de La Ravardière, 90.

Latouche-Tréville, 163.

La Tour, 130, 150.

La Tour de Noaillac (Melchior), 156.

La Tousche. Voir La Touche.

La Treille, 93.

Launay-Razilly (Claude de), *46, *64, 89, 93, 96, 97, 102, 161.

Lauson, 6.

La Valette (cardinal de), 82.

La Vieuville (marquis de), 45.

Leconte (François), 48.

Lefèvre-Pontalis (A), 222, 226.

Le Grand (Nicolas), 52.

Leirargue, 130.

Le Maistre, 55.

Le Maistre (Louis), 103.

Le Roux. Voir Infreville (d').

Lescase, 130.

Leschasserie, 102, 117, 133, 135, 149, 156, 162.

Lescoure, 130.

Le Tellier, 193, 202.

Le Tillat, 102.

Levot, 53.

Le Voyer. Voir Argenson (d').

Leyde (marquis de), 194.

Lindsey (comte de), 77-79.

Linières (de), 93, 100, 102, 149, 161, 162.

Lionne (H. de), 162.

Lorraine. Voir Elbeuf, Guise, Harcourt.

Louis XII, 146.

Louis XIII, 1, 5, 7, 9, 59, 71, 73, 80, 121.

Louis XIV, 81, 87, 121, 126, 140, 143, 147, 155, 167, 170-172, 186, 190, 198, 204, 205, 212, 213.

Lucain, 17, 243.

Lusseraye. Voir Luzeraye.

Luynes (de), 3, 63.

Luzeraye, 102, 117, 133, 135, 149, 156.

M

Mahan, 239.

Maillé (Claire-Clémence de), 85.

Maillé (Urbain de), 85, 128.

Maillé. Voir Brézé.

Mailly (de), 75.

Mancini (Hortense), 155.

Manse, 150.

Mantin (Théodore de), 48, 113, 114.

Marant, 117, 130.

Marcillac (Sylvestre de), 82.

Maretz (Jacques de), 41.

Mareuil. Voir Fontenay.

Margry, 46, 54.

Mariauchau, 150, 162.

MARIE DE MÉDICIS, 3, 9, 241.

Mariette, 242.

MARILLAC (Michel de), 22, 49.

Marillier, 167.

MARSAC. Voir BAYARD.

MARSAY (de), 93, 97, 100, 102.

MARSILLAC (abbé de), 71.

MARTIN, 94, 150.

MAS (Louis du), baron de CASTEL-
LANE et d'ALLEMAGNE, 150.

Mas Latrie, 243.

MASANIELLO, 14, 158.

MASSÉ, 102.

MATHA, 94, 101.

MAZARIN (cardinal Jules), 52, 123-
127, 131, 137, 140-143, 146-
149, 151, 152, 154-160, 164-168,
170, 172, 178, 180, 185-187,
189, 197, 198, 201, 202, 204,
211, 212, 243.

Mazarin (cardinal Jules). Voir
Chéruel.

MAZARIN (Michel), frère du précédent, 148.

MAZARIN (duc de), 155.

*Médailles sur les principaux évé-
nements du règne de Louis le
Grand*, 136, 156, 188.

MÉNAGE, 243.

MERCŒUR (duc de), 141, 178.

Mercure françois, 6, 23, 27.

MESGRIGNY (de), 162.

MIRAUMONT, 75,

Modène (comte de), 162.

MOLÉ, 94, 101.

MONK, 208, 219, 231, 233, 234.

Monmerqué, 85.

MONTADE, 133, 161.

MONTCRESPIN, 162.

MONTENAY, 150, 162.

MONTIGNY (chevalier Jules de),
93, 96-100, 137, 149, 161.

MONTMAUR (P. de), 17, *243.

MONTMORENCY (Henri de), 15, 45,
49, 68-70, 80.

MONTOULION, 150.

MONTOUTRE, 102.

MONTPENSIER (Mlle de), 201.

MONTRÉAL (chevalier de), 150.

MORIEU (Charles), 56.

Motteville (Mme de), 171.

Musée des Archives nationales,
101.

MUSTAPHA. Voir *Armand*.

N

NAPOLÉON Ier, 106, 144, 183, 199.

NELSON, 134, 136, 144, 225, 237.

NEUCHÈZE (commandeur de), 125,
*148, 152, 154, 193, 194.

Neuville (D.), VIII.

NOAILLAC. Voir LA TOUR.

NOYERS (SUBLET de), 43.

NUCHÈZE. Voir NEUCHÈZE.

O

OBDAM de WASSENAAR, 237.

Oddo, 168.

ORLÉANS (Gaston, duc d'), 186,
187.

ORNANO (d'), 130.

OSMAN pacha, 176.

Ovide, 242.

P

PALLOT, 90.

PANFILIO (cardinal). Voir INNO-
CENT X.

Parfouru, 190.
PARIS (amiral), 57.
Paris (Paulin), 85.
PARTICELLI D'ÉMERY, 108.
PASCAL, 150.
PASDEJEU, 192.
PAUL (chevalier), 94, 95, *100, 102, 117, 133, 149, 157, 162, 165, 166, 168-175, 177-185, 195, 204.
PAUL (Jean), de Saumur, 170.
PAYAULT, 150, 162.
PENN, 208, 219, 236.
PETIT, 52, 53.
PETITNORMAND, 102.
PEREZ (Antonio), 29.
PÉRUSSIS (de), 150.
PHILASTRE. Voir THIRIOT.
PHILIPPE II, 70.
PHILIPPE IV, 92, 111, 210.
PHILIPPE V, 106.
PILES (de). Voir FORTIA.
PIMENTEL. Voir PIMIENTA.
PIMIENTA (don Francisco DIAZ), 152, 153.
PLESSIS (Françoise du), 19.
PLESSIS (Louise du), 53.
PLESSIS (Nicole du), 85, 128.
PLESSIS (du). Voir RICHELIEU.
PLESSIS-PRASLIN (comte du), 138, 155.
POINCY (chevalier Philippe de), 75.
POLIGNAC, 183.
POMPÉE, 27.
PONS (Mlle de), 159.
PONT DE COURLAY (François de VIGNEROT, marquis du), *19, 20, 82, 85, 114, 115, 160.
PONT DE COURLAY (René de VIGNEROT, seigneur du), père du précédent, 19.
PONTESIÈRES, 117.

POPHAM, 210.
PORTENOIRE, 93, 102.
PORTZMOGUER (Hervé), 18.
PRASLIN. Voir PLESSIS (du).
PRÉAUX (de), 45.
PRIMAUGUÉT. Voir PORTZMOGUER.

Q

QUÉLUS (chevalier de), 117.

R

RABEL (Daniel), 242.
RALIENNE, 94.
RAZET, 93, 102.
RAZILLY (Claude de). Voir LAUNAY.
RAZILLY (chevalier Isaac de), frère du précédent, 10, 27, 46, *89, 90, 91.
RAZILLY (François de), frère des précédents, 46, 89, 102.
RAZILLY (Gabriel de), frère des précédents, 46, 89, 102.
RAZILLY (les), 46.
RÉGNIER, 93, 102.
Relation des combats (1642), 118.
RENAU D'ÉLIÇAGARAY, 182.
RETZ (Pierre de GONDI, duc de), 19.
RETZ (Paul de GONDI, cardinal de), 19.
Retz (cardinal de), 195, 198.
RHODES (commandeur de), 39, 157.
RICHELIEU (Alphonse-Louis du PLESSIS de), frère aîné du suivant, 241.

RICHELIEU (Armand-Jean du PLESSIS, cardinal, duc de), 1-3, 5, 10-34, 36, 37, 45, 46, 48-56, 58-62, 67, 70, 71, 74-78, 81-92, 100, 104, 105, 108, 110, 111, 117, 119, 121-123, 126-128, 146, 150, 155, 170, 211, 224, 240-243.

Richelieu (Armand-Jean du Plessis, cardinal, duc de), 13, 15, 17, 18, 21-23, 27-31, 34, 36, 46, 58, 68, 75.

RICHELIEU (Armand-Jean de VIGNEROT du PLESSIS, duc de), petit-neveu du précédent, 122, 140, 158, *160, 161-163, 165.

RICHELIEU (maréchal duc de), fils du précédent, 160.

ROBERT, 102.

ROBERT, prince palatin, 207, 209-211, 216.

ROUSSIN (amiral), 210.

ROUSSINUS, 41.

RUBENS, 241.

RUYTER, 87, 167, 205, 225, 228-230, 232, 237.

S

SABLÉ (Mme de), 155.

SAINT-ANDRÉ. Voir LA ROCHE.

SAINT-AUBIN. Voir INFREVILLE (d').

SAINT-ÉTIENNE (de), 93, 101, 117.

SAINT-GEORGES, 102.

SAINT-GERMAIN. Voir DAUGNON.

SAINT-LUC (Timoléon d'ESPINAY, marquis de), *54, 64.

SAINT-MARTIN, 102, 130.

SAINT-MICHEL (de), 102.

SAINT-POUANGE, 180.

SAINT-SIMON (Claude de), 200.

Saint-Simon (Louis de), fils du précédent, 84, 85, 153, 203.

SAINT-TROPEZ (de), 157.

SALENAVE (de), 149, 162, 201.

SANTA-CRUZ (marquis de), 109.

SARRED. Voir VIC (de).

SAUVAGET, 150, 162.

SAVIGNY, 95.

SAVOIE (cardinal de), 113.

SAVOIE (duc de), 80.

SAVOIE-CARIGNAN (prince Thomas de), 147, 150, 152, 154.

SCHOMBERG (maréchal de), 73.

SCUDÉRY, 43.

SÉGUIRAN (Henri de), seigneur de Bouc, 34, 40-42, 44, 55, 56.

SEIRON, 180.

SELDEN, 215.

SENANTES (Louis HAVART, sieur de), 93, *100, 102.

SERRONI (Hyacinthe), 141, 166.

SERVIEN, 195.

SIMONNEAU, 103.

SOISSONS (comte de), 91.

SOUBISE, 66-69.

SOURCE (de), *43.

SOURDIS (Henri d'ESCOUBLEAU de), archevêque de Bordeaux, 17, 65, 75, 82, *83-84, 93, 95-98, 100-107, 110-118, 139, 170, 211.

Sourdis, archevêque de Bordeaux, 35, 40, 43, 48, 53, 84, 93, 95, 96, 101, 104, 113, 114.

SOUVRÉ (Jacques de), *155.

STAYNER, 236.

SUBLET. Voir NOYERS.

SUE (Eug.). Voir *Sourdis*.

SUFFREN, 7, 8, 81, 113, 154, 225.

SULLY, 2, 3, 29, 235.

T

Tallemant des Réaux, 85.
TEMPLE (William), 221.
TERRON. Voir COLBERT.
TESTARD. Voir LA GUETTE.
THÉMISTOCLE, 27.
Thévenot (Melchisédec), 125.
THIBALLIER de THURELLE, 191.
THIBAULT (Fanson), 102, 150.
THIRIOT (Jean) PHILASTRE, dit le BRÉCHU, 55.
THOU (de), 167.
THURELLE. Voir THIBALLIER.
TOGO (amiral), 192.
TOIRAS (comte de), 71-74.
TONTI (Lorenzo), 164.
Toudouze (G.), 63.
TOURVILLE, 81, 240.
TREILLEBOIS, 93, *95.
TRESLEBOIS, 180.
TROMP (Martin), 187, 212, 218, 225-234.
TRUCHET. Voir FORGETTES (des).
TURENNE, 70, 140, 142, 189, 199, 204.

U

URSINS (cardinal des), 164.

V

VALBELLE, 150, 174.
VALENÇAY. Voir ESTAMPES.
VALLIN, 72, 74.

VAUBOIS, 156.
VENDÔME (César, duc de), 15, *123, 141, 170, 174, 189, 191-193, 195, 203.
VERDILLE (commandeur de), 191, 194.
VERGER, 194.
VIARD, 176.
VIC (Dominique de), seigneur d'Ermenonville, appelé d'abord le capitaine SARRED, 2.
VICTORIA, reine, 206.
VIDAULT, 94, 102.
VIEUMARCHÉ, 149, 162.
VIGNEROT. Voir PONT de COURLAY, RICHELIEU.
VILAGE (de), 150.
VILLEDOT, 191, 194.
VILLEMOULIN (de), 93, 102, 163.
VILLENEUVE (de), 39.
VINCENT de PAUL, 4.
VINCHEGUERRE. Voir VINCIGUERRA.
VINCIGUERRA (commandeur Philandre de), 116, 140, 148, 150.
VINS, 150.
Virgile, 207.
VITRY (maréchal de), 110.

W

WASSENAAR. Voir OBDAM.
WICQUEFORT, 222.
WIT (de). Voir JANSSEN.
WITH (de). VOIR WITTE.
WITT (Jean de), 217, 220, 228.
WITTE (Corneille) de WITH, *228, 229, 233, 237.
WRANGEL, 237.

TABLE ALPHABÉTIQUE

DES NOMS DE NAVIRES

FRANÇAIS

I. Vaisseaux.

L'*Admirante*. Voir *Amirante*.
L'*Aigle*, 38.
L'*Amiral*, 161, 180.
L'*Amiral de France*, 176.
L'*Amirante*, 102, 149, 162.
L'*Anna*, 181, 191.
Le *Beaufort*, 191.
Le *Berger*, 191, 194, 195, 201.
Le *Brézé*, 181.
Le *Cardinal*, 93, 102, 149, 162, 163.
La *Cardinale*, 94, 102.
La *Cardinale*, frégate, 102.
Le *Catholique*, 38.
Le *Cerf-volant*, 38.
Le *César*, 181, 191, 192.
Le *Chasseur*, de Suède, 160, 194.
Le *Coq*, 38, 93, 102.
Le *Corail*, 38, 93, 102.
La *Couronne*, 56, *57, 58, 93, 96, 97, 102.
Le *Croissant*, 191, 194.
Le *Cygne*, 38, 93, 95, 102, 162.
Le *Dauphin*, 38, 93, 99, 102, 157.
Le *Don de Dieu*, 191, 194.
Le *Dragon*, 162, 181.
La *Duchesse*, 130, 149, 191, 194.

Le *Dunkerquois*, 162.
L'*Église*, 75.
L'*Elbeuf*, 192.
L'*Émerillon*, 93, 97, 102.
L'*Éminent*, 162.
L'*Espagnol*, 93, 102.
L'*Espérance*, 113.
L'*Espérance en Dieu*, 93, 100, 101
L'*Europe*, 38, 93, 96, 102, 130.
Le *Faucon*, 93, 102, 157, 162.
La *Fleur de lis*, 38.
Le *Flibot de Brest*, 94.
Le *Fort*, 192, 194.
La *Fortune*, 38, 75, 93, 99, 102, 157.
La *Française*, 184.
La *Frégate de Brest*, 94.
La *Frégate du Havre*, 94.
Le *Grand Anglais*, 149, 157, 162.
Le *Grand Galion*, 64, 65.
Le *Grand Saint-Jean*, 102.
Le *Grand Saint-Louis*, 161.
L'*Hermine*, 93, 100, 102.
L'*Intendant*, 65, 93, 100, 102, 113.
Le *Jules*, 201.
Le *Jupiter*, de Suède, 160, 161, 191.
Le *Léopard*, 162, 201.
La *Licorne*, 90, 93, 99, 102.
La *Licorne*, de Hollande, 94.
Le *Lion*, de Hollande, 94.
Le *Lion couronné*, 130, 149, 162.

Le *Lion d'or*, 38.
Le *Lion de Smaland*, de Suède, 160.
La *Lune*, 149, 161, 163, 201.
La *Macaïde*, 101, 104.
La *Madeleine*, 38, 149.
La *Magdelaine de Brest*, 93, 100, 102.
La *Marguerite*, 93, 102.
La *Marie la Cordelière*, 18.
Le *Mazarin*, 161, 181.
Le *Nassau*, de Hollande, 94.
Le *Navire de la reine*, 93.
Le *Neptune*, 87, 94, 95, 100, 102, 191.
La *Notre-Dame-de-Grâce*, surnommée le *Turc*, 93.
Le *Oquendo* (d'), 102.
L'*Olivarez*, 102.
La *Perle*, 38, 93, 102, 130.
Le *Petit Saint-André*, 87.
Le *Petit Saint-Jean*, 94, 102.
Le *Postillon*, 162.
La *Pucelle*, 38.
La *Regina*, de Suède, 160, 162.
La *Régine*. Voir *Regina*.
La *Reine*, 101, 181.
La *Renommée*, 90, 93, 102.
Le *Richelieu*, 53.
La *Royale*, 94, 102.
Le *Saint-Charles*, 93, 102, 130, 149.
Le *Saint-Edme*, 38.
Le *Saint-François*, 93.
La *Sainte-Geneviève*, 38.
Le *Saint-Jacques de Dunkerque*, 149.
Le *Saint-Jean*, 93, 95, 100.
Le *Saint-Louis*, 38, 85, 101, 149, 153, 194.
Le *Saint-Louis*, actuel, 84, 85.

Le *Saint-Louis de Brest*, 93, 95.
Le *Saint-Martin*, 101.
Le *Saint-Michel*, 38, 64.
Le *Saint-Paul*, 162,
Le *Saint-Thomas d'Aquin*, 149, 157, 162.
Le *Saint-Victor*, 42.
La *Sainte-Anne*, 191.
Le *Soleil*, 149, 162, 174.
Le *Sourdis*, 149, 162, 192.
Le *Tigre*, 162, 163.
Le *Triomphe*, 93, 98, 100, 101, 149, 162, 163.
Le *Triton*, 38, 93, 102, 130, 149, 157, 162, 163, 191, 194.
Les *Trois rois*, 93.
Le *Turc*, 102.
Le *Turc*. Voir *Notre-Dame-de-Grâce*.
Le *Vaisseau du roi*, 93, 94, 97, 101.
Le *Vendôme*, 141.
La *Victoire*, 93, 102.
La *Vierge*, 67, 69, 93, 99, 102, 149, 162, 191.

II. Brulots.

L'*Amitié de Hambourg*, 94.
La *Baleine*, 162.
Le *Chasseur*, 94, 162.
La *Comtesse*, 162.
La *Coquette*, 162.
Les *Deux Aigles*, 150.
L'*Elbeuf*, 162, 163.
L'*Espérance*, 150.
La *Fortune*, 94.
La *Levrette*, 150, 157.
La *Lionne*, 150.
La *Marguerite de Ponant*, 150.
La *Marie*, 150.

La *Mecque*, 150.
L'*Ours*, 94.
Le *Saint-Claude de Honfleur*, 94.
Le *Saint-Fernand*, 157, 162.
Le *Saint-Louis d'Olonne*, 94.
Le *Saint-Sébastien*, 94.
Le *Soleil*, 94.

III. Flutes.

L'*Anglais*, 103.
Le *Cancre d'or*, 150, 162.
Le *Cancre doré*. Voir *Cancre d'or*.
Le *Chou bastard*, 94.
La *Corneille basse*, 103.
L'*Espérance de Lubeck*, 150, 162.
La *Fortune*, 103.
La *Hache dorée*, 94, 103.
La *Jean basse*, 103.
Le *Porteur de bois*, 150.
Le *Saint-Jacques de Portugal*, 150.
Le *Saint-Jean-Nicolas de Londres*, 94.
Le *Saint-Martin flamand*, 94, 103.
La *Terre de promission*, 103.
Les *Trois moulins*, 94, 103,
Le *Turc*, 94, 103.

IV. Galères.

L'*Aiguebonne*, 130.
La *Allemagne*, 150.
La *Baillibaude*, 130, 131, 150.
La *Baronne de La Garde*, 130.
La *Bayarde*, 150.
La *Capitane*, 150.

La *Cardinale*, 150.
La *Chastellux*, 150.
Le *Coq*, 130.
La *Ducale*, 150.
La *Fiesque*, 150.
La *Fortias*, 150.
La *Fronsac*, 150.
La *Leirargue*, 130.
La *Manse*, 150.
La *Maréchale*, 115.
La *Mazarine*, 150.
La *Montoulion*, 150.
La *Montréal*, 150.
La *Pilière*, 150.
La *Princesse*, 150.
La *Renarde*, 130.
La *Rouville*, 150.
La *Saint-Germain*, 130.
La *Saint-Philippe*, 130.
La *Sainte-Anne*, 191.
La *Servienne*, 115.
La *Valbelle*, 115, 150.
La *Vigilante*, 130.
La *Vincheguerre*, 116, 150.
La *Vins*, 150.

ANGLAIS

Dreadnought (type), 238.
Le *James*, 226.
Lusitania (type), 238.
Olympic (type), 238.
Le *Régent*, 18.
Le *Royal Charles*, 219.
Le *Saint-George*, 236.
Le *Souverain des mers*, 219.
Super-Dreadnought (type), 238.
Le *Triomphe*, 232.

ESPAGNOLS

L'*Amiral d'Espagne*, 135.
L'*Amiral de Naples*, 135.
L'*Amirante*, 102.
La *Capitane de Sicile*, 115.
La *Concordia*, 192.
Le *Maquedo*, 101, 104.
La *Natividad*, 192.
Le *Oquendo* (d'), 102.

L'*Olivarez*, 102.
La *Réale d'Espagne*, 115.
Le *Vice-Amiral d'Espagne*, 135.

HOLLANDAIS

Le *Berger*, 87.
Le *Brederode*, 226, 232, 233, 237.
Le *Neptune*, 228.

TABLE ALPHABÉTIQUE

DES PRINCIPAUX NOMS GÉOGRAPHIQUES

Acadie, 46.
Agay, 41.
Aigle (bec de l'), 42.
Aix (île d'), 78.
Alexandrette, 42.
Alger, 113, 114, 137, 178, 179, 181-184.
Amsterdam, 223-224.
Angleterre, 29.
Antibes, 42, 109, 110.
Auray, 37, 38.
Balaguier, 41.
Bandol, 43.
Barcelone, 117, 118, 129, 131, 140, 204.
Bastion (le) de France, 114.
Bayona, 96.
Bayonne, 71, 96.
Beaucaire, 4.
Binic, 36.
Bizerte, 178, *182.
Blavet (port du), 64, 66, 113.
Blaye, 198, 200, 203.
Bordeaux, 39, 105, 200, 203.
Bouc, 42, 108.
Boulogne, 37.
Bourg-en-Guyenne, 202, 203.
Bréganson, 41.
Brésil, 90.
Brest, 22, 38, *39, 46, *53, 59, 191.

Brouage, 22, 38, 39, 46, *54-55, 59, 123, 200, 201, 203.
Cadix, 92, 96, 105.
Caen, 37.
Cagliari, 144, 184.
Calais, 51, 59.
Cannes, 109.
Carthagène, 116, 118, 132-136, 204, 211.
Cassis, 42.
Castellamare, 163.
Cavalaire, 41.
Châteaulin, 38.
Chef-de-Baie (pointe de), 69, 70, 73, 75, 77.
Cherbourg, 37, 51.
Civita-Vecchia, 115.
Concarneau, 38.
Copenhague, 237.
Corbie, 71, 111.
Couéron, 38.
Courcilles (pointe de), 75.
Dieppe, 36-38, 194.
Douvres, 195.
Dunkerque, 92, 187-189, 192, 194, 197-199, 212-214.
Fécamp, 38.
Figuier (rade du), 97.
Final Marina, 113.
Fiumicino, 159,
Fontarabie, 93, 95-97, 101.

Fosse (la) de Loix, 68.
France, 23, 27, 29.
Gaëte, 145, 147.
Gattari, 30, 96-98, 103, 114, 116.
Gênes, 80, 113-115.
Gibraltar, *92, 96.
Goodwin (sables de), *229.
Granville, 36, 37.
Gravelines, 187, 189, 190, 197, 198.
Grojeon (pointe du), 69.
Guetaria, 97.
Honfleur, 36, 38.
Hyères (îles d'), 80, 108, 114.
Indret, 53, 54.
Ischia (île d'), 115, 162.
Katwyck, 234.
La Ciotat, 42.
La Corogne, 96, 102, 103.
La Croisette, 41.
La Goulette, 178, 181, 182, 235.
La Jamaïque, 236.
Lannion, 190.
La Pallice, 69.
Laredo, 53, 104, 105.
La Roche-Bernard, 38, 56.
La Rochelle, 11, 26, 32, 33, 54, 62-70, 73-79, 90, 108, 123, 129, 191, 192, 200, 202.
La Tremblade, 55, 59.
Le Havre, 22, 38, 39, 46, *52, 53, 59.
Le Langoustier, 109.
Le Migron, 38.
Lérins (îles de), 71, 83, 91, 108, 109, 111.
Les Embiers, 41.
Les Martigues, 108.
Les Sables d'Olonne, 39, 68, 70-72, 192.
Livourne, 113, 115.

Lormont, 203.
Lyon, 242.
Mardick, 187, 197.
Marennes, 54.
Maroc, 90, 91,
Marseille, 30, 42-44, 110, 114, 115, 183.
Minimes (pointe des), 75.
Mogador, 90.
Montauban, 64.
Monte-Argentario, 144.
Mosconici (rocher de), 169.
Nantes, 36-39.
Naples, 113, 115, 147, 158, 159, 162-166, 171, 204.
Narbonne, 4.
Nice, 113.
Nieuport, 187, 233.
Notre-Dame-de-la-Garde (fort), 43.
Oléron, 46, 55, 69, 73.
Orbetello, 85, 122, *144, 149, 151, 152, 204.
Oristano (golfe d'), 111.
Pasajes, 95, 97.
Pauillac, 203.
Perros-Guirec, 190.
Piombino, 144, 155, 156, 171, 187, 212.
Plomb (pointe du), 73.
Porquerolles, 41, 109.
Port-Cros, 41, 109.
Portland, 231, 232.
Porto Farina, 178, 181, 182, 184, 235.
Port-Louis. Voir Blavet (port du).
Porto Longone, 144, 155, 156, 164, 171, 187, 212.
Prée (fort de la), 71, 73.
Présides de Toscane, *144-145.

Provence, 8.

Provinces-Unies, 222.

Ré (île de), 46, 55, 63, 110, 192.
  Voir Saint-Martin-de-Ré.

Rochefort, 54, 55.

Rosas, 130, 131, 138, 139.

Roscoff, 37.

Sablanceaux (pointe de), 71.

Safi, 90, 91.

Saint-Honorat (île), 30, 41, 111.

Saint-Jean-de-Losne, 111.

Saint-Jean-de-Luz, 39, 71, 90.

Saint-Mahé (ras), 24.

Saint-Malo, 36, 92.

Sainte-Marguerite (île), 30, 41, 109, 111.

Saint-Martin-de-Ré, 37, 65, 69, 71-74, 95, 96.

Saint-Ogne. Voir Santoña.

Saint-Pol-de-Léon, 36.

Saint-Sébastien, 95, 97.

Saint-Tropez, *112.

Salé, 90.

San-Stefano, 144, 151, 154.

Santa-Cruz de Ténériffe, 236.

Santoña, 104.

Scheveningen, 234.

Saujon, 55.

Shetland (îles), 227.

Six-Fours, 108.

Spezia, 113, 145, 147.

Spitzberg, 23.

Talamone, 144, 151, 154.

Talmont, 202.

Tarragone, 115-118, 138.

Terre-Neuve, 23.

Toulon, 30, *43, 44, *55-56, 109, 110, 113, 129.

Tripoli de Barbarie, 175-178, 181, 182.

Tsou-Shima, 192.

Tunis, 181, 182, *184.

Viareggio, 113, 167.

Villefranche, 114.

TABLE DES MATIÈRES

AVANT-PROPOS VII

CHAPITRE PREMIER

LA MARINE ET L'OPINION PUBLIQUE
AU DÉBUT DU MINISTÈRE DE RICHELIEU

Richelieu et le sentiment de la grandeur nationale. — Prétentions de l'Angleterre sur mer. — La piraterie barbaresque. —
« Remontrance » du parlement de Provence, 1626. — Mémoire
du chevalier Isaac de Razilly, 1626. — Nécessité pour la France
d'être une puissance maritime. 1

CHAPITRE II

LES IDÉES MARITIMES DE RICHELIEU

« Règlement pour la mer », 1625. — Suppression de l'amirauté
de France. — Richelieu, grand maître, chef et surintendant
général de la navigation et commerce. — Le généralat des
galères. — La marine à l'assemblée des notables, 1626. —
Michel de Marillac ; Léonor d'Estampes de Valençay. — Le
« Discours » de 1627. — Le *Testament politique* de Richelieu :
« De la Puissance sur la mer ». 13

CHAPITRE III

ENQUÊTE SUR L'ÉTAT DE LA MARINE

Caractère méthodique de l'œuvre de Richelieu. — Enquête de
d'Infreville sur les côtes du Ponant : personnel, bâtiments
marchands, ports de commerce, navires de guerre, magasins
de la marine. — Enquête de Séguiran sur les côtes proven-
çales : Marseille, la Ciotat, Toulon. 32

CHAPITRE IV

LES INSTITUTIONS MARITIMES DE RICHELIEU

Administration maritime : le Conseil de Marine; le « Règlement » de 1631 ; le chef d'escadre, le commissaire général et leurs subordonnés ; le budget de 1635. — Recrutement des équipages : les premières listes d'inscrits maritimes. — Travaux dans les ports : les magasins pour la marine. — Enquête de d'Infreville sur les travaux maritimes à faire entre Calais et Cherbourg. — Le Havre, Brest, Indret, Brouage, Toulon. — Constructions navales ; la *Couronne*. — Jugement du P. Fournier... 45

CHAPITRE V

LE DUEL DE LA MARINE ROYALE
ET DE LA MARINE ROCHELAISE

Intérêt militaire de ces campagnes. — Campagnes de 1621 et 1622. — La bataille navale de Saint-Martin-de-Ré, 26 octobre 1622; le duc de Guise. — Campagne de 1625 ; Montmorency et Guiton. — Campagne de 1627. — Affaire de l'île de Ré. — La flotte du roi et la flottille devant la Rochelle en 1628. — Échecs des Anglais... 62

CHAPITRE VI

LES OFFICIERS GÉNÉRAUX

Le commandeur Philippe des Gouttes. — Les chevaliers de Malte. — Le bailli de Forbin. — L' « Église militante ». — L'archevêque Sourdis. — Le duc de Brézé. — Les « capitaines entretenus ». — Abraham Du Quesne. — Les instructions du commandeur de La Porte........................ 80

CHAPITRE VII

CAMPAGNES NAVALES DU PONANT
1629-1641

Isaac de Razilly et les campagnes du Maroc. — Guerre contre l'Espagne. — Sourdis. Campagne de 1638. — Formation de l'armée navale. — Opérations devant Fontarabie. — Bataille de Gattari, 22 août 1638. — Campagne de 1639 : la Corogne, Laredo, Santoña. — Brézé. Campagne de 1640. — Bataille de Cadix, 22-23 juillet 1640. — Campagne de 1641 89

CHAPITRE VIII

CAMPAGNES EN MÉDITERRANÉE
1635-1642

Travaux de fortification en Provence. — Prise par les Espagnols des îles de Lérins, 1635. — Campagne de 1637. — Sourdis à Oristano. — Reprise des îles de Lérins. — Affaire de Saint-Tropez. — Projets du bailli de Forbin. — Démonstrations devant Alger. — Campagne de 1638. — Bataille de Gênes, 1er septembre 1638. — Campagne de 1640. — Campagne de 1641. — Combats de Tarragone, 4 et 5 juillet 1641. — Disgrâce de Sourdis. — Campagne de 1642. — Combats de Barcelone, 30 juin-1er juillet 1642 108

CHAPITRE IX

LA SUCCESSION MARITIME DE RICHELIEU

Après la mort de Richelieu. — Le duc de Brézé, grand maître, chef et surintendant général de la navigation et commerce. — Anne d'Autriche, surintendante de la navigation et commerce. — Le duc de Vendôme, grand maître, et son fils, le duc de Beaufort, en survivance. — Mazarin et la marine. — Dépenses pour la marine 120

CHAPITRE X

CAMPAGNES SUR LES CÔTES D'ESPAGNE
1643-1655

Opérations en Catalogne. — Carrière du duc de Brézé. — Campagne de 1643. — Combat de galères devant Barcelone, 9 août 1643 ; M. de Baillibaud. — Brézé à la recherche de l'ennemi. — La bataille de Carthagène, 4 septembre 1643. —

Campagne de 1644. — Campagne de 1645. — Campagne de 1652. — Campagne de 1655 ; Mercœur et Vendôme. — Opérations devant Barcelone, 29 septembre-1er octobre 1655... 127

CHAPITRE XI

CAMPAGNES DES PRÉSIDES DE TOSCANE
1646-1650

Possessions de l'Espagne en Italie. — Les présides de Toscane. — Projets de la France sur les États italiens. — Préparatifs maritimes. — Campagne de 1646. — Opérations autour d'Orbetello. — Bataille navale du 14 juin 1646; mort de Brézé. — Expédition de La Meilleraye. — Occupation de Piombino et de Porto Longone, 1646. — Perte de ces deux places, 1650.. 143

CHAPITRE XII

CAMPAGNES DES CÔTES NAPOLITAINES
1647-1654

Campagne de 1647. — Le chevalier Paul devant Naples. — Révolution à Naples. — Le duc de Guise. — Règlement maritime de 1647. — Expédition du duc de Richelieu. — Combats devant Castellamare, décembre 1647. — Retour de l'expédition. — Seconde campagne devant Naples du chevalier Paul, 1654. — Mauvais esprit des commandants. — Perte de l'Italie. — Saisie par Ruyter de deux vaisseaux français, 1657....... 157

CHAPITRE XIII

SUR LES CÔTES BARBARESQUES
1660-1661

Le chevalier Paul. — Ses croisières dans l'Archipel. — Il est anobli. — Le salut sur mer. — Nombreuses prises. — Campagne de 1660 chez les Barbaresques : devant Tripoli, Tunis, Alger. — Mémoires sur un plan de campagne contre les Barbaresques : la guerre de course, l'attaque des ports. — Les marins provençaux. — Bizerte. — Projets de débarquement. — Croisière de 1661.................................. 168

CHAPITRE XIV

SUR LES CÔTES DE FLANDRE
1644-1658

Les places maritimes de la Flandre. — Concours de la marine hollandaise pour les sièges de Gravelines, Mardick, Dunkerque, 1644-1646. — Campagne de 1652 : blocus de Dunkerque par les Espagnols. — Sortie de Brest de l'escadre de Vendôme. — Combat devant la Rochelle, 9 août 1652. — La division navale de Du Ménillet devant Dunkerque, 14 septembre 1652. — Elle est chassée et prise par l'escadre anglaise de Blake. — Perte de Dunkerque. — Traités entre Louis XIV et Cromwell. — Reprise de Dunkerque, 1658....   186

CHAPITRE XV

LA MARINE PENDANT LA FRONDE
1649-1653

Divisions navales devant Bordeaux, 1649-1650. — Défection du comte du Daugnon. — Un navire blindé à la Rochelle, 1651. — Reprise de la Rochelle et de Brouage. — Les Espagnols en Gironde. — L'escadre de Vendôme à Blaye et à Pauillac, 1653...   200

CHAPITRE XVI

LA MARINE ANGLAISE AU MILIEU DU XVIIᵉ SIÈCLE

Raisons de cette étude. — Cromwell et l'impérialisme anglais. — Nécessité pour la république anglaise d'être puissante sur mer. — Les forces navales de l'Angleterre. — Les commandants en chef des escadres républicaines. — Campagnes de Blake contre le prince Robert sur les côtes d'Irlande, de Portugal, d'Espagne, 1649-1650. — La question de la Flandre maritime. — Acquisition de Dunkerque par Cromwell......   205

CHAPITRE XVII

LA PREMIÈRE GUERRE MARITIME ENTRE L'ANGLETERRE ET LA HOLLANDE

La rivalité maritime de l'Angleterre et des Provinces-Unies. — L'acte de navigation. — Forces navales des deux États. — Rôle de la marine en Hollande; les « rouliers des mers ». — Campagnes de 1652 et de 1653 : Blake et Monk, Tromp et Ruyter. — Bataille des Dunes, 12 mai 1652. — Poursuite de Blake par Tromp. — Ruyter devant Plymouth. — Corneille de With devant Goodwin, 8 octobre 1652. — Tromp devant Goodwin, 30 novembre 1652. — Bataille de Portland, février 1653. — Bataille de Nieuport, juin 1653. — Bataille de Kattvyck, 10 août 1653. — Blake dans la Méditerranée et à Ténériffe, 1654-1657. — Penn à la Jamaïque, 1655. — Bataille du Sund entre Hollandais et Suédois, 1658. — Conséquences de ces campagnes pour la tactique navale et pour l'histoire générale.. 215

ESTAMPES SUR RICHELIEU GRAND MAITRE DE LA NAVIGATION ET COMMERCE............................... 241

TABLES.

I.   Table alphabétique des noms de personnes............. 245
II. Table alphabétique des noms de navires................ 255
III. Table alphabétique des principaux noms géographiques.. 259

rauds... dans ce premier
...il est à souhaiter que la suite se...
Caractère... par ce tome I, qui est
comme une manière d'encyclopédie pour
tout ce qui intéresse le commerce maritime de
... avec les régions actuelles du Chili
... du Pérou dans les dernières années du règne
de Louis XV.

H. LUÇOT-GAYET, *Revue critique*, 1909.

Cet ouvrage excellent renouvelle, on peut le
dire, certaines pages de l'histoire du commerce.
On restera d'autant plus qu'il projette sur la politique espagnole de Louis XIV et sur la guerre
de succession d'Espagne.

Revue hist., p. 110-111.
Prix Gobert à l'Académie Française.

**Décrets relatifs aux droits de chan-
cellerie.** — Actes de l'état civil. — Actes
de juridiction civile et commerciale. —
Actes administratifs. — Affaires conten-
tieuses. — Actes notariés. — Tarifs des
vacations. — Actes de la navigation, etc.
1ᵉʳ juillet 1910, in-8, 40 pages. . . . 1 fr.

DRETEL (Ph.). **Annales historiques de
la ville de Saint-Jean-de-Losne**
(Côte-d'Or et ancien duché de Bour-
gogne), depuis ses origines jusqu'en 1789
et d'après les archives départementales
et communales. 1908-1910. 2 forts vol.
in-4 de XXVI-874-497 pages, cartes, plans,
vues et portraits hors texte (*ouvrage terminé*). . . . . 40 fr.

DU BREIL DE PONTBRIAND (V.). **Le comte
d'Artois et l'expédition de l'île
d'Yeu.** Erreurs historiques. 1910, in-12
de VII-170 pages. . . . . 2 fr.

ECHERAC (P. Cluzeau d'). **Recherches
sur la jeunesse de Ch.-Louis Fouquet,** maréchal de Belle-Isle, avec une
introduction de M. de Boislille. 1908,
in-8. . . . . 5 fr.

FALIOT (Raoul de). **Les noms de nos rivières,** leur origine, leur signification.
1907, in-8. . . . . 6 fr.

FENNEBRESQUE (J.). **Versailles royal.**
1910, in-8 de VIII-282 pages et nombreuses
planches. Sous couverture illustrée
(Livre d'heures aux armes de la reine
Marie Leczinska). . . . . 6 fr.

On lira avec curiosité tout ce que l'auteur
apporte de piquant et d'inédit à sa thèse concernant le grand canal et sa corporation nautique (Petite Venise) établie sous Louis XIV;
les applications de méthodes nouvelles à la
culture, jardin botanique, expériences rela-
tives à la défense nationale et à l'aérostation,
etc. Tout cela dans le merveilleux cadre du
château et des parcs. *Versailles royal* c'était
aussi *Versailles humanitaire*, ainsi qu'en té-
moignent les institutions charitables dont
M. Fennebresque nous dit l'histoire, en nous
dessinant aussi un touchant portrait de Madame
Élisabeth.

GIGON (S. C.). **La révolte de la gabelle
en Guyenne,** 1548-1549. 1907, in-8 7 fr. 50.

Couronné par l'Institut (Prix Thérouanne).
Cette monographie met en lumière un point
assez mal connu de l'histoire de France au
XVIᵉ siècle, l'insurrection des populations de la
Guyenne en 1548. Ce livre, très documenté,
rétablit le rôle réel d'Henri II et de ses coopé-
rateurs, Montmorency et d'Aumale.

KIRCHEISEN (Fr.). **Bibliographie du
temps de Napoléon,** comprenant
l'histoire des États-Unis, tome 1ᵉʳ. Fort

Le Goffic (Ch.), **L'Ame bretonne.**
Première série (4ᵉ édition).
Fort volume in-12............ 3 fr. 50
TABLE DES ARTICLES
1. Au Cœur de la Race : Tota in antithesi.
La Langue et les Bardes. Les Pardons.
Les Saints. La Race, le Costume, les
Mœurs. La vraie Bretagne. — 2. Les
dernières années de Chateaubriand. —
3. Une déracinée : Henriette Renan. —
4. A propos de Lesage. — 5. Un autar-
chiste : le contre-amiral Réveillère. —
6. Le Roman d'Hippolyte Lucas. — 7.
Emile Souvestre au Collège. — 8. Le
patriarche du roman-feuilleton : Pierre
Zaccone. — 9. Le barde du Dîner cel-
tique : N. Quellien. — 10. Le peintre de
la Renaissance néo-grecque : J.-L. Ha-
mon. — 11. Les grands Calvaires. — 12.
Le Curé breton. — 13. Monographie
d'une Veillée : Noël au manoir. — 14.
Le théâtre du Peuple en Bretagne. —
15. La statue de Le Flô. — 16. Trois
« maritimes » : Guillaume Gourlaouën,
Joseph Koun, Paul Henry. — 17. Les
Débuts politiques de Jules Simon. — 18.
Le Mouvement panceltique. — 19. Appendice.

Deuxième série (3ᵉ édition).
Fort volume in-12............ 3 fr. 50
TABLE DES ARTICLES
1. Nos derniers sanctuaires : *Les Iles Bre-
tonnes*. — 2. Dans la Cornouaille des
Monts : François Jaffrennou. — 3. De
Kerambornne a Pluzunet : Perrine Luzel;
Marguerite Philippe. — 4. La question
du « Barraz-Breiz ». — 5. La « Bretagne » de Gustave Geffroy. — 6. Une
idylle sur une grammaire bretonne. — 7.
Sur les Pas de Renan : I. *Les deux Tré-
guier* ; II. *Brizeux et Renan*; III. *Le Bonhomme Système*. — 8. La Résignation
bretonne. — 9. Charniers et Ossuaires.
— 10. Deux discours : I. *Un assimilé*
(Gabriel Vicaire) ; II. *Le Régionalisme
breton*. — 11. Au pays de la Tour d'Auvergne : I. *Les reliques d'un héros* ; II.
La Tour d'Auvergne homme d'affaires.
— 12. Le barde des Matelots : Yann
Nibor. — 13. Goëlettes d'Islande. — 14.
Le Bien du Pécheur. — 15. Chez Taffy :
Quinze jours dans les Galles du Sud. —
16. Appendice. — 17. Index alphabétique
de deux séries.

Troisième série (2ᵉ édition).
Fort volume in-12............ 30 fr. 50
TABLE DES ARTICLES
Le château de Barbérine. — Guy de Mau-
passant et la Bretagne. — Deux répu-
blicains. — Marion du Faouet et la
grande misère du XVIIIᵉ siècle. — Eginane
et Kuignaouan. — Les polders du Mont-
Saint-Michel. — La vraie Perrinaïc. —
Les Fêtes révolutionnaires dans une
commune bretonne. — Leconte de Lisle
a Rennes. — La statue de Clémence
Royer. — Un Breton citoyen de Rome.
— Médaillons de Poètes. — L'Ecartè-
lement de la Bretagne. — La pénitence
de Marie-Reine. — Jennie Le Huédé. —
Figures de petite ville, etc.
Couronné par l'Académie française
(Prix Née 1908).

« Ce prix annuel sera décerné à l'auteur de
l'œuvre la plus originale, comme forme et
comme pensée. — Les auteurs ne poseront pas
eux-mêmes leur candidature. » (*Extrait du
Programme Officiel des Prix*).

— **Les Remontrances du parlement
de Bretagne au XVIIIᵉ s.**
Textes inédits précédés d'une introduction. 1909, in-8, 260 pages..... 5 fr.
Marion (M.). **Etude sur la vente des
biens nationaux pendant la Révolution et sur ses conséquences
économiques et sociales**, principalement d'après les documents de la Gironde et du Cher. 1908, in-8, 400 p.
.... 16 fr.

Mémoire classé premier par l'Académie des
Sciences morales.

« Cet ouvrage est excellent : solidement documenté, fermement conduit, très clair, très
vivant, plein d'ingénieuses vues de détail et de
vues générales précises... Aucun érudit ne
travaillera désormais cette épineuse question
des biens nationaux sans l'avoir lu au préa-
lable, pour son instruction personnelle, comme
un exemple. C'est le plus grand éloge, il me
semble, qu'on puisse faire d'une œuvre scien-
tifique de cette nature. »
(Camille Bloch, *La Révolution française*).

Mathiez (Albert). **Le club des Corde-
liers pendant la crise de Varennes
et le massacre du Champs de Mars.**
Documents en grande partie inédits publiés avec des éclaircissements, des
notes et une planche. 1910, gr. in-8 rai-
sin de IV-392 pages............ 7 fr. 50
Nouaillac (J.). **Villeroy, secrétaire
d'Etat et ministre de Charles IX,
Henri III et Henri IV** (1543-1610).
In-8, xxxiii-595 pages........... 8 fr.

Second prix Gobert à l'Académie française

— **Un envoyé hollandais à la cour
de Henri IV.** Lettres inédites de François d'Aerssen à Jacques Walcke, trésorier de Zélande 1599-1603. In-8 de 217
pages........................... 5 fr.
Picot (Emile), *membre de l'Institut*, **Les
Français italianisants au XVIᵉ
siècle.** 1906-1908, 2 vol. in-8.... 15 fr.
Prentout. **L'Ile de France sous De-
caen** (1803-1810). Essai sur la politique
coloniale du premier Empire. 1901, in-8
(15 fr.)........................ 10 fr.
Révérend (Vᵗᵉ Albert). **Les familles ti-
trées et anoblies au XIXᵉ siècle.**
Armorial du Iᵉʳ Empire. 4 volumes gr.
in-8, 1450 pages................ 109 fr.
— II. Titres, pairies et anoblissement de
la Restauration. 6 volumes gr. in-8,
2600 pages..................... 150 fr.
— III. Titres et confirmations de titres.
Monarchie de Juillet. — 2ᵉ *République.*
— 2ᵉ *Empire.* — 3ᵉ *République* — 1830-
1908). 1 vol. gr. in-8, 700 pages, en deux
parties........................ 50 fr.
Schmidt (Charles). **Les Sources de l'histoire de France**, depuis 1789 aux Archives nationales, avec une lettre-pré-
face de M. A. Aulard. 1907, in-8. 5 fr.

Les demandes de recherches — la salle de
travail — les inventaires — les sources de
l'histoire d'un département, d'un canton ou
d'une commune aux archives nationales, — les
séries départementales. Cet ouvrage a justement obtenu les éloges de tous les critiques.
Nous citerons seulement de la préface de
M. Aulard, que grâce à cet excellent répertoire,
« en quelques instants tout travailleur saura
ce qu'il peut trouver et ce qu'il doit demander
aux archives nationales. »

Ursu (J.). **La politique orientale de
François Iᵉʳ** (1515-1547). In-8, 204 pages........................... 6 fr.

L'originalité de ce travail est en ceci que

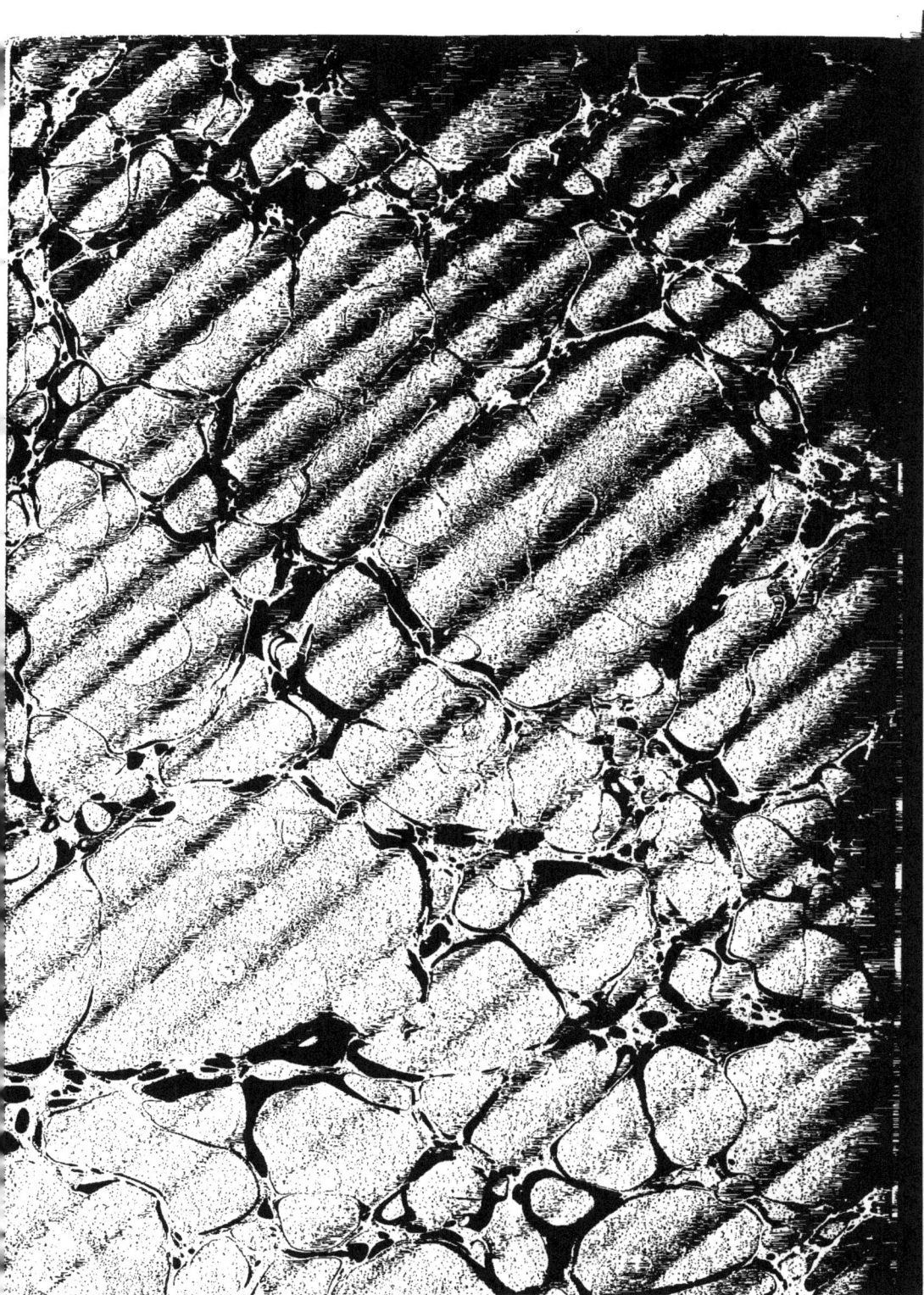

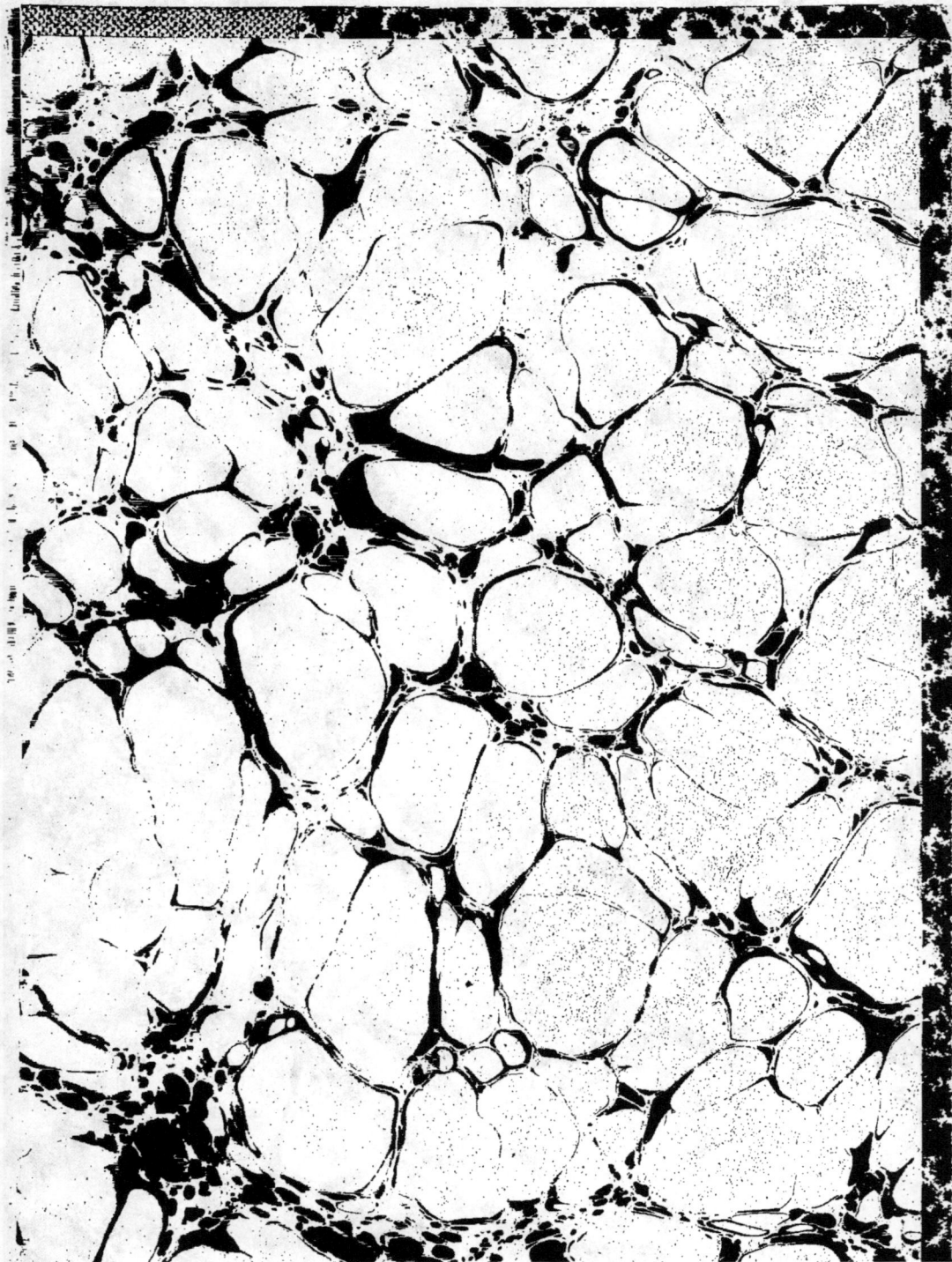

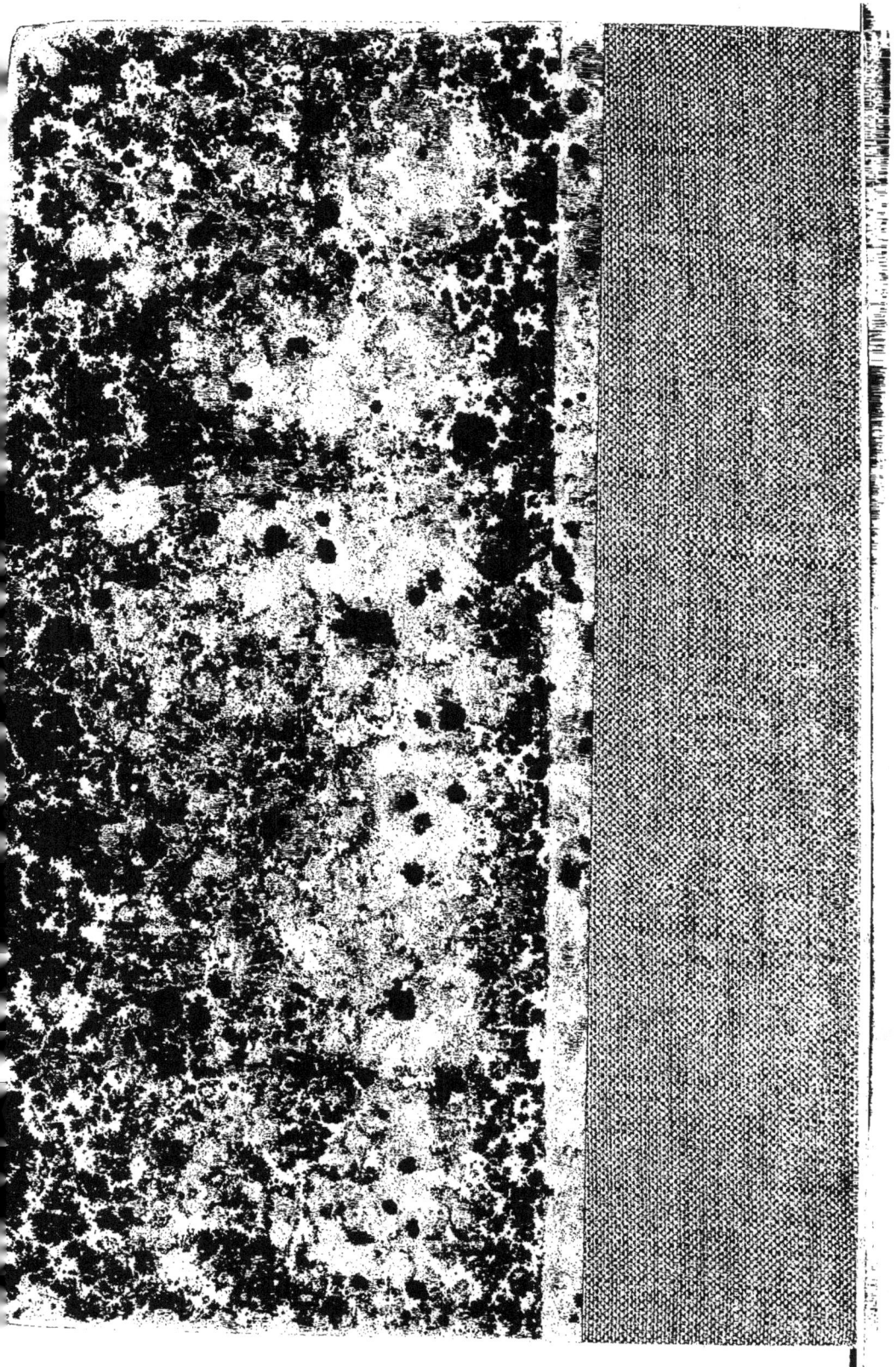

www.ingramcontent.com/pod-product-compliance
Lightning Source LLC
Chambersburg PA
CBHW070735270326
41927CB00010B/1998